空间的梦：流动人口的"他乡"与"返乡"

——流动人口的一项调查研究

文　化 编著

中国社会科学出版社

图书在版编目（CIP）数据

空间的梦：流动人口的"他乡"与"返乡"：流动人口的一项调查研究／文化编著 . —北京：中国社会科学出版社，2014.10
ISBN 978 - 7 - 5161 - 5192 - 1

Ⅰ. ①空… Ⅱ. ①文… Ⅲ. ①流动人口—研究—中国 Ⅳ. ①C924.24

中国版本图书馆 CIP 数据核字（2014）第 289708 号

出 版 人	赵剑英	
责任编辑	田 文	
特约编辑	胡新芳	
责任校对	周 昊	
责任印制	王 超	

出 版	中国社会科学出版社	
社 址	北京鼓楼西大街甲 158 号	
邮 编	100720	
网 址	http://www.csspw.cn	
发 行 部	010 - 84083685	
门 市 部	010 - 84029450	
经 销	新华书店及其他书店	

印 刷	北京君升印刷有限公司	
装 订	廊坊市广阳区广增装订厂	
版 次	2014 年 10 月第 1 版	
印 次	2014 年 10 月第 1 次印刷	

开 本	710×1000 1/16	
印 张	17.75	
插 页	2	
字 数	300 千字	
定 价	55.00 元	

目　录

引　言

　　城乡人口流动，应该说是中国社会史上一个非常重要的历史性事件。对当代出现的人口流动现象及产生的社会问题，得到了社会的广泛关注。涉及不同时期、不同的流动人群，不同的概念蕴含着不同的意义。李春玲在其研究中概述为：经济改革开始以来，最早的城乡流动人口被称之为"盲流"，随后"盲流"发展为"民工潮"，而现今则成为农民工现象。由"盲流"变为"民工潮"再发展到现今的农民工现象，反映出中国城乡移民运动的特殊历程。由于户口制度的持续影响，也由于城市政府的长期阻挠措施，进入城市就业的农村人一直是流动劳动力（农民工）而难以成为定居下来的移民，他们通常是只身前往城市打工，把家人（配偶或子女）留在家乡，定期返回家乡与家人团聚，打工积攒下来的钱不是在城市里购置房产而是在家乡建造大房子，因为他们人生中的重大事件（如结婚、生育子女、养老和亡故）都安排在家乡而不是在他们工作的城市。近十年来，越来越多的农村劳动力把配偶和子女接入城市里与他们一起生活，但他们在农村的家乡仍保留着一个家（包括住房和责任田），而他们在城市里的家则常常像是一种临时性的居所。同时，即使他们在城市中已工作和居住了多年，他们还是难以融入城市社会，与城市人之间保持着长期的隔绝，农民工及其家人在城市中是一个特殊的社会群体，既不是城市人，也不是农村人，他们被称之为流动人口。"流动人口"这一称谓形象地描绘出了他们的生存状态的特征，他们处于流动当中，没有长期稳定的居所，无法明确他们的归属，这就意味着，他们还没有完成他们的移民过程，还没有成为在城市里定居下来的移民，他们徘徊在城市与农村之间。① 这一解析是对中国流动人口的社会生活抉择的生动而真实的写照。我们看到，城市生存空间和农村生存空间是中国流动人口依存的两个互动关联的"流动空间"，它既是流动人口生存的物质空间，同时也是流动人口的行动空间和社会空间。流动人口徘徊在城市与农村这样一个"流动空间"之间，经历了中国经济社会多方面的深刻变革与快速发展，他们不仅仅是转变生活空间的追梦者，更是造就现代化国家的践行者，大力推动了中国城镇化进程。

关于人口流动问题，世界各国的相关研究颇多。主要的理论与关注点是：运用经济学的推拉理论，关注农村怎么推出、城市怎么吸引等问题；运用社会文化理论，关注个人层面的生存条件怎么改善等问题；运用世界系统论，关注由于人口迁移问题涉及世界各国的很多问题，涉及不同国家、不同区域之间的落差等问题。在中国，以往流动人口的社会学角度的研究，主要集中在流动人口的流动行为研究、流动人口内部的分化或分层状况、流动人口群体与社会的关系、流动人口的社区研究以及农民工外出对农村发展和农民现代性的影响、流动人口的管理和政策研究等方面，也有从流动人口的社会关系网络、职业特性、流动人口的社会心理、思想观念、价值取向以及城市融入和适应等微观层面和隐性角度的专门研究，这些研究成果体现了对流动人口研究的社会结构和社会分层、社会网络和社会行为以及社会变迁和社会文化心理等研究分析范式。②

20 世纪中后期以来，国际学术界在"语言学转向"、"文化学转向"、"后现代转向"过程中出现"空间转向"的新视角。从学术渊源上看，关于社会空间的研究，肇始于马克思主义地理学、新都市社会学的发展。齐美尔在 1903 年提出空间社会学的观点，开启了对空间进行社会学研究的先河。列斐伏尔以"空间之生产"，提出了"空间实践"、"空间表征"与"表征空间"三位一体的分析架构，成为系统阐释空间辩证逻辑的先导。从 20 世纪 60 年代以来，西方学术界用"场所"这个概念代替了"空间"概念，经过吉登斯、布迪厄、爱德华·索亚、曼纽尔·卡斯特、大卫·哈维、沙朗·佐京、彼得·桑德斯、詹姆逊等学者的学术研究的发

---

① 李春玲：《城乡移民与社会流动》，载《江苏社会科学》2007 年第 2 期。

② 潘泽泉：《社会、主体性与秩序：农民工研究的空间转向》，社会科学文献出版社，2007 年。

展，形成资本主义晚期的社会批判理论，深刻地影响和改变了当今社会理论和社会学的研究，使对于社会空间的研究逐渐成为社会学的重要方面。随之形成了以阿格尼丝·赫勒等人为代表的一种新的社会学空间研究范式"主体—实践"研究范式。同时，20世纪后半期以来的全球化浪潮，也把"全球化空间"、"世界城市"等概念推至前沿。

对于新型社会空间的社会学研究，在西方有滕尼斯的"共同体社会"、布迪厄的作为"场域"的空间、埃利亚斯的"宫廷化社会"、福柯的"全景敞视建筑"、"环形建筑"、"监狱"等；在中国有费孝通的"乡土社会"、李培林的"城中村"、折晓叶的"超级村庄"、蓝宇蕴的"新村社共同体"、王颖的"新集体主义"社区、毛丹的"单位化村庄"、项飚的"新社会空间"等研究较为典型。对城市里的流动人口的空间研究有：李汉林提出的"虚拟社区"、周大鸣提出的"二元社区"、王春光、项飚、李汉林等学者提出的"浙江村"、项飚提出的"新社会空间"、李培林提出的"城中村"等言说。还有些学者就"弱者"空间实践策略的中国化应用进行了研究。潘泽泉基于广东的农民工寄寓空间，研究分析了农民工群体在城市空间中的日常生活实践，探讨其利用自身种种社会文化资本来创造生存融入方式或多样生活经验的策略及行为。[1] 陈映芳以制度变迁为语境，解释作为社会一方的行动者（市民/农民）是如何通过对制度的利用挖掘，来支持其捍卫家园的利益诉求的道德资源问题。[2] 童强在研究中，将城中村、居改非、街头摊贩等现象称为边缘空间或称缝隙空间的出现，认为快速城市化所导致的城乡格局变化和经济全球化所带来的产业空间的重构致使大批城市新移民和市民化的农民的出现，这些人基于对制度和情境的反应而创造了各种生存的缝隙空间。[3] 等等。

学术界关于流动人口的社会空间的研究表明，流动人口进入城市"他乡"以及"返乡"的行动逻辑，可以说是一种"流动空间"之中的生存策略。体现着流动人口的社会生活实践、行动意义以及生存方式；是流动人口在当前的社会转型中，不仅仅是个人为了改善生活条件而做出的

---

① 潘泽泉：《社会、主体性与秩序：农民工研究的空间转向》，社会科学文献出版社2007年。

② 陈映芳：《行动者的道德资源动员与中国社会兴起的逻辑》，《社会学研究》2010年第4期。

③ 童强：《空间哲学》，北京大学出版社2011年版。

一种社会生活的抉择，而且也是流动人口个体的主体性和自我意识的自觉生成过程；同样也是一种深受国家、集体和个人的相互关联，制度、市场和社会关系网络的内在运作逻辑影响的社会行为。

本书中我们以少数民族移民与多元文化、城市化进程中的少数民族经济融合、流动人口城市社区社会网络建构、城市少数民族流动人口族际通婚、闽西农村返乡农民工社会关系的重构研究主题作为切入点，由5篇论文组成了本书的主要内容。这些论文有些是作者主持的项目研究成果；有些是作者指导的硕士研究生通过实地调查而获得第一手资料的基础上，撰写的硕士学位论文的相关内容。这些成果，看似独立成篇，却又相互关联成为体系，从不同的角度呈现了流动人口生存的"流动空间"的社会生活叙事。

第一，西北地区城市少数民族"新移民"社区的形成与多元文化的呈现，是由来已久的。随着社会的发展呈现出新的趋向和相关联的问题。城市里的"新移民"中，有一个不可忽视的群体，即少数民族"新移民"。更确切地讲，城市中形成的"因民族教育的发展而形成的少数民族学生聚落"中的少数民族以及"因进城经商而形成的少数民族聚落"的少数民族，可谓"迁移至一个新城市中工作、居住、生活，并在本城市有长期工作和生活下去的趋势或意愿的特定群体"——城市少数民族"新移民"。城市少数民族"新移民"的聚落，是城市多元文化的重要组成部分。既是城市多民族化的基础，也是城市多民族化的结果。城市少数民族"新移民"，在进入一个城市后，从物质生活到社会生活、精神生活，都有一个艰难的重建过程。它们生活在文化飞地，由于其文化的独特性与本土文化间的相融性，逐渐形成新生文化。这种文化飞地的少数民族的新生文化，由于其具有先赋性民族文化的顽强的生命力，逐渐形成了城市亚文化。我们的研究表明，社会网络和社会资本在很大程度上影响着西北城市少数民族"新移民"在城市的生活、发展和融入。西北城市少数民族"新移民"的乡土社会网络和内在同质性，成为它们社会融入的优势条件。特别在进入城市的初期，以血缘、地缘、"教缘"为依托的社会网络作用非常重要。随着城市少数民族"新移民"居留时间的延长，通过增强自身的组织化、建立异质性较强的社会网络、加强和本地居民的社会交往和互动，进一步靠近主流社会的生活文化。它们自身具有先赋性民族文化，作为城市中的民族文化携带者，其进入城市不但是"就业与创业移民"，而且是"文化移民"。将其从业与民族身份、民族习惯结合了起来。使西北城市中的少数民族"新移民"，不仅成为一个地域性群体，一个文化上相互认同的群体，更重要的是变成一个亲属关系网络的群体。

第二，以往关于少数民族融合问题的研究主要集中在社会生活的文化方面。这些研究认为，少数民族来自不同的文化、语言、和宗教背景，当他们流动到城市，这些在文化、语言和宗教上与主流社会的区别会给他们带来融合上的困难。换言之，文化区别是影响融合的主要障碍。相对而言，我们的研究侧重探讨了少数民族流动人口的社会生活中的经济生活的视角来理解融合问题。我们的研究表明，兰州市为代表的西北地域的城市中存在着外来少数民族人口相对熟悉的民族文化环境，他们可充分利用民族身份、民族文化的同质性，在民族特色经营行业实现创业或就业，民族文化一致性成为其从业的基本保证，从业与民族身份、民族习惯结合起来，形成了择业上的鲜明民族性与就业上的相对集中性。由于文化程度差别形成了"阶层分化"的现象。

第三，对延安市七里铺社区的流动人口社区社会网络建构的状况及其影响因素进行了分析。分析显示，初级社会网络是目前流动人口在延安市七里铺社区中主要的社会网络类型，尤其是对于刚进城的流动人口来说，以血缘、地缘为基础的社会网络几乎是其社会网络的全部构成。他们到延安市时社会网络建构的动机主要是出于"情感性动机"和"工具性动机"，流动人口进城初期，这两种动机的实现主要是通过初级社会网络，随着在城市社区居住时间的增加和社会网络的扩张，他们建构初级社会网络更多的是出于"情感性动机"，而建构次级社会网络则更多的是出于"工具性动机。"从延安市七里铺社区流动人口的第一次的求职过程，我们发现，他们实现社会网络的建构主要是通过两种途径：一是通过初级社会网络，二种是通过市场或中介机构，通过初级社会网络建构他们的社会网络是他们的首要的选择，即通常所说的"找关系"，在不具备第一种建构社会网络条件的情况下，第二种途径则成为他们的选择，当流动人口在延安市的社会网络逐渐扩张后，社会网络的建构则更多的是通过他们在城市里已经建构的次级社会网络来实现的，目前，工作单位和社区在促进流动人口与城市居民互动方面的作用还未得到充分发挥。延安市七里铺社区流动人口社会网络建构的规模，初级社会网络的规模相对于次级社会网络规模来说；社会网络的规模较大，男性相对于女性而言，社会网络的规模较大,流动人口在建构社会网络时均倾向于与同性别的人互动、交往,尤其是在次级社会网络的建构中,这种倾向显得更加突出。社会网络规模的满意度与流动人口的性别、年龄、文化程度有关,男性对于社会网络的满意度比女性高,年龄越大的流动人口对于自身社会网络规模的满意度越高,文化程度越高的流动人口对于自身的社会网络规模的满意度越低,也就是说,对于七里铺社区的流动人口来说,年龄与社会网络规模的满意度呈正相关,文化程度与社会网络规模的满意度呈负相关,月收入与社会网络规模的满意度则与其他研究者的研究结论不一致,其他研究者的研究结果是月收入与社会网络规模呈正相关,但是本次研究发现,两者之间没有呈现任何的规律性。

第四,伴随我国城市化进程的加速,越来越多的少数民族人口从西部传统社区走出来进城务工经商。研究中,我们将西部传统少数民族社区居民、南京市本地少数民族居民为参照群体,从族际通婚认知、意愿、期望、态度和评价四个方面对南京市少数民族流动人口"族际通婚观念"进行考察,呈现出少数民族流动人口族际通婚观念由传统向现代变迁的一个纵向路线。研究表明,随着流动的进一步深入,少数民族流动人口对礼仪与习惯的依赖正在减少,居住上无法达到聚居状态,传统因素对成员的作用更加找不到着力点,个体的观念更易受到外界环境的"侵入"。因此我们可以说,城市少数民族流动人口的族际通婚观念将逐渐发生变化,而趋向于现代。

第五,运用叙事性研究、访谈法和参与观察返乡农民工社会关系的日常生活事实研究方法,我们对闽西农村返乡农民工社会关系重构现状开展了研究。研究表明,闽西农村返乡农民工在经历城市现代化、工业化洗礼之后无法适应原有的以家庭基础生产与核算的传统自卫组织,而将以利益化为导向的社会组织体系带入农村,推动原有的传统乡土情感关系断裂或者重构。这种新的乡村社会关系的形成使得乡村社会关系变得简单化、理性化,在乡村社会变革、重建过程中经济利益地位的凸显、现代"抽象体系"媒介作用的显著发挥,使得传统伦理、情感关系纽带作用降低以及传统社会支持网络依赖减少。可以说现代乡村社会关系的这一变革是符合市场经济发展需求,适应社会主义现代化发展结构,贴近和谐社会主义新农村发展的发展轨道。

本书中收录的成果,是在2005—2012年间相继完成撰写的,可以说是近十年来，研究中国城市化进程中流动人口的视角、内容和观点的缩影。由于多种因素，书中难免存在不少错讹疏漏之处。敬请专家、读者不吝赐教。

西北地区城市少数民族
"新移民"与多元文化[*]

文化　宗力^{**}

一　研究设计

(一) 问题的提出

目前中国出现的移民大潮, 应该说是中国社会史上一个非常重要的历史性事件。这个移民潮包含三股移民流: 一种是中国成为国际上最大的移民出口国、移出国; 一种是大量的农村人口从农村迁移到各类城镇; 还有一种是包括中小城市的居民在内, 向大都市的流动。本文项目所涉及的移民是第二种——农村人口从农村迁移到各类城镇的一类: 城市少数民族移民。

在中国, 人口大迁移的问题得到了广泛的关注。但是我们就目前而言, "大迁移"这样一种事实乃至迁移的人群作为移民的身份, 很少被认可。涉及大迁移的人群, 不同的概念蕴含着不同的意义。目前人口学上以"迁移人口"概念专指新移民。这个概念认可迁移的事实, 但其含义是完成了户口的迁移登录的人口。所以我们统计上的迁移人口, 主要是已经在城市落实了户口的人口。而"移民"这个概念在中国现在一般被用以正

---

　*　2005 年度第二批教育部"春晖计划"科研合作项目(西北民族大学与加拿大萨斯喀彻温大学合作)。

　**　文化,西北民族大学民族学与社会学学院教授;宗力,加拿大萨斯喀彻温大学社会学系教授。

式被承认的移民,主要指"工程移民"、"水库移民"等开发性移民。而"流动人口"这一概念较为流行。其原本含义应指临时性的移动人口,但目前将所有迁移到一个地方生活、工作、居住,甚至已经有明确的定居化倾向、却无法获得正式户口的人,都纳入到了"流动人口"这个概念中。在城市中,将他们作为"外来人口"来看待。同时,还将自农村流入城市的人群,称为"农民工"。他们在城市工作、生活、居住,可是因为户籍身份,他们在这个社会中仍然被当作农民看待。甚至在城市中,有一些已经获得城市户口的人,如城市郊区征地农民,他们实际上已经获得这个城市的非农业的户口,但是他们被称为"农转非",他们迁入城市居住后,跟城市居民的就业权利以及各种社会保障制度等方面未在一个层面上。这是一个值得关注的问题。

城市里的"新移民",无论是对象所指还是关注的问题,与上述几种概念有一定的区别。一方面它包含了城市里各种各样的新的居民,包括农民工在内。另一方面它所涉及的问题也区别于其他概念。关于移民问题,世界各国社会学的相关研究颇多,如经济学、人类学等其他学科也关注到移民问题。移民研究中主要关注了几个方面的问题。一个是移民的起因问题,像经济学有推拉理论,就是农村怎么推出、城市怎么吸引等;社会文化理论,关注个人层面的生存条件怎么改善;世界系统论,由于移民问题涉及世界各国的很多问题,涉及不同国家、不同区域之间的落差。因而关注世界范围内南北之间通过移民到底是可以消除这样的落差,还是使既有的落差再产生、甚至扩大?这样的世界范围内的问题。社会学更多关注的是跟移民问题相关的一些社会公平问题。从结构上说,涉及制度层面到社会层面、各种社会群体之间的关系乃至个人层面的社会、文化的适应问题等。关于迁移成本,关于城市与新移民的关系、诸多综合因素、新移民进入一个城市后,从物质生活到社会生活、精神生活,都有一个艰难的重建过程等方面的研究有待于深入进行。

城市里的"新移民"中,有一个不可忽视的群体,即少数民族"新移民"。更确切地讲,城市中形成的"因民族教育的发展而形成的少数民族学生聚落"中的少数民族以及"因进城经商而形成的少数民族聚落"的少数民族,可谓"迁移至一个新城市中工作、居住、生活,并在本城市有长期工作和生活下去的趋势或意愿的特定群体"——城市少数民族"新移民"。探讨他们的生活状况、对城市的认同、城市的融入与排斥等问题，是非常有必要的。

（二）研究的目的与意义

研究目的：通过对居住于西北五省省会城市兰州市、西宁市、银川市中的少数民族"新移民"的生活基本情况的考察研究，探讨城市里的少数民族"新移民"的生活基本情况、文化多样性传统与社会发展相协调的问题，以及在目前如何构建"新移民"对城市的认同和适应的有效体制、如何在多种文化的平等共存的基础上，使城市民族关系朝着更为健康、和谐的方向发展，使少数民族"新移民"对所居住城市产生责任感和归属感等内容。

研究的意义：西北地区城市少数民族"新移民"社区的形成与多元文化的呈现，是由来已久的。随着社会的发展呈现出新的趋向和相关联的问题。本文将从城市与"新移民"的关系、"新移民"从物质生活到社会生活、精神生活的重建及其文化结构的变化、在多元文化语境下，不同民族之间的互动关系等。这些问题的探讨，不仅有助于深入研究西北地区城市"新移民"的生活状况，而且将会对西北地区构建和谐的城市社会环境、促进城市经济、社会发展，具有理论指导和实践意义。

（三）相关理论与文献成果

1. 相关理论

（1）社会融入与多元文化理论

社会融入是个体和个体之间、不同群体之间或不同文化之间互相配合、互相适应的过程，并以构筑良性和谐的社会为目标。关于移民群体，进入城市后如何实现与城市生活相互融入的理论探讨，可以分为"同化论"和"多元文化论"两大流派。"多元文化论"认为，移民将其不同文化背景、不同社会经历和价值观念重新塑造其生活的地点，并有助于建构多元化的社会和经济秩序。诸多的研究认为城市"新移民"的社会融入与适应，不是简单地等同于同化，它比同化具有更加主动积极的意义。探讨了从经济层面、社会层面、心理层面或文化层面，是如何融入于城市社会的相关问题。

（2）社会资本理论

"社会资本"的概念最初是由经济学"资本"概念演变而来。社会资本是从嵌入于社会网络的资源中获得，它植根于社会网络和社会关系中。美国社会学家波特斯1988首先注意到社会资本概念在移民研究中的重要意义。他认为移民过程中的每一个环节诸如决定是否移民、向何处迁移，以及在迁居地定居下来如何适应当地生活等都与移民的社会资本或社会网络密不可分。波特斯提出，社会资本是移民个人通过其在社会网络和更为广泛的社会结构中的成员身份而获得的调动稀缺资源的能力，移民可以利用这种成员身份来获取工作机会、廉价劳动力以及低息贷款等各种资源。此后，桑德斯与倪讨论了美国移民的家庭社会资本对于他们获得"自雇"地位的作用；麦西等根据历史资料与统计数据，对墨西哥移民迁移美国的过程中社会资本所发挥的作用进行了详尽分析。这些研究都证明了社会资本对于移民的重要作用。

（3）社会排斥理论

社会排斥最初应用于对贫困问题的研究。诸多研究表明，城市外来人口首先受到制度维度上的社会排斥，主要是政府制定的相关制度和政策。户籍制度和建立在户籍之上的城市各种制度构成了流动人口融入城市社会的制度性障碍或制度排斥，对此已基本形成共识。在城市现有的制度安排下，流动人口面对的是一系列有别于城市居民的制度，如就业制度、社会保障制度、医疗制度、教育制度等。

2. 文献成果

依据李吉和发表的《近年来城市少数民族流动人口研究综述》文章内容，可以看到，近年来城市少数民族流动人口研究主要集中在：流入城市动因的研究、少数民族流动人口特点的研究、少数民族流动人口作用的研究、少数民族流动人口社会交往、社会支持与城市适应的研究以及少数民族流动问题的对策研究几个方面，学者们从不同视角提出了一系列良好的建议和对策。[①]

重要的成果有：赵建华：《中国城市化进程与社会分层》，《改革》2004 年第 2 期；金春子：《城市少数民族流动人口与城市民族工作》，《中国民族》2002 年第 3 期；沈林、张继焦、杜宇等：《中国城市民族工作的理论与实践》，民族出版社 2001 年版；郑信哲：《略论我国少数民族人口

---

① 李吉和：《近年来城市少数民族流动人口研究综述》，《西北第二民族学院学报》2008 年第 3 期。

流动及其影响》,《满族研究》2001 年第 1 期；拉毛才让：《试论少数民族流动人口的构成、分布特点及动因》,《攀登》2005 年第 2 期；周竞红：《少数民族流动人口与城市民族工作》,《民族研究》2001 年第 4 期；华彦龙：《关于城市少数民族人口流动问题的思考》,《中州统战》2003 年第 10 期；郑信哲、周竞红：《少数民族人口流动与城市民族关系研究》,《中南民族大学学报》2002 年第 4 期；胡令明：《城市少数民族流动人口的新情况、新问题》,《民族论坛》2001 年第 4 期；马强：《回族特色人才的迁移就业及城市适应——广州市宁夏籍阿拉伯语从业者田野调查》,《西北第二民族学院学报》2007 年第 3 期；陈乐齐：《我国城市民族关系问题及其对策研究》,《中南民族大学学报》2006 年第 5 期；迟丽华：《山东东部沿海地区少数民族人口流迁问题研究》,《满族研究》2006 年第 2 期；杨军昌：《论西北少数民族流动人口问题》,《黑龙江民族丛刊》2007 年第 2 期；张继焦：《城市民族的多样化——以少数民族人口迁移对城市的影响为例》,《思想战线》2004 年第 3 期；杨健吾：《城市少数民族流动人口问题研究——以成都市为例》,《西南民族学院学报》2002 年第 7 期；林均昌：《少数民族人口的迁入对东部城市民族关系的影响》,《烟台师范学院学报》2005 年第 4 期；凌锐：《试论城市少数民族流动人口对城市民族关系的影响》,《中南民族大学学报》2005 年第 1 期；王琛、周大鸣：《试论城市少数民族的社会交往与族际交流——以深圳为例》,《广西民族研究》2004 年第 2 期；张继焦：《城市中的人口迁移与跨民族交往》,《云南社会科学》2005 年第 1 期；李伟梁、陈云：《城市少数民族流动人口的社会支持》,《中南民族大学学报》2006 年第 3 期；李伟梁：《少数民族流动人口的城市生存与适应》,《内蒙古社会科学》2006 年第 5 期；陈云：《城市与少数民族流动人口：管理与适应》,《黑龙江民族丛刊》2006 年第 4 期；李林凤：《城市少数民族流动人口的社区支持》,《青海民族研究》2006 年第 3 期；邓行：《少数民族流动人口权益保护初探》,《中南民族大学学报》2002 年第 3 期；林均昌：《少数民族流动人口的"平等保护"》,《西北第二民族学院学报》2007 年第 3 期；汤夺先：《西北大城市少数民族流动人口若干特征论析——以甘肃省兰州市为例》,《民族研究》2006 年第 1 期；汤夺先：《城市少数民族论略》,《固原师专学报》2004 年第 3 期等。

(四) 研究对象与研究方法

1. 研究对象

沈林根据城市少数民族的聚居程度采用了"城市少数民族聚落"的划分方法。他认为,所谓城市少数民族聚落就是生活在中国城市中的少数民族相对集中的居住区或居住点,他将东部城市的少数民族分为 6 种不同的聚落类型:城市世居少数民族聚落;因民族工作机关的设立而形成的少数民族聚落;因民族教育的发展而形成的少数民族学生聚落;因民族地区各级政府在东部城市设立办事机构而形成的少数民族聚落;因特色旅游景点而形成的少数民族聚落;因进城经商而形成的少数民族聚落。

依据上述划分,观察西北城市少数民族"新移民"的情况其特点,以"因民族教育的发展而形成的少数民族学生聚落"——民族高校中的少数民族人口;"因进城经商而形成的少数民族聚落"——经济型少数民族人口为主体,作为城市中的民族文化携带者,其进入城市不但是"就业与创业移民",而且是名副其实的"文化移民"。见于这种状况,我们在西北五省区(陕西、甘肃、宁夏、青海、新疆)中,设有民族院校的咸阳市、兰州市、银川市、西宁市当中,随机选取了兰州市、西宁市和银川市的民族高等院校作为调查地点。以甲校、乙校和丙校的少数民族学生为研究对象。同时,在三个城市中,选取了银川市 A 市场、西宁市 B 市场、兰州市"C 村",三个"因进城经商而形成的少数民族聚落"的少数民族移民作为研究对象。

2. 研究方法

本文通过问卷调查、深度访问,收集数据资料与个案资料。对三个城市中的少数民族"新移民"的生活状况以及对城市的认同或归属感等认识方面,进行问卷调查收集了相关的数据资料。在此基础上,进行了相关变量的统计分析和回归分析。以无结构式访谈方法进行深度访谈,收集详细的个案的资料。

二 西北地区城市少数民族"新移民":学生聚落

(一) 研究缘起

民族院校是专门培养少数民族高级人才的综合性大学,目前分布在北京、广州、昆明、成都、武汉、大连、兰州、西宁、银川等一些大中城市，每所学院在校生人数一般有 10000—20000 人。这些院校是所在城市里少数民族成分最多、人口较密集、文化比较发达的地方。从单个成员来看，他们户口大多落在其学习的城市，在城市生活一般三到五年，但从学校整体来看是城市的一个长久的组成部分，各少数民族的学生在同一院校中学习、生活，从而形成了一个特殊的少数民族学生聚落。由于各民族有着各自不同的生活习俗，文化传统和宗教信仰。在进入大学之前，许多来自少数民族聚居地的学生生活在一个比较单纯的民族群体之中，进入大学之后，他们不得不学会面对不同的文化。其中不乏与自己文化截然相反的。这种文化的多样性很可能会导致迷惑，误解甚至冲突。[1] 而且这个聚落的成员，具有年龄轻、民族意识浓、思想活跃、集体活动频繁、民族和社会责任感强等特点，他们对社会的影响广泛而深刻，因而加强对民族院校的少数民族的调查研究十分必要。我国历来重视民族工作，自从改革开放以来，我国经济迅速发展，特别是从 1999 年高校扩招以来，少数民族大学生大量涌入城市，对少数民族大学生的研究也越来越多。在少数民族就业方面，少数民族大学生是少数民族地区未来经济发展、社会进步的生力军，是少数民族地区经济社会发展的现实人力资源。少数民族大学毕业生的就业工作是民族院校的重要工作之一。随着高等教育大众化时代的到来，少数民族大学生的数量在逐年增加，少数民族大学毕业生与全国其他院校的大学毕业生一样，同样面临着选择市场和被市场选择的现实，这对少数民族大学毕业生来讲是机遇也是挑战。[2] 新疆少数民族大学毕业生就业水平的高低，一直是党和政府关注的焦点问题。针对新疆少数民族大学毕业生的就业水平，从少数民族大学毕业生的个人能力、个人性格特征、个人期望、就业形势与背景等潜在影响因素等方面进行了调研，并建立了结构方程模型用以说明各潜在变量和观测变量对新疆少数民族大学毕业的影响。[3] 在对少数民族大学生思想政治方面，民族院校是我国高等教育体系中最具特色的重要组成部分，而思想政治工作又是民族院校教育实施中

---

① 丁义：《浅谈困扰少数民族大学生的几个问题》，《科技文汇》2008 年第 1 期。

② 王扎西等：《少数民族就业问题研究—以西北民族大学为例》，《西北民族大学学报》2007 年第 5 期。

③ 宋锋华、张玉玲：《新疆少数民族大学生就业问题实证研究》，《新疆社会科学》2007 年第 5 期。

的必然组成部分，从其地位、对象、教育实施、管理服务诸方面来看，都有较普通高等院校思想政治工作相区别的重要性和独特性。适应高等院校教育改革与发展的要求，进一步加强和改进民族院校大学生思想政治教育，创造性地发展民族教育，就必须认真研究如何增强民族院校思想政治工作的实效性问题。① 在心理状况研究上，民族高等教育的整个过程，实际上就是民族学生对新的社会环境和文化氛围的心理调适过程。认识到这一特点，我们就应当对高等教育中的这一特殊群体进行专门的研究，找出其特殊的规律，针对民族特色采取行之有效的管理措施，使这一特殊群体能尽快适应大学生活，促进校园和谐与民族和谐。② 少数民族大学生大多来自边远贫困地区，家庭经济较差，生活较困难。由于商品经济对高等教育多方位的冲击，高校的专业设置正经历一个较大幅度的振荡及调整过程。部分专业和课程不适应市场经济的需要。因此，在一些学生的头脑里，常有"学而无用"或"学难至用"的想法。他们中有的感到困惑或恐慌；有的为自己当年的理想难以实现而悲观失望，觉得干啥都没意思，产生持续的消沉情绪，旷课现象时有发生。在理想与现实，学习和金钱的矛盾中，部分学生精神高度紧张而无法排解，从而引发心理疾患。③ 在外语学习方面，贫困地区少数民族大学生在大学英语学习人群中是一个特殊的群体。就语言学习而言，英语学习已经是他们的第二非本民族语言学习；加之，在语言学习最佳时机的幼年时代，贫困地区的英语教学水平较低，学习条件亦较差；另外，由于本民族的文化背景以及由此产生的与西方英语民族国家较大差异的生活方式、思维模式，使得他们在英语学习上比一般大学生的困难更大、障碍更多。④ 少数民族学生的母语是他们的本民族语，汉语是他们的第二语言，而之后接触的英语，则实际上是他们的第三语言了。因此，这个过程中语码的转换更为复杂，母语、汉语和英语之间相互干扰，学习难度也随之加大。⑤ 而少数民族大学生在就业、思想

---

① 艾比布拉·胡贾:《浅析少数民族大学生政治思想工作的创新》,《中国民族》2008 年第 5 期。

② 曾维希、张进辅:《少数民族大学生在异域文化下的心理适应》,《西南大学学报》2007 年第 3 期。

③ 程孟瑾:《影响少数民族大学生心理健康的原因分析》,《贵州民族学院学报》1997 年第 2 期。

④ 何历蓉:《贫困地区少数民族大学生英语学习障碍及解决》,《铜仁学院学报》2007 年第 7 期。

⑤ 何丽:《贵州省师范类院校少数民族大学生英语学习障碍分析》,《新课程研究》2007 年第 9 期。

政治、心理状况、学习生活上所反映出来的问题很大程度上又与适应问题相关，少数民族大学生同非少数民族大学生相比在环境适应上有许多自身的特点，这其中的成因不仅仅是因为家庭、学校教育与自身成长所致，其特殊性表现在这是一种独特的文化适应（culture adaptation）过程，少数民族大学生要经受强烈的文化冲击（culture shock）。进入大学对他们来说不仅仅意味着脱离了土生土长的社会环境，转移了生活空间，更重要的还在于他们还将面临独特的心理历练——因为意识到自己与非少数民族大学生的诸多不同从而会表现出独特的心理不适应。这种心理不适应不仅表现在外显的语言交际、生活习俗上，还表现在其内在的宗教信仰、行为准则、思维方式因为冲突带来一系列的心理体验上。[①] 本文通过对少数民族学生聚落的少数民族大学生群体的调查，进而分析少数民族大学生群体在少数民族大学生聚落中的各种生活状况。

（二）研究方法

本次调查主要运用了实地研究方法。

在具体的抽样调查中，由于少数民族学生相对集中，并形成聚落式的居住格局的主要是在民族高等院校，因此我们在西北五省区（陕西、甘肃、宁夏、青海、新疆）中有民族院校的咸阳市、兰州市、银川市、西宁市随机选取了兰州市、西宁市和银川市的民族高等院校作为调查地点。而在我们所调查的学校中，甲校的少数民族学生以回族、藏族、蒙古族、维吾尔族居多；乙校的少数民族学生以藏族、蒙古族居多；丙校的少数民族学生以回族居多。在这三所学校中，以少数民族大学生聚落式居住的有甲校语言文化传播学院的维汉翻译专业、蒙古语言文化学院、藏语言文化学院；乙校的蒙古语言文化学院、藏语言文化学院；丙校的少数民族预科部。三所院校共发放问卷 1490 份，其中甲校共发850 份、乙校 540 份，丙校 100 份，收回问卷 1260 份，甲校 732 份，乙校 461 份，丙校 67 份，回收率为 84%，经核实有 5 份问卷作为废卷处理（问卷回收时已经对问卷进行过一次核查，此次为第二次核查），共得到有效问卷 1255 份。

---

① 黄爱梅：《试论民族大学生心理健康与德育工作》，《广西民族学院学报（社会科学版）》1998 年第 1 期。

（三）样本的情况

1. 城市少数民族学生聚落学生的结构特征

（1）性别与年龄结构

在所调查的三所民族院校中，男生占 44.6%，女生 55.4%。而在年龄结构上，21—24 岁的学生占了主体，比例为 59.8%，其次为 17—20 岁，这一年龄段所占比例为 39.6%，0.6% 的被访者年龄在 25 岁以上。

（2）民族结构

在我们所调查的甲校少数民族学生中包括有藏族、蒙古族、维吾尔族和土族、柯尔克孜族、土家族等民族。在甲校 729 名被访者当中，藏族被访者占被访者总体的 41.8%，蒙古族占 35.6%，维吾尔族占 21.2%，土族被访者的比例为 0.1%，柯尔克孜族 2 人，哈萨克族、回族、土家族各 1 人。乙校，主要有维吾尔族、蒙古族、藏族和土族三民族，在被访的 456 人中，蒙古族学生占被访总体的 33.6%、藏族占 66%、土族和维吾尔族学生各 1 人。丙校，在被访的 65 名学生中，回族占 26.2%，维吾尔族占 43.1%，蒙古族和藏族同学各 3 人，哈萨克族同学 4 人、满族和土家族各 2 人、鄂温克族、彝族、纳西族、壮族、侗族和景颇族各 1 人。从三所学校的总体角度看，所占比例较高的四个民族学生依次为：藏族学生 48.7%，蒙古族学生 33.2%，维吾尔族学生 14.7%，回族学生 1.4%。

（3）年级和专业结构

大一（2007 级）的学生 534 人，占总调查群体的 42.7%；大二（2006 级）316 人，占 25.3%；大三（2005 级）333 人，占 26.6%；大四（2004 级）64 人，占 5.1%，大五 4 人，占 0.3%。

专业方面，我们选择在三所民族院校中少数民族学生比较集中的学院。回收的 1255 份有效问卷，其中有 6 人未填写专业。甲校藏语言文化学院有 304 份，包括藏语言文学、现代文秘、藏汉翻译、工商管理（藏汉双语）四个专业；蒙古语言文化学院有 259 人，为蒙古语言文学专业；语言文化传播学院维汉翻译专业有 165 人。乙校集中于藏语言文化学院和蒙古语言文化学院中的藏语言文学专业和蒙语言文学专业的学生，分别 302 人和 154 人。丙校的预科部预科班 65 人。

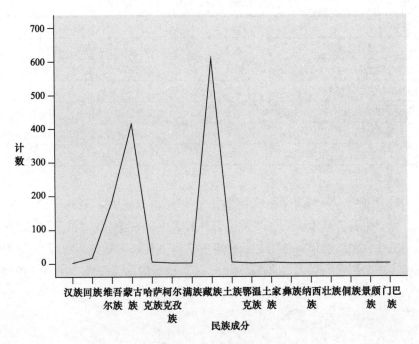

图1 少数民族学生民族成分总体分布图

（4）籍贯分布

三所民族高校的少数民族学生来自全国21个省市自治区，它们分别是新疆、甘肃、青海、宁夏、西藏、陕西、四川、内蒙古、山东、云南、重庆、河南、湖北、湖南、广西、江苏、安徽、吉林、辽宁、上海和海南。其中来自青海的学生占38.1%，居首位；其次是新疆维吾尔自治区占22.0%；内蒙古自治区12.5%；甘肃9.7%；西藏8.4%。

2. 城市少数民族学生聚落学生的生活状况

（1）居住情况与居留倾向

①居住情况

调查显示，少数民族学生多以宿舍居住，占调查总体的93.1%。在家居住、独自在外租房居住或他人合租居住分别占3.3%、2.7%和0.9%。具体信息如表1所示。

表1   居住方式频次频率分布

居住方式	频率	百分比（%）	有效百分比（%）	累加百分比（%）
在家居住	41	3.3	3.3	3.3
宿舍	1155	92.0	93.1	96.4
独自在外租房居住	34	2.7	2.7	99.1
与他人合租居住	11	0.9	0.9	100.0
缺失值	14	1.1	1.1	
总值	1255	100.0	100	

　　同时说明，影响大学生交往和居住方式的主要因素是业缘和趣缘因素。大学生包括城市少数民族学生聚落的学生，在学、兴趣上存在着很大的同质性，同质性使得他们自己在校内获得一种归属感。相对而言，学生与聚落外的居民间异质性较强，使得在外租房的同学只有3.6%。当然，大学生们的经济能力及学校的管理方式也对城市少数民族学生聚落学生的居住方式的选择产生着很大的影响。

　　②居留倾向

　　通过考察城市少数民族学生聚落学生在所在城市居住时间的长短，可以看出其对聚落所在城市的认同感的强弱，以及其对城市生活方式的认可程度。根据相关规定："凡考取普通高等学校、普通中等专业学校的学生，入学时可以自愿选择是否办理户口迁移手续。毕业后，如果没有与企业签订相关合同，户口原则上迁移回原籍"，户籍的变更当然地会对学生们的去留产生直接的影响，在某种程度上，多数学生会随着户籍的这一"迁移回原籍"而"被迫"选择离开所在的城市。

　　调查显示，在对"您是否计划在此落户，成为本市市民"这一问题的回答上，25%的人选择"想"，26.6%的人"正在考虑中"，44%的人"不想"，另有4.4%的学生认为"不可能"。虽然"不想"留在本市的人有44%，但仍有1/4的城市少数民族学生聚落学生希望将来在城市里安家。

　　（2）消费情况

　　①消费能力

　　大学生们的消费经费几乎来源于家庭，家庭的经济状况很大程度上决定着大学生们的消费能力。有调查①显示，甲校少数民族大学生的月消费水平为415.56元/月，在显著性水平 $\alpha = 0.05$ 时，少数民族学生月平均花费的置信区间为 [398.34, 432.78]。本次调研的结果与这一结论相当，分析显示，本次被访者的月平均花费在426.7元。若将金额分成小于200元、200—350元、350—500元、500—800元和大于800元五个区间，调查所得区间众值为"350—500元"，各区间所占比例依次为：4.3%、27.6%、41.9%、18.9%和7.3%，城市少数民族聚落大学生们的月消费，基本上呈现倒"U"形，多数学生的月花费处在中等水平，如表2所示。

表2 月消费频率频次分布

月消费（元）	频次	百分比（%）	有效百分比（%）	累加百分比（%）
小于200	54	4.3	4.3	4.3
250—350	301	23.9	27.6	31.9
350—500	470	37.5	41.9	73.8
500—800	206	16.4	18.9	92.7
大于800	91	7.3	7.3	100.0
缺失值	133	10.6	10.6	
总值	1255	100.0	100.0	

②消费目的

在月消费的用途上，从总体而言，伙食支出是学生们月消费的主体，比例为45.4%；其次是交通、通信（电话，上网）支出，占15.2%；购物（服装，饰品）支出占月消费总支出的12.1%；学习费用的消费支出占总支出的比例为10.6%；交际费用支出的比重为7.6%，娱乐费用的支出比重为3.0%。

（3）生活状况满意度

经过调查，我们发现，半数以上的学生（65.8%）对自己的生活条

① 王向伟、白金、赵自胜、赖天能：《在校本科生课余时间安排状况调研与分析——以西北民族大学为个案》。

件比较满意,主观幸福感比较高。63.8%的学生表示喜欢现在所居住的城市,45.5%的人认为自己是所居住城市的居民,25%的人希望在所在城市落户。因此,总体上讲,学生们表现出了较强的归属感,侧面反映出了他们对聚落所在城市所提供的生活条件是比较满意的。由于有93.1%的学生居住在学校,因此学校的学习、生活状况构成了影响对生活条件评价的不可忽略的要素。在对学校的校纪校风、学习氛围等进行评价时,有18.3%的学生回答"非常满意",48.8%的同学表示"满意",对学校的生活、学习条件给予了肯定。

(四) 城市少数民族学生聚落学生对个人城市身份的认知态度

身份具有两层含义:从制度层面上,身份指的是以户籍为标志的体制性标定;从心理层面上,身份包含了"角色"的意义。城市少数民族学生聚落的学生对个人城市身份的认知,我们也同样从这两个方面来加以说明。

根据相关规定:"凡考取普通高等学校、普通中等专业学校的学生,入学时可以自愿选择是否办理户口迁移手续。毕业后,如果没有与企业签订相关合同,户口原则上迁移回原籍。"这说明对于大学生,虽然获得高校所在城市的户籍并没有太多制度上的限制,但高校教育本身有时间限定 (本科一般为4—5年),换句话而言,就是高校学生所获得的户籍是暂时性的户籍,而非永久性的户籍。因此,从制度层面上讲,只要高校学生把户口迁移到了所在高校的城市,某种意义上讲,可以说是本地市民。

然而,高校学生的自我身份认知并不仅仅取决于外部的体制性标定,而是与其自我内心的角色认同有很大关系的。只有当外部的标定和角色的确认一致时,自我身份认同才具有同一性。也就是说,"自我认同并不是个体所拥有的特质,或一种特质的组合。它是个人依据其个人经历所形成的,作为反思性理解的自我"。①

所调研的学校部门资料显示,有90%以上的高校学生把自己的户口迁移到了高校所在地的城市。从外部标定上讲,这些学生具有成为高校所

① [英] 安东尼·吉登斯:《现代性与自我认同》,生活·读书·新知三联书店1998年版,第58页。

在地城市市民的特质，但学生的自我认同是否也如此呢？根据调查，在自我内心的角色认同上，有超过半数（54.5%）的学生并不认为自己是所居住城市居民，只有45.5%的学生认为自己是所居住城市居民。这表明学生自我内心的城市市民角色认同与外部体制性标定的城市市民角色并不完全一致，而是存在自我认同上的错位。导致个体城市市民身份自我认同出现错位，究竟是与城市本身的客观环境相关，还是与本地居民对他们的态度有关，抑或是与自我对城市的主观感受相关呢？调查结果表明，城市的客观环境（包括饮食、购物、交通、住宿、就业、通讯等方面）对个体自我城市居民身份认同影响不大，如表3所示，在认为城市客观环境很好或比较好的人中分别有51.6%和54.0%的人不认为自己是所居住城市的居民；认为城市客观环境不好或很差的人，对自己城市居民身份不认同的也分别占了57.4%和58.3%。但同时从变化的趋势上看，客观环境越好，人们的自我城市市民身份认同越高，反之亦然。

表3　　　　　　　　　　城市客观环境与城市身份认同

城市客观环境评价	你认为自己是否是所居城市的居民		总值
	是	否	
很好	930（48.4%）	991（51.6%）	1921（100.0%）
较好	1214（46.0%）	1426（54.0%）	2640（100.0%）
一般	1109（44.4%）	1391（55.6%）	2500（100.0%）
不好	414（42.6%）	558（57.4%）	972（100.0%）
很差	211（41.7%）	295（58.3%）	506（100.0%）
总值	560（45.5%）	672（54.5%）	1232（100.0%）

城市客观环境会对个体自我城市市民身份认同产生积极的影响，同样本地居民对他们的态度也影响着其市民身份认同，调查显示，认为"本地居民看不起他们"和认为"本地居民对他们有反感"的学生对自己的市民身份认同也低，分别有39.8%和44.3%。对于个体对城市主观感受与城市市民身份认同，我们主要从个体对城市的喜好程度、满意程度及其对生活条件的满意度三方面来加以考察和分析。

1. 城市喜好程度与市民身份认同的关系

喜欢所居住城市的人,自我的城市身份认同较高;不喜欢所居住城市的人,自我的城市身份认同较低。具体表现在,喜欢现在所居住城市的人中,有56.1%认为自己是所居住城市的居民,43.9%的人认为自己不是所居住城市的居民;相反,在不喜欢现在所居住城市的人中,有高达73.2%的人不认同自己的城市居民身份,只有26.8%认为自己是所居住城市的居民,详见表4。

表4　　　　　　　　　　城市喜欢程度与城市身份认同

城市喜好程度	您认同自己是否是所居城市居民		总值
	是	否	
是	440 (56.1%)	345 (43.9%)	785 (100.0%)
否	119 (26.8%)	325 (73.2%)	444 (100.0%)
总值	559 (45.5%)	670 (54.5%)	1229 (100.0%)

2. 城市整体印象满意程度与市民身份认同的关系

通过调查,我们发现在对现在所居住城市整体印象满意的人中,认为自己是所居住城市市民的占了58.6%,认为自己不是所在城市市民的占41.4%;对现在所居住的城市整体印象比较满意的认可自己城市居民身份的占44.9%,不满意的认同数占29.8%,也就是说,对现在所居住的城市整体印象比较满意和不满意的,认为自己不是所居住城市居民的人数都高于认同的。在三个学校的具体比较中存在着一些差异,甲校对现在所居住城市整体印象满意的人中,在市民身份认同上与整体水平相差较小,认同的占了57.5%,不认同的占42.5%,对现在所居住的城市整体印象比较满意的认同市民身份的占44.3%,不满意的认同市民身份的占32.7%;乙校对现在所居住城市整体印象满意的人中市民身份认同的占61.2%,比较满意的市民身份认同的占47.6%,不满意的市民身份认同占26.3%;丙校对现在所居住城市整体印象满意的人中市民身份认同的占55.6%,比较满意的市民身份认同的占34.8%,不满意的市民身份认同占30.0%。

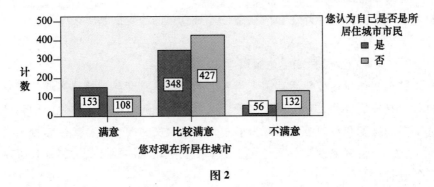

图 2

从图 2 我们可以明显地看出，城市整体印象的满意程度与市民身份认同两者之间虽有显著差异，但事实上居民对城市整体印象的满意程度对市民身份认同的影响并非正向的。

3. 城市生活条件的满意度与市民身份认同的关系

学生对城市生活条件满意度对自我市民身份认同的影响也不是太大。如表 5 所示，对现在所居住城市生活条件满意的人中，认为自己是所居住城市市民的占了 54.8%，认为自己不是所在城市市民的占 45.2%；而在对现在所居住的城市比较满意的和不满意的人中，认为自己不是所居住城市市民的人数分别高出认同的 10% 和 35.6%。

表5　　　　　　　　　对本市的生活条件满意度与城市身份认同

对本市的 生活条件	您认为自己是否是所居城市居民		总值
	是	否	
满意	148（54.8%）	122（45.2%）	270（100.0%）
比较满意	361（45.0%）	442（55.0%）	803（100.0%）
不满意	48（32.2%）	101（67.8%）	149（100.0%）
总值	557（45.6%）	665（54.4%）	1222（100.0%）

通过以上分析，我们发现生活在城市少数民族聚落中的少数民族学生，在自己城市市民身份的认同上，外部标定和角色认同往往并不同一，而是存在错位的现象。而这在一定程度上是受户籍管理方式的影响，但真正对其起关键作用的还是城市客观环境、本地市民态度和自我主观感受。对于自我身份的认同和表述，外在户籍的标定只是一方面，只有形塑角色

感和心理归属的各种外在和内在条件才是真正的决定因素。

（五）城市少数民族学生聚落学生的社会交往

社会交往指在社会活动中人与人之间进行信息交流和情感沟通的联系过程，是形成各种人际关系的基础。城市少数民族学生聚落学生的社会交往受时间维度和空间维度的双重影响，在社会交往的对象、交往内容、交往方式和交往效果以及在社会交往的基础上所建构的社会支持网都具有本身的独特性。

1. 城市少数民族学生聚落学生的社会交往对象分析

调查显示，在影响大学生交往对象的选择的主要因素中道德品质、兴趣、感情占的比重最大，分别为 76.4%、73.6%、64.6%，所占的比例都超过了半数，而学历、经济条件、家庭背景、学业成绩分别只有 18.9%、17.7%、9.4%、5.5%。城市少数民族学生聚落学生对交往对象的选择很大程度上会受其情感性和利益性交往动机的影响，特别是以情感需求的满足为主，因而其在交往对象的选择过程中会往往更多地受到自己的主观喜好和判断的影响，从道德品质、兴趣、感情、个性、能力等方面来选择交往对象，而对一些客观性的指标，如学历、经济条件、家庭背景、学业成绩等，则考虑得相对较少。

从交往的范围上讲，城市少数民族学生聚落学生交往的范围仍以校内为主，交往对象大多是学校的同学和老师，社会交往主要是以同学关系交往为主，有时与地缘关系、趣缘关系、情缘关系相重叠。

表6　　　　城市少数民族学生聚落学生与各类人群的社会交往频率表

		交往频率			合计
		经常交往	偶尔交往	从不交往	
朋友	频数	1021	210	9	1240
	百分比（%）	82.3	16.9	0.7	100.0
本地居民	频数	111	806	313	1230
	百分比	9.0	65.5	25.4	100.0

续表

		交往频率			合计
		经常交往	偶尔交往	从不交往	
同学	频数	1056	175	4	1235
	百分比（%）	85.5	14.2	0.3	100.0
老师	频数	602	586	39	1227
	百分比（%）	49.1	47.8	3.2	100.0
同乡	频数	729	492	12	1233
	百分比（%）	59.1	39.9	1.0	100.0
学校部门	频数	172	854	203	1229
	百分比（%）	14.0	69.5	16.5	100.0
社区居民	频数	83	636	510	1229
	百分比（%）	6.8	51.7	41.5	100.0
亲戚	频数	785	384	55	1224
	百分比（%）	64.1	31.4	4.5	100.0

调查显示，城市少数民族学生与朋友、同学、同乡、亲戚的经常交往的比例较高，分别占了82.3%、85.5%、59.1%、64.1%（见表6），而与本地居民、老师、学校部门、社区居民偶尔交往所占的比例较高，分别是65.5%、47.8%、69.5%、51.7%（见表6）。

2. 城市少数民族学生聚落学生的社会交往内容分析

图3显示，城市少数民族学生聚落学生在社会交往过程中所谈论最多的三项内容分别是：个人心情、自己的前途未来和学习状况，分别占了17.1%、17.0%、14.9%，而谈论最少的是娱乐体育新闻、家里的事及社会新闻和时事消息，分别占到6.6%、5.0%和3.8%。

从交往的内容整体来看，城市少数民族学生在人际交往过程中更加关注的是自己身边的事情，特别是一些当前与自己的情感和利益息息相关的事。而一些公众性的话题和个人隐私却很少成为他们考虑和关注的焦点。

3. 城市少数民族学生聚落学生的社会交往方式

由于城市少数民族学生聚落学生交往对象主要是校内人群，同时交往的内容主要是与自己工作、生活、学习等方面息息相关的事情，所以他们

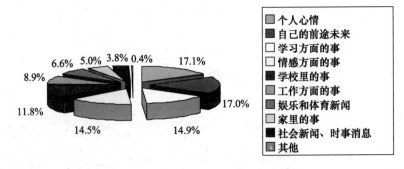

图 3　城市少数民族学生社会交往过程中所谈论的内容

在交往的途径比较的随意和自由，是一些娱乐性的非正规的形式，如吃饭（82.6%）、聊天（78.3%）、体育锻炼（50.5%）和逛街（59.0%）成了他们乐于接受和采用的方式。

4. 城市少数民族学生聚落学生的社会交往效果

对于城市少数民族学生聚落学生的社会交往效果，我们主要通过其对自我人际关系的主观评价（判断）和客观社会交往效果来进行检验和分析。

从个体自我人际关系的主观评价和判断来看，城市少数民族学生聚落学生拥有一个相对稳定和运行良好的社会交往圈。如表7所示，大多数城市少数民族学生聚落学生认为其与朋友、同学、老师、同乡、亲戚的关系好处，分别占 81.0%、73.2%、64.6%、67.8%、76.2%。而认为与本地居民、学校部门和社区居民的关系相处一般，分别占 70.8%、64.3%、65.7%。

对于客观社会交往效果的检验，我们主要通过考察其遇到困难时是否得到过帮助来加以衡量。调查显示，有96.1%的城市少数民族学生聚落学生在遇到困难时得到过朋友的帮助，38.2%的得到过本地居民的帮助，90.2%的得到过同学的帮助，87.1%的得到过老师的帮助，86.5%的得到过同乡的帮助，61.3%的得到过学校部门的帮助，30.7%的得到过社区居民的帮助，87.1%的得到过亲戚的帮助。通过主客观方面的分析和检验，我们可以认为城市少数民族学生聚落学生的社会交往还是比较好的。

表7　　　　城市少数民族学生聚落学生与各类人群的社会交往频率表

		社会关系评价			合计
		好处	一般	不好处	
朋友	频数	992	225	7	1224
	百分比（%）	81.0	18.4	0.6	100.0
本地居民	频数	196	861	159	1216
	百分比	16.1	70.8	13.1	100.0
同学	频数	896	320	5	1221
	百分比（%）	73.2	26.2	0.4	100.0
老师	频数	789	413	20	1222
	百分比（%）	64.6	33.8	1.6	100.0
同乡	频数	828	382	11	1221
	百分比（%）	67.8	31.3	0.9	100.0
学校部门	频数	326	781	107	1214
	百分比（%）	26.9	64.3	8.8	100.0
社区居民	频数	181	795	234	1210
	百分比（%）	15.0	65.7	19.3	100.0
亲戚	频数	929	264	26	1219
	百分比（%）	76.2	21.7	2.1	100.0

5. 城市少数民族学生聚落学生的社会支持网

社会支持指人们从社会中所得到的、来自他人的各种帮助。社会支持可分为两类：一是正式的社会支持；二是非正式的社会支持。前者指来自政府、社会正式组织的各种制度性支持，后者则主要指来自家庭、亲友、邻里、同事和非正式组织等的非制度性支持。本文的社会支持主要涉及的是非正式支持，并依据范德普尔对社会支持的分类，研究实际支持、情感支持和社会交往支持等三方面的社会支持网络。实际支持指的是经济、学习、生活帮助；情感支持指的是情感帮助；社会交往支持指的是就业帮助。根据调查，我们发现当大学生碰到经济问题时第一个会找父母帮忙，占到了56.5%，其次才是通过朋友和同学来解决这一问题；对于学习问题，大学生第一个会找老师来帮忙，占42.4%，其次是同学，占37.1%；遇到生活问题时，父母和朋友是其寻求帮忙的主要对象，这占到了总数的

59.4%；遇到情感问题时，大学生首先想到的是找朋友和恋人，或者是自己解决，谁也不找，三者分别占了 46.5%、11.3% 和 21.9%；而在遇到工作问题时，朋友、父母、老师和亲戚是其寻求帮助的最主要对象，当然有些人也选择说自我解决，谁也不找，这几项分别占 19.8%、17.3%、15.1%、12.4% 和 13.3%。（详见表 8）

表 8　城市少数民族学生聚落学生遇见各种问题时所寻求帮助对象统计表

		问　题				
		经济问题	学习问题	生活问题	情感问题	工作问题
谁也不找	频数	64	58	95	245	139
	百分比（%）	5.6	5.0	8.3	21.9	13.3
同学	频数	131	429	80	108	87
	百分比	11.5	37.1	7.0	9.6	8.3
老师	频数	22	491	26	30	157
	百分比（%）	1.9	42.4	2.3	2.7	15.1
朋友	频数	182	95	185	521	207
	百分比（%）	16.0	8.2	16.1	46.5	19.8
父母	频数	644	33	497	45	180
	百分比（%）	56.5	2.9	43.3	4.0	17.3
亲戚	频数	49	11	93	16	129
	百分比（%）	4.3	1.0	8.1	1.4	12.4
老乡	频数	19	19	102	14	37
	百分比（%）	1.6	1.6	8.9	1.3	3.5
恋人	频数	16	12	42	126	15
	百分比（%）	1.4	1.0	3.7	11.3	1.4
其他	频数	13	9	29	15	92
	百分比（%）	1.1	0.8	2.5	1.3	8.8
合计	频数	1140	1157	1149	1120	1043
	百分比（%）	100.0	100.0	100.0	100.0	100.0

　　通过以上的分析我们可以发现，虽然城市少数民族学生聚落学生的实际支持、情感支持和社会支持来源都出现了多样化的趋势，但朋友关系、

同学关系和亲戚关系仍是学生人际关系中最重要的三种关系，也是构成了大学生人际关系支持网的重要组成部分。

（六）城市少数民族学生聚落所在城市的生活服务

作为社会交往的主体，聚落内的学生有着较强的主体性，即具备参与社会，拥有完全交往能力。聚落内学生们的交往虽主要集中于校内，但不会局限于校内，聚落所在城市所提供的生活服务，也是城市少数民族学生聚落学生所得生活服务的重要组成，甚至是大部分。因此，我们在探讨城市少数民族学生聚落学生的生活服务这一问题时，有必要进一步探讨聚落所在城市对学生们所提供的生活服务。我们主要从饮食与购物服务、交通与住宿服务、通信服务、找工作（兼职）服务和民族文化活动服务等五个方面考察这一问题。

1. 饮食与购物服务

大学生群体作为一个纯消费群体，消费欲望强盛。校外饮食与购物是大学生们校外消费（如逛街）的主题，如前面分析所示，这两方面的支出共占据学生们月消费支出总额的 57.5%。因此，城市在这两个方面为学生们所提供的服务，是学生们评价城市的重要依据。调查表明，甲校学生认为兰州饮食方便和很方便的占了 69.6%，认为一般的占 24.6%，不方便、很不方便的总占 5.8%；乙校学生认为西宁饮食方便和很方便的占了 61.9%，认为一般的占 33.6%，不方便、很不方便的总占 4.9%；丙校学生认为银川饮食方便和很方便的占了 70.8%，认为一般的占 21.5%，不方便、很不方便的总占 7.7%。甲校学生认为兰州购物方便和很方便的占了 69.2%，认为一般的占 24.2%，不方便、很不方便的总占 6.7%；乙校学生认为西宁购物方便和很方便的占了 53.9%，认为一般的占 36.6%，不方便、很不方便的总占 9.4%；丙校学生认为银川购物方便和很方便的占了 31.8%，认为一般的占 43.9%，不方便、很不方便的总占 24.2%。另外，从饮食和购物总体上讲，三所学校学生对三个城市的饮食与购物服务都予以了肯定，分别有 29.4% 和 34.8% 的学生认为"很方便"和"方便"，占了大部分，做负面评价的只有 7% 的学生（认为"不方便"或"很不方便"），另有一部分人持中庸的态度，认为"一般"，这部分同学占总体的 28.8%[①]（如表 9 和表 10）。

表 9　　　　　　　　　对所居住城市饮食状况的评价

您认为在本市饮食	频次	百分比（%）	有效百分比（%）	累加百分比（%）
很方便	442	35.2	35.5	35.5
方便	388	30.9	31.2	66.7
一般	345	27.5	27.7	94.5
不方便	56	4.5	4.5	99.0
很不方便	13	1.0	1.0	100.0
总值	1244	99.1	100.0	
缺失值	11	0.9		
总值	1255	100.0		

表 10　　　　　　　　　对所居住城市购物状况的评价

您认为在本市购物	频次	百分比（%）	有效百分比（%）	累加百分比（%）
很方便	290	23.1	23.3	23.3
方便	477	38.0	38.3	61.6
一般	371	29.6	29.8	91.4
不方便	89	7.1	7.1	98.6
很不方便	18	1.4	1.4	100.0
总值	1245	99.2	100.0	
缺失值	10	0.8		
总值	1255	100.0		

2. 交通服务

三所学校的被访学生中，甲校学生有 25.2% 认为兰州交通很方便，33.3% 认为方便，26.8% 认为一般，14.7% 认为不方便和很不方便；乙校

---

① 该处数据是饮食与购物合并后的统计数据。

学生认为西宁交通很方便、方便、一般、不方便、很不方便的，分别占 20.0%，41.7%，30.7%，7.0%，0.7%；丙校学生认为银川交通很方便、方便、一般、不方便、很不方便的，分别占 15.2%，24.2%，50.0%，7.6%，3.0%（如表 11）。

表 11   对所居住城市交通状况的评价

调查地点	你认为你在所在城市的交通情况					总值
	很方便	方便	一般	不方便	很不方便	
甲校	182 (25.2%)	241 (33.3%)	194 (26.8%)	75 (10.4%)	31 (4.3%)	723 (100.0%)
乙校	91 (20.0%)	190 (41.7%)	140 (30.7%)	32 (7.0%)	3 (0.7%)	456 (100.0%)
丙校	10 (15.2%)	16 (24.2%)	33 (50.0%)	5 (7.6%)	2 (3.0%)	66 (100.0%)

3. 通信服务（上网、电话）

作为年轻的一代，大学生是以计算机、手机等为标志的信息时代的主要受惠者和传播者。上网已经成为大学生课余生活的必要组成，有调查显示，91.7%的大学生称自己在课余时间上网。[1] 而校内网络由于主要服务于教学的原因，在硬件、网速、服务和上网氛围等方面，与校外商业经营的网吧相比存在一定的差距，因此，大学生在课余上网时，一般选择校外网吧。另外，大学生亦是固定电话和移动电话的又一主要使用群体，大学生与老同学间、恋爱对象间的沟通，电话和短信息是两大主要方式。因此，城市在通信服务这一方面所提供的服务，构成了大学生生活服务的重要内容，服务质量的高低，影响着大学生们对整个城市生活环境的整体评价。

---

[1] 王向伟、白金、赵自胜、赖天能：《在校本科生课余时间安排状况调研与分析——以西北民族大学为个案》，西北民族大学民族学与社会学学院调研报告。

表 12 　　　　　　　　　对所居住城市通信状况的评价

你认为在本市的通讯	频次	百分比（%）	有效百分比（%）	累加百分比（%）
很方便	446	35.5	35.9	35.9
方便	482	38.4	38.8	74.7
一般	247	19.7	19.9	94.6
不方便	45	3.6	3.6	98.2
很不方便	22	1.8	1.8	100.0
总值	1242	99.0	100.0	
缺失值	13	1.0		
总值	1255	100.0		

　　本次调查分析的结果如表 12 所示。被调查者中，有 35.9% 的人认为自己所在城市所提供的通信服务"很方便"，38.8% 的人认为"方便"，两项评价共占 74.7%；认为"不方便"和"很不方便"的被访者，共占总体的 5.4%，即是说城市少数民族学生聚落学生的通讯服务是良好的。

　　4. 找工作（兼职）服务

　　大学生兼职是大学生参与社会、体验社会、锻炼自我的重要方式，兼职是大学生课余安排的内容之一，相关调查显示，有 19.7% 的大学生在课余时间兼职。[1] 同时，本次调查显示，有近一半，即 43.3% 的同学表示打算在所在城市就业。因此，聚落学生所在的城市，在兼职方面提供服务的能力是该城市生活服务能力的重要体现。

　　三所学校总体上只有 10.9% 的人认为所在城市所提供的找工作（兼职）服务"很方便"和"方便"，高达 60.7% 的人认为"不方便"或"很不方便"。甲校学生认为在所居住的城市找工作很方便的占 4.3%，方便的占 7.9%，一般的占 28.0%，不方便的占 34.7%，很不方便的占 25.1%；乙校学生认为在所居住的城市找工作方便和很方便的总占 8.2%，一般的占 27.9%，不方便和很不方便的占 64%；丙校学生认为在所居住的城市找工作方便和很方便的总占 17.5%，一般的占 34.9%，不方便和很不方便的占 47.6%（见表 13）。

----

　　① 王向伟、白金、赵自胜、赖天能：《在校本科生课余时间安排状况调研与分析——以西北民族大学为个案》，西北民族大学民族学与社会学学院调研报告。

表 13　　　　　　　　对所居住城市就业状况的评价

调查地点	你认为你在所在城市的交通情况					总值
	很方便	方便	一般	不方便	很不方便	
甲校	30 （4.3%）	55 （7.9%）	196 （28.0%）	243 （34.7%）	176 （25.1%）	700 （100.0%）
乙校	9 （2.0%）	28 （6.2%）	127 （27.9%）	182 （40.0%）	109 （24.0%）	455 （100.0%）
丙校	3 （4.8%）	8 （12.7%）	22 （34.9%）	20 （31.7%）	10 （15.9%）	63 （100.0%）

5. 民族文化活动服务

表 14　　　　　　对所居住城市民族文化活动状况的评价

在本市参加民族文化活动	频次	百分比（%）	有效百分比（%）	累加百分比（%）
很方便	185	14.7	15.0	15.0
方便	330	26.3	26.7	41.7
一般	466	37.1	37.7	79.4
不方便	154	12.3	12.5	91.9
很不方便	100	8.0	8.1	100.0
总值	1235	98.4	100.0	
缺失值	20	1.6		
总值	1255	100.0		

　　调查结果如表 14 所示：有半数以上的学生对其所在的城市所提供的民族文化活动不太满意，有 58.3% 的同学认为"一般"或"不方便"或"很不方便"；分别只有 15% 和 26.7% 的同学认为"很方便"和"方便"。其中甲校学生认为在所居住的城市参加民族文化活动很方便的占 17.8%，方便的占 26.3%，一般的占 36.4%，不方便的占 11.9%，很不方便的占 7.6%；乙校学生认为在所居住的城市参加民族文化活动方便和很方便的总占 33.8%，一般的占 42.0%，不方便和很不方便的占 24.2%；丙校学生认为在所居住的城市参加民族文化活动方便和很方便的总占 69.7%，

一般的占22.7%,不方便和很不方便的占7.5%。

综上所述,城市少数民族学生聚落学生的生活服务,从校内、校外两个角度考察,大体上是令人满意的,显示了学校管理者的努力和我国城市化的巨大成就,但仍需要进一步的加强和改进。

(七) 城市少数民族学生聚落学生的民族关系

1. 调查地点与族际关系

表15 调查地点、与少数民族关系

调查地点	与少数民族关系			总值
	好处	不好处	一般	
甲校	430 (59.1%)	15 (2.1%)	282 (38.8%)	727 (100.0%)
乙校	260 (57.5%)	21 (4.6%)	171 (37.8%)	452 (100.0%)
丙校	31 (48.4%)	1 (1.6%)	32 (50%)	64 (100.0%)
总值	721 (58.0%)	37 (3.0%)	485 (39.0%)	1243 (100.0%)

如表15所示,在调查地点与少数民族的关系中我们看到甲校的调查对象中有430人认为与少数民族关系好处,15人认为不好处,282人觉着与少数民族关系一般。乙校有260人认为与少数民族关系好处,认为不好处的有21人,一般的有171人。丙校的学生认为与少数民族关系好处的有31人,不好处的有1人。在三所学校认为好处的共有721人,不好处的共有37人,认为一般的有485人。由此看出,三所学校少数民族学生认为与其他少数民族学生相处关系还是有差异的。我们假设这三个学校的少数民族学生与其他少数民族学生的关系不存在差异,经卡方假设检验我们得出有1个格值(占总格值数的11.1%)的期望频次小于5,卡方检验要求期望频次小于5的格值数不应超过25%,本次卡方检验满足要求,卡方检验的结果是有效的。卡方检验的结果表明,皮尔逊卡方值的检验的显著水平已达到0.040,小于0.05,说明甲校、乙校和丙校的少数民族大学生对其他少数民族的关系有显著差异。

表 16　　　　　　　　　　　调查地点、与汉族关系

调查地点	与汉族关系			总值
	好处	不好处	一般	
甲校	366（50.8%）	34（4.7%）	321（44.5%）	721（100.0%）
乙校	173（38.7%）	52（11.6%）	222（49.7%）	447（100.0%）
丙校	35（53.0%）	2（3.0%）	29（43.9%）	66（100.0%）
总值	574（46.5%）	88（7.1%）	572（46.4%）	1234（100.0%）

　　如表 16 所示，在三所学校少数民族认为与汉族好处的共有 574 人，不好处的有共有 88 人，认为一般的有 572 人。甲校的调查对象中有 366 人认为与汉族关系好处，34 人认为不好处，321 人觉着与汉族关系一般。乙校有 173 人认为与汉族关系好处，认为不好处的有 52 人，一般的有 222 人。丙校的学生认为与汉族关系好处的有 35 人，不好处的有 2 人，认为一般的有 29 人。我们假设这三所学校的少数民族学生与汉族关系不存在差异。经检验皮尔逊卡方值为 31.086，似然卡方值为 30.508，有效个案数 1234，双尾非对称的显著性检验得出皮尔逊卡方值的检验的显著水平为 0.000，小于 0.05。我们得出有 1 个格值（占总格值数的 11.1%）的期望频次小于 5，卡方检验要求期望频次小于 5 的格值数不应超过 25%，本次卡方检验满足要求，卡方检验的结果是有效的。说明甲校、乙校和丙校的少数民族大学生与汉族的关系有显著差异。结合表 16 的百分比可以看出，丙校的少数民族大学生与汉族的关系好于甲校，甲校的少数民族大学生与汉族的关系好于乙校，否认原假设三所学校不存在差异。

表 17　　　　　　　　　调查地点、与其他民族处得好的原因

调查地点	与其他民族处得好的原因				总值
	尊重其风俗习惯	会讲其他民族的语言	了解政府民族政策	其他	
甲校	515（72.1%）	69（9.7%）	34（4.8%）	96（13.4%）	714（100.0%）
乙校	274（61.4%）	85（19.1%）	20（4.5%）	67（15.0%）	446（100.0%）
丙校	43（66.2%）	10（15.4%）	1（1.5%）	11（16.9%）	65（100.0%）
总值	832（67.9%）	164（13.4%）	55（4.5%）	174（14.2%）	1225（100.0%）

从表17中我们得到1225个有效数据，遗失数据30个。其中有832人认为与其他少数民族处得好的原因是要尊重其风俗习惯，164人认为要会讲其他民族的语言，55人认为了解政府的民族政策，选择其他的有174人。在甲校515人认为与其他少数民族处得好的原因是要尊重其风俗习惯，69人认为要会讲其他民族的语言，34人认为了解政府的民族政策，选择其他的有96人。在乙校274人认为与其他少数民族处得好的原因是要尊重其风俗习惯，85人认为要会讲其他民族的语言，20人认为了解政府的民族政策，选择其他的有67人。在丙校43人认为与其他少数民族处得好的原因是要尊重其风俗习惯，10人认为要会讲其他民族的语言，1人认为了解政府的民族政策，选择其他的有11人。经卡方检验，其期望值为0.000，小于0.05。所以这三所学校在与其他民族处得好的原因上存在差异。

从表18中我们得到1142个有效数据，遗失数据113个。其中有449人认为与其他少数民族处得不好的原因为生活习惯不同，471人认为语言不通，50人认为有成见，68人认为受歧视，选择其他的有104人。在甲校294人认为与其他少数民族处得不好的原因为生活习惯不同，258人认为语言不通，18人认为有成见，28人认为受歧视，选择其他的有43人。在乙校123人认为与其他少数民族处得不好的原因为生活习惯不同，198人认为语言不通，28人认为有成见，38人认为受歧视，选择其他的有51人。在丙校32人认为与其他少数民族处得不好的原因为生活习惯不同，15人认为语言不通，4人认为有成见，2人认为受到歧视，选择其他的有10人。经卡方检验，得出有2个格值（占总格值数的13.3%）的期望频次小于5，卡方检验要求期望频次小于5的格值数不应超过25%，得出自由度为8，本次卡方检验满足要求，皮尔逊卡方值为57.141，似然卡方值为58.264，其卡方期望值为0.000，小于0.05。所以这三所学校在与其他民族处得好的原因上存在差异。

表18　　　　　　　　调查地点、与其他民族处得不好的原因

调查地点	与其他民族处得不好的原因					总值
	生活习惯不同	语言不通	有成见	受歧视	其他	
甲校	294 (45.9%)	258 (40.2%)	18 (2.8%)	28 (4.4%)	43 (6.7%)	641 (100.0%)

续表

调查地点	与其他民族处得不好的原因					总值
	生活习惯不同	语言不通	有成见	受歧视	其他	
乙校	123 （28.1%）	198 （45.2%）	28 （6.4%）	38 （8.7%）	51 （11.6%）	438 （100.0%）
丙校	32 （50.8%）	15 （23.8%）	4 （6.3%）	2 （3.2%）	10 （15.9%）	63 （100.0%）
总值	449 （39.3%）	471 （41.2%）	50 （4.4%）	68 （6.0%）	104 （9.1%）	1142 （100.0%）

2. 年级与族际关系分析

表19 　　　　　　　　　　　年级、与少数民族关系

年级	与少数民族关系			总值
	好处	不好处	一般	
07 级	286（54.2%）	15（2.8%）	227（43.0%）	528（100.0%）
06 级	193（61.7%）	7（2.2%）	113（36.1%）	313（100.0%）
05 级	193（58.0%）	14（4.2%）	126（37.8%）	333（100.0%）
04 级	46（71.9%）	1（1.6%）	17（26.6%）	64（100.0%）
03 级	3（75.0%）	0（0.0%）	1（25.0%）	4（100.0%）
总值	721（58.1%）	37（3.0%）	484（39.0%）	1242（100.0%）

从表 19 中可以看出得到有效个案 1242 个，遗失个案 13 个。07 级少数民族学生中，认为有 286 人认为与少数民族关系好处，15 人认为不好处，227 人觉着与少数民族关系一般。06 级的学生认为与少数民族关系好处的有 193 人，不好处的有 7 人，一般的有 113 人。05 级学生认为好处的共有 193 人，不好处的有共有 14 人，认为一般的有 126 人。04 级学生有 46 人认为与少数民族关系好处，认为不好处的有 1 人，一般的有 17 人。03 级学生认为与少数民族关系好处的有 3 人，不好处的有 0 人，一般的有 1 人。经 Z 检验，检验的值是 2005，总的个案数是 1251，Z 检验值是 34.980，双尾检验的显著水平是 0.000，检验的值是 2，自由度是 1，这说明 2005 级以下和 2005 级以上的少数民族大学生与其他少数民族关系不存

在显著性差异。

表 20   年级、与汉族关系

年级	与汉族关系			总值
	好处	不好处	一般	
07 级	251（47.4%）	29（5.5%）	249（47.1%）	529（100.0%）
06 级	167（54.2%）	22（7.1%）	119（38.6%）	308（100.0%）
05 级	118（36.0%）	36（11.0%）	174（53.0%）	328（100.0%）
04 级	36（56.3%）	1（1.6%）	27（42.2%）	64（100.0%）
03 级	2（50.0%）	0（0.0%）	2（50.0%）	4（100.0%）
总值	574（46.6%）	88（7.1%）	571（46.3%）	1233（100.0%）

从表 20 中可以看出我们总共得到个案数 1233 个，遗失个案 13 个。07 级少数民族学生中，有 251 人认为与汉族关系好处，29 人认为不好处，249 人觉着与汉族关系一般。06 级的学生认为与汉族关系好处的有 167 人，不好处的有 22 人，一般的有 119 人。05 级学生认为好处的共有 118 人，不好处的有共有 36 人，认为一般的有 174 人。04 级学生有 36 人认为与汉族关系好处，认为不好处的有 1 人，一般的有 27 人。03 级学生认为与汉族关系好处的有 2 人，不好处的有 0 人，一般的有 2 人。经卡方检验得到皮尔逊卡方值为 32.486，自由度为 8，似然卡方值为 33.788，自由度为 8。卡方检验的结果表明，皮尔逊卡方值检验的显著水平已达到 0.000，小于 0.05，这说明不同年级的少数民族大学生与汉族关系存在差异。同时我们得出有 4 个格值（占总格值数的 26.7%）的期望频次小于 5，卡方检验要求期望频次小于 5 的格值数不应超过 25%，本次卡方检验不满足要求，卡方检验的结果是无效的。

如图 4 所示我们得到 1224 个有效数据，遗失数据 31 个。其中有 832 人认为与其他少数民族处得好的原因要尊重其风俗习惯，164 人认为要会讲他们的语言，54 人认为了解政府的民族政策，选择其他的有 174 人。07 级的少数民族大学生 347 人认为与其他少数民族处得好的原因要尊重其风俗习惯，76 人认为要会讲他们的语言，25 人认为了解政府的民族政策，选择其他的有 76 人。06 级学生中有 205 人认为与其他少数民族处得好的原因要尊重其风俗习惯，43 人认为要会讲他们的语言，14 人认为了

解政府的民族政策，选择其他的有 47 人。05 级学生中 228 人认为与其他少数民族处得好的原因要尊重其风俗习惯，37 人认为要会讲他们的语言，13 人认为了解政府的民族政策，选择其他的有 45 人。04 级学生中 49 人认为与其他少数民族处得好的原因要尊重其风俗习惯，8 人认为要会讲他们的语言，1 人认为了解政府的民族政策，选择其他的有 6 人。03 级学生中 3 人认为与其他少数民族处得好的原因要尊重其风俗习惯，没有人认为要会讲他们的语言，1 人认为了解政府的民族政策，选择其他的人为 0。经卡方检验得到皮尔逊卡方值为 10.486，自由度为 12，似然卡方值为 10.234，自由度为 12。卡方检验的结果表明，皮尔逊卡方值的检验的显著水平已达到 0.562，大于 0.05，这说明不同年级的少数民族大学生认为与其他民族处的好的原因不存在差异。同时我们得出有 5 个格值（占总格值数的 25.0%）的期望频次小于 5，卡方检验要求期望频次小于 5 的格值数不应超过 25%，本次卡方检验不满足要求，卡方检验的结果是无效的。

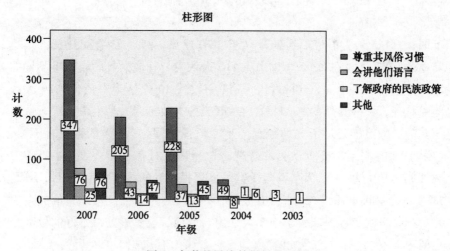

图 4　与其他民族处得好的原因

从图 5 我们得到 1141 个有效数据，遗失数据 114 个。其中有 449 人认为与其他少数民族处得不好的原因为生活习惯不同，470 人认为语言不通，50 人认为有成见，68 人认为受歧视，选择其他的有 104 人。07 级的少数民族大学中有 187 人认为与其他少数民族处得不好的原因为生活习惯

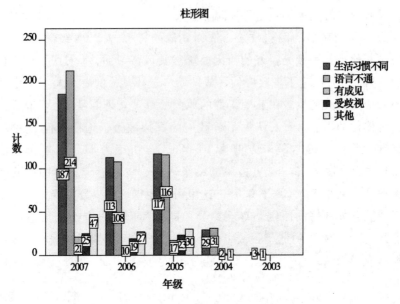

图5　与其他民族关系难处的原因

不同，214 人认为语言不通，21 人认为有成见，25 人认为受歧视，选择其他的有 47 人。在 06 级学生中有 113 人认为与其他少数民族处得不好的原因为生活习惯不同，108 人认为语言不通，10 人认为有成见，19 人认为受歧视，选择其他的有 27 人。在 05 级的少数民族大学生中 117 人认为与其他少数民族处得不好的原因为生活习惯不同，116 人认为语言不通，17 人认为有成见，23 人认为受歧视，选择其他的有 30 人。在 04 级的少数民族大学中 29 人认为与其他少数民族处得不好的原因为生活习惯不同，31 人认为语言不通，2 人认为有成见，1 人认为受歧视，选择其他的人为 0。在 03 级的少数民族大学中 3 人认为与其他少数民族处得不好的原因为生活习惯不同，1 人认为语言不通，0 人认为有成见，0 人认为受歧视，选择其他的人为 0。经卡方检验，得出有 7 个格值（占总格值数的 28.0%）的期望频次小于 5，卡方检验要求期望频次小于 5 的格值数不应超过 25%，得出自由度为 16，本次卡方检验不满足要求，皮尔逊卡方值为 18.207，得出自由度为 16，似然卡方值为 25.118，自由度为 16，其卡方期望值为 0.312，0.312 大于 0.05。本次卡方检验不满足要求，卡方检验的结果是无效的。

3. 民族成分与族际关系

从表21我们得到1240个有效数据，遗失数据15个。总共有2名汉族学生，他们都认为与少数民族好处。回族有17人，认为与其他少数民族好处的有10人，一般的有7人，没有认为不好处的。维吾尔族有183人，其中110人认为与其他少数民族好处，3人认为不好处，70人认为一般。蒙古族有412人，有228人认为与其他少数民族关系好处，19人认为不好处，165人认为一般。哈萨克族5人，其中3人认为与其他少数民族关系好处，2人认为一般，没有人认为不好处。柯尔克孜族有2人，1人认为与其他少数民族关系一般，1人认为与其他少数民族关系好处。满族1人，认为与其他少数民族关系好处。藏族604人中，认为与其他少数民族关系好处的有354人，认为不好处的有15人，认为与其他少数民族关系一般的有235人。土族有4人，4人都认为与其他少数民族关系好处。彝族1人，1人认为与其他少数民族关系好处。鄂温克族1人，1人认为与其他少数民族关系一般。土家族3人，2人认为好处，1人认为一般。纳西族1人，1人认为与其他少数民族关系好处。壮族1人，1人认为与其他少数民族关系一般。侗族1人，1人认为与其他少数民族关系好处。景颇族1人，1人认为与其他少数民族关系好处。门巴族1人，1人认为与其他少数民族好处。在调查最多的维吾尔族、藏族和蒙古族学生中我们可以看出，维吾尔族学生认为与其他少数民族关系好处的人数大于蒙古族学生，蒙古族学生认为与其他少数民族关系好处的人数大于藏族学生。经卡方检验，得出有40个格值（占总格值数的78.4%）的期望频次小于5，卡方检验要求期望频次小于5的格值数不应超过25%，得出自由度为16，本次卡方检验不满足要求，皮尔逊卡方值为18.897，得出自由度为32，似然卡方值为24.442，自由度为32，其卡方期望值为0.968，0.968大于0.05。

表21　　　　　　　　　民族成分、与少数民族关系

民族成分	与少数民族关系			总值
	好处	不好处	一般	
汉族	2（100.0%）	0（0.0%）	0（0.0%）	2（100.0%）
回族	10（58.8%）	0（0.0%）	7（41.2%）	17（100.0%）

民族成分	与少数民族关系			总值
	好处	不好处	一般	
维吾尔族	110（60.1%）	3（1.6%）	70（38.3%）	183（100.0%）
蒙古族	228（55.3%）	19（4.6%）	165（40.0%）	412（100.0%）
哈萨克族	3（60.0%）	0（0.0%）	2（40.0%）	5（100.0%）
柯尔克孜族	1（50.0%）	0（0.0%）	1（50.0%）	2（100.0%）
满族	1（100.0%）	0（0.0%）	0（0.0%）	1（100.0%）
藏族	354（58.6%）	15（2.5%）	235（38.9%）	604（100.0%）
土族	4（100.0%）	0（0.0%）	0（0.0%）	4（100.0%）
彝族	1（100.0%）	0（0.0%）	0（0.0%）	1（100.0%）
鄂温克族	0（0.0%）	0（0.0%）	1（.100.0%）	1（100.0%）
土家族	2（66.7%）	0（0.0%）	1（33.3%）	3（100.0%）
纳西族	1（100.0%）	0（0.0%）	0（0.0%）	1（100.0%）
壮族	0（0.0%）	0（0.0%）	1（100.0%）	1（100.0%）
侗族	1（100.0%）	0（0.0%）	0（0.0%）	1（100.0%）
景颇族	1（100.0%）	0（0.0%）	0（0.0%）	1（100.0%）
门巴族	1（100.0%）	0（0.0%）	0（0.0%）	1（100.0%）
总值	720（58.1%）	37（3.0%）	483（39.0%）	1240（100.0%）

从表22我们得到1231个有效数据，遗失数据24个。总共有2名汉族学生，他们1人认为与本民族好处，1人认为一般。回族有18人，11人认为与汉族关系好处，一般的有7人，没有认为不好处的。维吾尔族有183人，其中100人认为与汉族关系好处，10人认为不好处，73人认为一般。蒙古族有403人，有198人认为与汉族关系好处，21人认为不好处，184人认为一般。哈萨克族5人，其中3人认为与汉族关系好处，2人认为一般，没有人认为不好处。柯尔克孜族2人，1人认为与汉族关系一般，1人认为与汉族关系好处。满族2人，2人认为与汉族关系好处。藏族602人中，认为与汉族关系好处的有244人，认为不好处的有57人，认为与汉族关系一般的有301人。土族有4人，3人都认为与汉族关系好

处, 1 人认为与汉族关系一般。彝族 1 人, 1 人认为与汉族关系好处。鄂温克族 1 人, 1 人认为与汉族关系一般。土家族 3 人, 3 人都认为汉族关系好处。纳西族 1 人, 1 人认为与汉族关系好处。壮族 1 人, 认为与汉族关系好处。侗族 1 人, 1 人认为与汉族关系好处。景颇族 1 人, 1 人认为与其他少数民族关系好处。门巴族 1 人, 1 人认为与汉族好处。在调查最多的维吾尔族、藏族和蒙古族学生中我们可以看出, 维吾尔族学生认为与汉族关系好处的人数大于蒙古族学生, 蒙古族学生认为与汉族关系好处的人数大于藏族学生。经卡方检验, 得出有 40 个格值（占总格值数的 78.4%）的期望频次小于 5, 卡方检验要求期望频次小于 5 的格值数不应超过 25%, 本次卡方检验不满足要求, 皮尔逊卡方值为 37.046, 得出自由度为 32, 似然卡方值为 43.682, 自由度为 32, 其卡方期望值为 0.247, 0.247 大于 0.05。本次卡方检验不满足要求, 卡方检验的结果是无效的。

所以可以认为, 我们所调查的对象中民族成分与族际关系之间无必然联系。

表 22   **民族成分、与汉族关系**

民族成分	与汉族关系			总值
	好处	不好处	一般	
汉族	1 (50.0%)	0 (0.0%)	1 (50.0%)	2 (100.0%)
回族	11 (61.1%)	0 (0.0%)	7 (38.9%)	18 (100.0%)
维吾尔族	100 (54.6%)	10 (5.5%)	73 (39.9%)	183 (100.0%)
蒙古族	198 (49.1%)	21 (5.2%)	184 (45.7%)	403 (100.0%)
哈萨克族	3 (60.0%)	0 (0.0%)	2 (40.0%)	5 (100.0%)
柯尔克孜族	1 (50.0%)	0 (0.0%)	1 (50.0%)	2 (100.0%)
满族	2 (100.0%)	0 (0.0%)	0 (0.0%)	2 (100.0%)
藏族	244 (40.5%)	57 (9.5%)	301 (50.0%)	602 (100.0%)
土族	3 (75.0%)	0 (0.0%)	1 (25.0%)	4 (100.0%)
彝族	1 (100.0%)	0 (0.0%)	0 (0.0%)	1 (100.0%)
鄂温克族	0 (0.0%)	0 (0.0%)	1 (100.0%)	1 (100.0%)
土家族	3 (100.0%)	0 (0.0%)	0 (0.0%)	3 (100.0%)
纳西族	1 (100.0%)	0 (0.0%)	0 (0.0%)	1 (100.0%)

续表

民族成分	与汉族关系			总值
	好处	不好处	一般	
壮族	1（100.0%）	0（0.0%）	0（0.0%）	1（100.0%）
侗族	1（100.0%）	0（0.0%）	0（0.0%）	1（100.0%）
景颇族	1（100.0%）	0（0.0%）	0（0.0%）	1（100.0%）
门巴族	1（100.0%）	0（0.0%）	0（0.0%）	1（100.0%）
总值	572（58.1%）	88（3.0%）	571（39.0%）	1231（100.0%）

表 23　　　　　　　民族成分、与其他民族处得好的原因

民族成分	与其他民族处得好的原因				总值
	尊重其风俗习惯	会讲他们的语言	了解政府民族政策	其他	
汉族	2（100.0%）	0（0.0%）	0（0.0%）	0（0.0%）	2（100.0%）
回族	14（77.8%）	2（11.1%）	0（4.5%）	2（11.1%）	18（100.0%）
维吾尔族	138（75.8%）	25（13.7%）	6（3.3%）	13（7.1%）	182（100.0%）
蒙古族	271（67.1%）	46（11.4%）	23（5.7%）	64（15.8%）	404（100.0%）
哈萨克族	4（80.0%）	1（20.0%）	0（0.0%）	0（0.0%）	5（100.0%）
柯尔克孜族	2（100.0%）	0（0.0%）	0（0.0%）	0（0.0%）	2（100.0%）
满族	1（50.0%）	1（50.0%）	0（0.0%）	0（0.0%）	2（100.0%）
藏族	387（65.3%）	87（14.7%）	25（4.2%）	94（15.5%）	593（100.0%）
土族	3（75.0%）	1（25.0%）	0（0.0%）	0（0.0%）	4（100.0%）
彝族	1（100.0%）	0（0.0%）	0（0.0%）	0（0.0%）	1（100.0%）
鄂温克族	0（0.0%）	0（0.0%）	0（0.0%）	1（100.0%）	1（100.0%）
土家族	3（100.0%）	0（0.0%）	0（0.0%）	0（0.0%）	3（100.0%）
纳西族	1（100.0%）	0（0.0%）	0（0.0%）	0（0.0%）	1（100.0%）
壮族	1（100.0%）	0（0.0%）	0（0.0%）	0（0.0%）	1（100.0%）
侗族	1（100.0%）	0（0.0%）	0（0.0%）	0（0.0%）	1（100.0%）
景颇族	1（100.0%）	0（0.0%）	0（0.0%）	0（0.0%）	1（100.0%）
门巴族	1（100.0%）	0（0.0%）	0（0.0%）	0（0.0%）	1（100.0%）
总值	831（68.0%）	163（13.3%）	54（4.4%）	174（14.2%）	1222（100.0%）

从表 23 中我们可以看出汉族中 2 人都认为与其他民族处得好的原因在于尊重少数民族的风俗习惯。回族中有 14 人认为与其他民族处得好的原因在于尊重风俗习惯，2 人认为会讲他们的语言，2 人认为是其他方面。维吾尔族中 138 人认为与其他民族处得好的原因在于尊重风俗习惯，25 人认为会讲他们的语言，13 人认为是其他方面，6 人认为了解政府的民族政策。蒙古族中 271 人认为与其他民族处得好的原因在于尊重风俗习惯，46 人认为会讲他们的语言，64 人认为是其他方面，23 人认为了解政府的民族政策。哈萨克族中 4 人认为与其他民族处得好的原因在于尊重风俗习惯，1 人认为会讲他们的语言。柯尔克孜族中 2 人都认为与其他民族处得好的原因在于尊重其他民族的风俗习惯。满族中 1 人认为与其他民族处得好的原因在于尊重风俗习惯，1 人认为会讲他们的语言。藏族中 387 人认为与其他民族处得好的原因在于尊重风俗习惯，87 人认为会讲他们的语言，94 人认为是其他方面，25 人认为了解政府的民族政策。土族中 3 人认为与其他民族处得好的原因在于尊重风俗习惯，1 人认为会讲他们的语言。彝族中 1 人认为与其他民族处得好的原因在于尊重其他民族的风俗习惯。鄂温克族中 1 人选择了其他方面与其他民族处得好的原因。土家族 3 人都认为与其他民族处得好的原因在于尊重其他民族的风俗习惯。纳西族 1 人认为与其他民族处得好的原因在于尊重其他民族的风俗习惯。壮族中 1 人认为与其他民族处得好的原因在于尊重其他民族的风俗习惯。侗族 1 人认为与其他民族处得好的原因在于尊重其他民族的风俗习惯。景颇族 1 人认为与其他民族处得好的原因在于尊重其他民族的风俗习惯。门巴族中 1 人认为与其他民族处得好的原因在于尊重其他民族的风俗习惯。从总体上与其他民族处得好的原因选择尊重其他民族的风俗习惯的最多。经卡方检验，得出有 40 个格值（占总格值数的 78.4%）的期望频次小于 5，卡方检验要求期望频次小于 5 的格值数不应超过 25%，本次卡方检验不满足要求，皮尔逊卡方值为 32.865，得出自由度为 48，似然卡方值为 37.862，自由度为 48，其卡方期望值为 0.953，大于 0.05。本次卡方检验不满足要求，卡方检验的结果是无效的。所以我们得出总的调查对象民族成分与少数民族关系没有差别。

（八）小结

其一，我们的调查显示，831 位少数民族大学生认为要想与少数民族处得好，应该尊重他们的风俗习惯。其中最重要的是对他们文化的尊重。

其二，163 位少数民族大学生认为要想与少数民族处得好，应该会讲其他民族的语言。语言不通会影响民族之间的各项交流，因此我们要加强对少数民族语言的交流与传承工作。语言渗透于文化的各个层面，是文化不可分割的一部分，语言具有沟通工具性，情感认同性，文化传承性，彰显存有之存在性及反省性等特性。语言交际是人类生活、生存的主要手段，也是人类物质文明、精神文明以及世界各民族风俗习惯、文化传统得以传承并发展的主要方式。"语言与文化"、"跨文化交际"、"语言交际与文化"三者既有内在联系又有本质上的不同。语言交际与文化同质同构，二者既相互制约，又相互依存，构成一种对立统一的关系。语言是文化的载体，是文化表达和传播的工具，语言与文化是密不可分的。语言与文化间的关系至为密切，语言既是文化的组成部分、又是文化的传播媒介及载体。语言与文化是各个人类群体和族群的重要特征，对中国少数民族语言的传承是实现中国民族地区文化、教育发展与建设的需要。语言的平等、多样化与和谐共处应成为基于人类良知的文化理念和价值目标。多语言才能多视角、多文化才能多色彩、多包容才能多理解，所以我们不仅要对已经濒危的语言进行保存与保护，而且更应该对其进行有效的传承。

其三，在 1255 位调查样本中 721 位调查对象认为民族关系好处，民族关系总的来看好处，原因在于各民族院校每年都坚持不懈地进行理想信念、思想品德、社会主义核心价值观和党的民族政策教育，形成全民族学生奋发向上的精神力量和团结和睦的精神纽带。为搞好民族学生团结，促进民族学生的关系和谐，学校坚持不懈地对各族学生进行爱国主义、集体主义、社会主义思想教育，建设社会主义核心价值体系，不断增强各族学生对中国共产党领导、社会主义制度、改革开放事业、全面建设小康社会目标的信念和信心；大力建设和谐校园，倡导和谐理念，培育和谐精神，重视少数民族的语言、风俗习惯和宗教信仰，避免引发民族学生的矛盾和纠纷。

其四，各民族院校坚持民族平等和民族团结政策，积极发展少数民族教育事业方面，学校坚持从少数民族的特点和民族学生的实际出发，积极支持和帮助少数民族学生。如重视民族语文教学和双语教学，加强少数民族师资队伍建设，在经费上给予特殊照顾。重点培养、培训少数民族学术骨干，并在高等院校有计划地招收少数民族学生或举办民族班。在少数民族的语言方面，积极采用少数民族文字的课本，并用少数民族语言讲课，从而尊重他们的语言。在风俗习惯方面，尊重少数民族的风俗习惯，少数民族学生享有保持或改革本民族风俗习惯的权利。

其五，民族学生聚落的学生所出现的问题表现在城市归属感低，认为自己不是所居住的城市市民的少数民族大学生多于认为自己是所居住的城市市民的学生。城市排斥使城市少数民族学生聚落的学生无法获得市民的身份认同，与城市居民的生活反差和来自城市社区居民的轻蔑与歧视作为排斥的符号，将他们区别于社区正式成员而获得临时性社区成员或非社区成员的身份暗示，为他们融入城市社区增添一道壁垒。并且社会排斥总是存在于异质的个人或群体的临界之处，由于各种排斥性符号使少数民族学生聚落的少数民族学生与城市呈现出非融合状态，使少数民族学生聚落学生无法感受到城市发展与自身的相关性，因而，社会排斥也导致学生对于城市建设的主体性缺位。城市少数民族学生聚落学生和城市居民比邻而居、共同生活的空间，也是城市发展主体的心灵归属感的依托，因而，少数民族学生需要在城市中找到家一样的感觉，才能主动地加入到建设城市的队伍中来。

其六，少数民族学生聚落的学生交往范围过于狭窄。关系网络及其社会资本并非单独存在的，而是互相联系互相影响的。在社会生活中，人们会灵活地组合运用各种关系网络。根据吉登斯（A. Giddens）的社会系统理论，我们如果把社会关系及其社会资本看作是具有结构性特征的社会系统的话，就比较容易理解，为什么人们会组合运用各种社会关系及其社会资本了。具有结构性特征的社会关系及其社会资本兼具使动性和制约性。它的制约性源于行动的情境性，主要表现为在某个既定情境下对一个或一群行动者的选择余地是有限的。[①] 因此，我们可以说交往范围是一种资本，交往范围过于狭窄就意味着资本缺失。对此，少数民族大学生要积极开放与各族学生之间进行交流，走出民族自我封闭的错误意识，积累人际关系，从而为自己积累更多的社会资本。

---

① ［英］安东尼·吉登斯：《社会的构成》，李康、李猛译，生活·读书·新知三联书店1998 年版，第 280—281 页。

三 西北地区城市少数民族"新移民"：
因经商而形成的聚落

随着城市化的进程，大量少数民族人员涌入城市从事商业活动，由于商业活动本身的聚集性特征和移民本身共同的习俗、信仰、心理及相互关照的需求，这些外来人员往往会聚集而居，进而在城市社区空间中形成一种独特的少数民族"移民"聚落。因此，在城市多元文化背景下，关注这一聚落的形成原因及其生活其中的这些具有不同地域、历史、文化和民族差异的少数民族移民群体，研究其选择与适应、生存与发展的状况，对于我们探寻少数民族人口管理与城市和谐发展之道有重要的意义。

城市少数民族"移民"聚落的形成不仅具有自发性的特征，而且具有阶段性的特征。张继焦在对城市少数民族迁移者进行研究时认为这种自发性迁移就业的发展，大致可以分为个人先遣式迁移就业、链式迁移就业和网络式迁移就业三个阶段，在迁移就业的初级阶段（先遣式迁移就业阶段），城市中的少数外来的个体往往通过弱关系（一般为间接的朋友、媒体宣传广告等）得到就业信息而迁移，并到达迁入目的地；在迁移就业的基础性阶段（链式迁移就业阶段），经过第一批迁入者的努力，后来者（先遣者的家属、亲戚、朋友，甚至同村人）最早得到迁出者成功的信息，可以顺着这个强关系，迁入到同样的目的地；在迁移就业的扩展性阶段（网络式迁移就业阶段），每个外迁就业者的背后都有一串由家属、亲戚等血脉相连的链条，以及在这些血缘亲缘关系基础上扩展出来的邻居、同学、朋友、同村人等人际网络。而只有发展到第三阶段，迁移就业才算进入一个新的发展阶段，大大小小的、非正规的类社区和类行业的群体才逐渐形成。[①] 但实际上的其形成过程却没有因第三阶段的结束而结束，而是仍在不间断的发展。

正是基于此，我们在城市少数民族"移民"聚落的研究中，选取了银川市 A 市场、西宁市 B 市场、兰州市城中村"C 村"三个发展程度不

---

① 张继焦：《城市的适应：迁移者的就业与创业》，商务出版社 2004 年版，第 113—118 页。

同的少数民族移民聚落作为研究对象进行实地研究。在实地研究中共对46人进行了深入访谈，其中A市场有10人，B市场有30人，"C村"有6人。访谈内容包括个人基本信息、居住情况、流动与就业情况、收入与消费情况、宗教生活情况、个人发展情况、民族关系、与政府互动情况等，访谈结果经过分类编码和质化分析进行整理。在此基础上进行个体个案分析和集群个案分析，分别对城市少数民族"移民"群体的社区融入、社会支持及族际关系作了系统的描述、归纳和分析。

（一）城市少数民族"移民"的社区融入

城市少数民族"移民"在城市聚居的特征，导致了城市少数民族"移民"的社区融入不仅包括城市少数民族"移民"对城市少数民族聚落（类社区）的融入，而且包括对城市社区的融入。具体融入问题指的是移民对两种社区生活的适应和受排斥情况，包括经济、社会、文化、心理等多个层面。

由于城市少数民族聚落发展程度不同，其中A市场的少数民族聚落以河南和银川周边地区的回族为主，规模较小，镶嵌在汉族、本地回族为主体的市场社区中；B市场以甘肃的东乡族和回族为主，本身就是一个规模较大的少数民族聚居的聚落；"C村"则是一个规模较大，由甘肃东乡族聚集而居的单一性较强的少数民族聚落。

1. 经济层面的社区融入分析

对于经济层面的社区融入，我们主要考察城市少数民族移民个人、家庭融入城市少数民族聚落的情况以及城市少数民族移民个体、家庭和其所居住的空间聚落有效参与和融入城市社区生产、交换和消费等经济活动的情况。其中工作种类和性质、收入水平、消费水平、居住环境等是衡量经济层面社区融入的重要指标。

城市少数民族聚落的聚居者往往是由来自同一民族、同一地区，有着较强的血缘、地缘和业缘关系的人群所组成，在风俗习惯、宗教信仰、语言文化上具有相似性。因此他们往往比较容易融入城市少数民族聚落。当然城市少数民族聚落的发展程度不同，对他们的融入也会产生影响，以下是来自三个聚落的少数民族的自述。

个案1—6 银川A市场来自宁夏吴忠的F先生

我来银川已有三年了，和本地人的关系不好处，他们看不起外地人，现在生意不好做,在这再待上一段时间,真的生意做不下去了,就回老家发展。

个案 2—1　西宁 B 市场来自甘肃东乡的 A 先生

我 1995 年来的西宁,是我媳妇的弟弟带我来的,他一直是做这生意(虫草),现在不做回家了,我没回去,一直在这干,和 3 个老乡一起租了个宿舍住,房费每个月每人交 400 元钱,水电差不多每月每人 100 多元,我们在这里一起做饭。

个案 3—2　兰州"C 村"来自甘肃东乡的 B 女士

我是 7 年前来兰州的,现在在一个老乡开的饭馆里打工,是我家亲戚给介绍的,有两个儿子和一个女儿,现在都在农民工学校上学,我们一家人租亲戚家的房子住,月租 120 元,我老公现在与老乡一起打零工。

从以上三个个案的自述中,我们可以发现居住在兰州"C 村"的 B 女士各方面都比较成功地融入了所在的少数民族聚落,因为其从中得到了相较于 A 先生和 F 先生更多地来自于所在少数民族聚落的社会支持。可以说,城市少数民族聚落的存在对于城市少数民族移民在城市里生存和发展有着重要的作用,对城市少数民族移民最终融入城市社区提供了一个缓冲的弹性空间,但从另一方面来讲,由于这样的空间本身具有封闭性,也有被边缘化的危险。

对于顺利融入城市少数民族聚落的少数民族移民,他们还面临着融入城市社区的问题。研究发现,少数民族移民在融入城市社区中往往比较困难,而这在经济上表现得比较明显。在银川 A 市场,这一座落于银川市新市区中心位置,占地 30 亩,经营服装鞋帽、制衣布料、日用百货、五金日杂、电子电器、饮食小吃、化妆品、工艺品、肉类、水产品、调味品等商品的综合市场里,集中了较多的回族和汉族短居新移民和常居的本地市民。其中本地市民(包括银川市下辖的各县的入市经商人口)与非银川少数民族外来移民数量相当。这些回族移民所从事的行业工种各不相同,收入高低不齐,呈阶层化趋势。

个案 1—4　D 女士,宁夏吴忠人,A 市场一家粮油店的老板

我丈夫经常要外出进货和回老家照顾生病的老人,粮油店主要靠我打理。在银川 A 市场附近租的房子,前面是店铺后面是住房,居住条件比较艰苦,没有厨房,做饭在店面前面。年收入 6 万多元,除去租房、子女的教育投资,每个月 3000—4000 元的开销,所剩无几。

个案1—5　E先生，宁夏固原人

我在银川生活了八年，年收入10万左右，月消费4000元，每年纯收入有5万多元，在银川市购买了一套120 ㎡三室两厅的住房，对自己目前的工作和生活都比较满意。

这种现象在兰州和西宁也同样存在。在西宁市B市场这个因经商而形成的城市少数民族"移民"聚落中，群体成员所从事的职业工种也是各不相同的，有老板、个体户、中介商、技术工、运输工人、普通劳工等，但其基本上都同属于一个商业链条，收入也是高低不齐，阶层化趋势也很明显。

个案2—29　A先生，甘肃和政人，虫草中药材公司的老板

我和五六个人合作一起收虫草，收来的虫草一部分卖给其他药材厂，另外一部分是通过自己的药材公司进行加工再外销，我虽在西宁收购虫草，但户口却是在和政，收入非常可观，每年个人纯收入就有十来万元，开支每年4万—5万元，在兰州买了房子，有两辆车。

个案2—4　D女士，甘肃东乡人，在西宁居住7年

我在这打打零工，串一串虫草什么的，也有洗虫草，捡虫草，洗一个虫草1分钱，捡一个虫草一毛钱，生活比较贫困，在西宁租了两间房子，房子下雨时还漏水。每月家庭的纯收入是几百元钱。

当然我们不可否认，不管是银川、西宁还是兰州，大多数的人还是个体户、中介商和打工的，他们的生活并不是十分富裕，相对于城市市民有一定的差距，他们也并没有真正地融入城市社区。例如我们在西宁的访谈对象中，学历最高的仅仅只是高中毕业，而大多数的人只不过是小学毕业而已，他们中有很多人做虫草生意的本钱是借贷的，赚取的也只不过是在两次交易中的差价而已，他们大多是合租房或住集体宿舍，只有很少一部分人有经济实力自购住房。在生活上，他们也不敢消费，购买的也是相对低廉的生活必需品，有限的节余也尽可能多地寄回家中，供家人生活和子女教育。在他们眼里自认为比较高档的娱乐生活也不过只是到"茶楼喝喝茶，听听花儿"，而其他一些高档的消费场所对他们而言几乎只是奢望。而这一切很大程度上是由于他们大多数来自农村，不仅本身缺乏相应的人力资本，而且在社会资本和经济资本上又往往显得相当匮乏。

2. 社会层面的社区融入分析

对于社会层面的社区融入，我们主要通过考察城市少数民族新移民社会交往、社会互动的情况来加以分析，主要包括交往的对象、交往的频率、交往的方式、交往的效果。

研究中发现，城市少数民族新移民交往的对象相对较为单一，少数民族新移民在进入到新的城市社区后，原有的乡村的部分社会关系虽然解体或断裂，但由于所居住的社区聚落有很多都是亲戚朋友和老乡，使得他们所重构的社会关系网仍以血缘、地缘为基础，交往对象主要以亲戚朋友、老乡为主，交往相对频繁，交往既有生活上的相互帮助，也有生意上的合作和往来，在整个市场体系中家庭式、家族式、老乡合作式的经营方式是十分普遍的，而另一方面，由于他们的工作场所、工作条件、生活环境都集中在市场里，同时城市人的歧视，使得他们有限的社会参与与社会交往也只能在市场中进行，市场俨然就是他们的生活和社会交往圈。

个案1—6　F先生，宁夏吴忠人

我2005年通过亲戚介绍来银川在市场内租了间店铺靠卖牛羊肉为生。人际关系比较单一，除了亲戚和老乡在生活生意上相互扶持外，和本地人的关系不好相处，但汉族人比较好处。我觉得，本地人排外心理比较严重，但和汉族人交往没有什么顾虑，习俗上面没有什么禁忌。现在生意不好做。再观望两年，实在不好做，就打算回老家做牛羊肉生意。

个案2—3　C先生，甘肃东乡人，来西宁20多年

我觉得跟本地人不好打交道，特别是前些年刚来的时候感觉不太好，后来在西宁待几年就好了……这条街也都是些回民、东乡，也没什么机会和别的民族打交道，汉民也不怎么打交道，都只是平时见面打个招呼，汉民朋友也没有。

个案2—4　D女士

我平时打交道的都是市场里一起干活儿的……也没有接触过别的少数民族，都是市场里的回民，这里边别的民族少。

个案2—27　F先生，甘肃临夏人，来西宁10年

我平时跟本地人交流不多，一般与老乡交流，老乡有东乡、撒拉，但是回族多，跟回民关系好。

个案3—3　C先生，甘肃临夏人，来兰州三年，在工地打工

我认为在工地上与其他打工者好处。

个案 3—4 D 先生，甘肃临夏人，打工

我认为与本地人不好打交道，与汉族很少交往，朋友都是回民。

个案 1—6 由于是开牛羊肉店铺的，同时宁夏 A 市场是一个综合性的市场，其平常接触的人各个民族的都有，人际交往的圈子也相对较广；个案 2—3 与个案 2—27 都是做虫草生意的，同时该虫草市场是一个较为单一的专业市场，从事虫草生意的基本上是回族和东乡族人，导致他们平常接触的人也多局限于回族和东乡族；而个案 2—4 是为这些虫草商打零工的，这也使得他们的交往集中于市场内；个案 3—3 和个案 3—4 都是在工地上打工的，职业的要求和限制也使得他们的交往十分有限，工友、同乡是他们主要的交往对象。

3. 文化层面的社区融入分析

从文化层面而言，城市少数民族移民进入城市社区后，他们原有的习俗规范、生活方式和价值观念与城市的行为规范、生活方式和价值观念时常发生矛盾和冲突。对于少数民族移民而言，文化层面的融入是个两难的博弈问题。融入城市文化，往往意味着他们会受原有文化体系的排斥；而不融入城市文化，往往又会导致他们在城市社区中被边缘化，甚至遭到歧视。

个案 3—1 A 女士，甘肃东乡人，在一家饭馆打工

我 2 年前来兰州的，原来在家务农，现在在一家饭馆打工，我丈夫在工地打零工，我有两个儿子，大儿子在兰州读农民工子弟学校，12 岁，小学二年级，正规的学校上不起，小儿子在家跟婆婆生活，以后看情况，能供得起儿子上学就让上，村子上就出来我们一家，原来婆婆反对出来打工，现在她看经济情况好转不再反对。我们现在是租房住，月租 100 元，月收入 1200 元，月消费：1000 元左右。当初出来是因为家中地少、吃不饱。

个案 3—2 B 女士，甘肃东乡人，在一家饭馆打工

我来兰州有 7 年了，是亲戚介绍来的，现在的工作也是亲戚介绍的。以前在家务农，现在有两个儿子、一个女儿，三个孩子都在农民工子弟上学，女儿上学免费，我丈夫在本市与同乡一起打零工。现在我们与孩子租亲戚房住，月租 120 元，无厕所和厨房。月收入 800 元，月消费：700 多元。

从上面的两个个案来看，在激烈的劳动力市场竞争中，大多少数民族移民一无文凭,二无技术专长,三无当地权力关系关照,要想在城里拥有一席之地,只能拣城里人不做的活干。

大多少数民族移民人生地不熟,再加上生存带来的压力,使他们的自尊心空前敏感。同样,当他们作为单独的个体去面对来自社会的巨大压力时,他们也更容易被生活压垮。多数外来少数民族移民者在采访时表示,自己只是来打工的,打算赚够了钱回老家,他们很多人并没有把城市当成一个落脚点。"但那只是他们最初的想法。"在接触到的一些外来少数民族打工者中,他们生活的发展并不像原先计划的那样简单。

不同的地域、历史、风俗习惯和宗教信仰形塑着不同的文化性格,城市少数民族新移民来源地的文化属域与城市的文化属域往往存在极大的差异,游走于两种文化之间,极其容易使其产生文化的不适感,乃至文化冲突。而这种冲突,往往又影响着新移民对城市的融入,反思、调适和重构也成了他们对适应城市生活的必经之途。

4. 心理层面的社区融入分析

心理层面的社区融入主要是通过城市少数民族新移民群体的身份认同感和归属感来加以考察。从总体上看,城市少数民族新移民是一个自身充满矛盾色彩的社会群体。从职业上讲,他们是工人、商人;从地域上讲,他们是市民,但是其法定身份仍然是农民。而面对这种制度赋予的"农民"身份,他们虽然希望按照职业、生活领域等经济社会因素来重新认定自己的身份,但是面对制度的强制性认定和市民的习惯性认定,"农民"成了他们身上挥之不去的社会标签。在他们眼里,他们只不过是这城市的"边缘人"、"过客"而已,之所以来到这一城市,无非是为了生存和更好地发展。而这也让他们很难从心理上融入到城市社区中,有社区发展主体的心灵归属感。

个案2—1　A先生,甘肃东乡人,来西宁已有12年

我媳妇、孩子都在老家,没打算在西宁买房子,以后老了,不做生意了就在东乡过,回老家。

个案2—2　B先生,甘肃东乡人,来西宁有2年了

我原来在村小学当老师,还当过一年校长,不过当老师工资低,有时候还都不发,不好干,现在出来做生意比在家好一点儿,多少都能挣点儿钱。……想找个媳妇,但城里人看不起咱们,咱不是农村户口嘛,挣钱多也是农村的,找也有可能找个农村的。

这些新移民融入社会的过程受到乡土世界和城市世界交互作用的影响，加之文化层面的社区融入处于边缘状态或者对城市文化产生排斥，受城市人的歧视等这一系列因素，促使城市新移民的自我认同感和归属感不强。

个案1—3　C先生，河南人

我1996年来银川做生意，刚开始生意比较难做，大家一听到我们是河南人，都不怎么买我们的东西，时间久了，顾客比较稳定了，本地人与我们的关系才慢慢地好起来。

个案1—6　F先生，宁夏吴忠人

来银川已有3年了，和本地人的关系不好处，他们看不起外地人，现在生意不好做，在这再待上一段时间，真的生意做不下去了，就回老家发展。

个案1—2　B女士，河南人

1988年来银川后不久，和丈夫一直以卖牛羊肉为生，从事了20年。在银川待了20年，时间长了，和其他民族的人交往得比较多，相处得也都比较好，没什么矛盾。政府对我们外来经商的，在管理、办证、子女上学等工作上都很照顾，没有限制，和本地人没什么差别。我们已经在这里买了房子。

从上面的三个个案中，我们可以看出，对于长居型的移民而言，由于在当地待的时间比较长，慢慢地适应了城市的生活，其价值观念、生活方式慢慢和城市人吻合，身份认同、归属感发生了微妙的变化。而对于那些短居型的新移民来说，因为进城时间比较短，他们的价值观念、生活方式在短时间内很难转变，他们尚未融入城市社会。往往游离于城市的边缘，居住在城市的"边缘带"，被城市人看作是"边缘人"。他们对自我身份的认同产生矛盾感，既不是"乡下人"也不是"城市人"，在快节奏竞争性强的城市生活里，他们感到自我定位困难。

（二）城市少数民族"移民"的社会支持

城市少数民族移民远离了自己熟悉的乡土社会来到城市，陌生的环境、规范和观念使他们一时难以适应，加之社会融合的制度性障碍和非制度性障碍的双重作用，使得他们可能面临一种社会和心理上的结构性紧张和危机。在这种情况下，各种正式的、非正式的社会支持是不可避免，它可以更好地帮助新移民解决日常生活中的问题和危机,维持日常生活的正常运行,减缓工作、生活压力,从而不仅有益于提升新移民个体的幸福感和身心健康,而且可以缓冲个体与城市社会的冲突,有利于城市社会的稳定。

1. 社会网络支持

聚落内城市少数民族"新移民"的社会网络支持,在居住方式上,表现为以血缘、地缘关系为纽带,形成了同族、同乡居住的格局。从访谈的结果来看,A市场的新移民中,来自河南和宁夏其他地区的移民较多,在被随机访问的十个人员中,有四个来自河南,五个来自宁夏其他地区。西宁B市场的新移民中,来自甘肃临夏回族自治州的占了多数,其中又以东乡县、和政县和积石山县为主。而在兰州"C村"基本上都是来自临夏的东乡人,其中又以东乡县的居多。而这种以血缘、地缘因素为核心的聚居方式,不仅为聚落成员在生活上提供了便利,而且这种居住方式有着大体相似的方言和对家乡的归属感,也容易使聚落成员在心理上产生相互的认同。

聚落内的社会支持反映在就业上,则表现在:在就业方式上,大多数新移民在亲友或者同乡的帮助下谋取现在的职业。可以说"强关系"在新移民到城市后就业和创业发挥了关键的作用。

个案1—1　A先生,河南人

2003年,从河南来银川投靠做小买卖的亲戚,刚来银川时主要是打零工,2007年在亲戚的帮助下,在市场租了个摊子卖肉。

个案1—3　C先生,河南开封人

1996年,从河南来银川投靠亲戚,开始做小本生意,2007年在亲戚的帮助下,在市场外围租了个店面卖肉;

个案2—8　H先生,甘肃积石山人

我以前在老家做皮毛生意、八年前被老乡带到西宁做虫草生意。

个案3—2　B女士,甘肃东乡人,在一家饭馆打工

我来兰州有7年了,是亲戚介绍来的,现在的工作也是亲戚给介绍的。

同时,在做生意的过程中,虽然竞争不可避免,但买卖往来的互动中,也同样能增进了解和信任,因此,以业缘关系为纽带,城市少数民族"新移民"同样能够从聚落内外获取支持。

然而,城市少数民族新移民总体而言仍属于外来人口,由于各种制度性障碍(户籍制度及附属于户籍制度之上的诸如医疗、就业和社会保障等一系列的制度安排）和非制度性障碍（如城乡文化、生活习惯差异、宗教信仰及城市社会对农民工的诸多歧视）的存在，使得他们的工作和生活游离在城市正式制度和主流社会之外，无法真正融入城市社会，处在城市边缘地位。而这种外在社会的排斥，从社会心理层面将新移民推向从内部寻找支持和认同，这也导致他们自发地形成各种以地缘、亲缘关系为纽带的非正式组织，以寻求和建构有利于自身发展的"互构的社会支持"。

当然除了少数民族聚落所提供的社会网络支持，互构的社会支持需要被有效地加以开发，而开发社会支持的有效方式之一就是开发其社会资源，使自身的社会资源转变成社会资本，个案2—5、个案3—5和个案3—6经过多年的社会资源的开发，社会支持网络不断加大，对所居城市的评价较好，并且认为是本市居民，对城市的归属感也显著增强。

个案2—5　E先生，甘肃东乡县人

我在老家时是种地的，后来出来打工，在工地上拉砖头和拆墙，1995年来的西宁开始做虫草生意，自己刚开始做时人少，生意很好，赚了不少钱，一家人就都搬过来了，在西宁买了房子，就在大什字那边，几年才回一次老家。现在我小舅子负责在那边帮我收虫草，给我发货，我在这边收货再卖出去，现在流动着的资金差不多二三千万，每年挣的都不一样，去年差不多挣了几十万元。

个案3—5　E先生，甘肃东乡县大阪乡人

我进入兰州在亲戚的帮助下，在一家餐厅打杂，亲戚在牛羊肉批发市场做生意，几年后便跟随亲戚给他们帮忙，熟悉了其中的一些行情，慢慢开始自己从牛羊肉批发市场批发牛羊肉，骑着三轮车到一些穆斯林聚居区卖，几年前三轮车换了三轮摩托，把生意摊子固定在白银路，附近的一些小饭馆开始预订我的牛羊肉，生意逐渐变得较为红火，每天一大早天未亮就要到批发市场拉新鲜的牛羊肉，然后赶到白银路把摊子置开，挂上小小的绿色招牌，一天的生意便开始了，但是我的小摊是在街边，冬天很辛苦，夏天怕牛羊肉变质，半夜就得起来招呼，摊子只能摆半天。去年末我租下了永昌路口蔬菜市场的一家铺面，生意比以前变得更好。添置了一些机器，如粉碎机等，并带来妻子和弟弟一起经营，在冬天有时候一天能卖掉五只羊，一个月的收入在2500元左右，这一收入在"C村"来说是较高的。

个案3—6　F先生，甘肃省东乡族自治县大阪乡人

我主要是批发旧彩电，干了8年，刚开始是我父亲介绍来的，我们的货源主要来自于那些走街串巷的专门从事回收的同乡,这些同乡把收回的旧家具、家电转手再卖给我,后来赚钱了就在这里开了一家专门从事批发旧彩电的店铺,现在月收入一般在 1500 元左右,销货市场主要是临夏、甘南等地区。

2. 社区生活与服务支持

城市少数民族移民的社区生活与服务需求包括吃、穿、住、行、子女教育、文化娱乐等方面。在银川、西宁和兰州,虽然少数民族聚落的发展程度各不相同,但大部分移民对政府部门的各项工作,如宗教活动、管理、办证、子女就学等还是比较满意的,如个案 1—2、个案 2—17 等,认为所在的城市对外来人员在本市打工、买房、子女就学等方面无限制,和当地人待遇相同,如个案 1—6、个案 2—3、个案 2—19 等。但也有一部分人对房价和医疗等问题提出了不太满意的意见,如有人觉得现在的房价和医疗费用(药价和治疗费用)都太高,如个案 1—1 等,有人对住房登记上的工作、卫生防疫和计划生育、社会保障等方面的工作并不满意,如个案 1—7 等。但总体而言,政府还是提供了较好的社区生活与服务支持。

3. 就业与创业支持

在银川,经访谈我们得知,新移民在就业和创业方式上多是以亲友介绍为主,在亲友的帮助下就业,如上述的个案 1—1、个案 1—3、个案 1—4。职业的类型在 A 市场这一聚落内,多表现为个体小买卖,经营的主要方式是固定摊点,门店经营的较少。在职业的流动性方面,流动性并不大,即在迁移前做小生意的,迁移来之后仍做小生意,一部分由务农转变为做生意的新移民也表示不会放弃农业生产,即在农忙时回家,自己仍以农民自居,如个案 1—4 以前在吴忠时也是做粮油生意的,家族里基本都是做这一行的;个案 1—6 三年前(2005 年),从老家吴忠来银川,以前以种地为生,现在本市以个体经营卖羊肉为生。因为现在生意不好做,在本市顶多 1—2 年,将来打算回老家。而在西宁、兰州,以血缘和地缘为主的非正式的社会支持在新移民在就业和创业方式上也是提供了大量的帮助,但在调查中,我们发现西宁正式的社会支持也起到了很大的作用,因为西宁 B 市场前身是西宁城东区联合村 1、2 社,1983 年成立为联合村村办企业,在此基础上逐渐演变为现在的市场。市场中冬虫夏草生意店铺有 186 铺面,皮毛生意常住 150 户大约 450 人,其中 95% 来自甘肃省。9、10 月为皮毛生意,6、7 月为虫草生意(收购于青海玉树、果洛地区)。

在这样一个相对专业集中的市场中有大量的职业和用工需求，而这也为这些外来人员提供了十分丰富的就业、创业信息和机会。

（三）城市少数民族"新移民"的民族关系

新移民在聚落内互动过程中，个体间会形成新的社会关系，这种关系在群体层面便体现为民族内和民族之间的关系。因此对于多民族聚居社区民族关系的研究，往往既要考察族群内部关系，同时也要考察族际间的关系。

经过访谈我们发现，在银川 A 市场，信仰伊斯兰教的少数民族占主体，生活上的同质性使得他们在心理上相互有着较强的认同感，他们的关系更像是初级群体间的关系，成员间的关系也就较与其他民族成员的关系密切。具体反映到个案为：个案 1—2、个案 1—5、个案 1—10。在谈到民族关系时均称：相处较好，原因是：当地生活基本一样，民族成分也较单一。但也有人表示与本民族的成员不好相处，个案 1—6 认为本地人排外心理比较强烈，也不好相处。

经过调研我们得知，新移民与汉族成员的关系是融洽的，许多人有汉族朋友，并认为与汉族成员较少有习俗方面的顾虑所以比较好处，具体表现在个案 1—3、个案 1—6、个案 1—10 等：有汉族朋友，和汉族的关系相处得比较融洽，和汉族交往没有习俗等方面的顾虑。

城市少数民族"新移民"聚落内的民族关系多体现在日常生活的各个方面，但在生活和生意上的互动还是影响这一聚落内民族关系的主体，相似的生活方式使得本民族内成员的认同感更加强烈，利于民族内部的团结，同时，生意上的互动能够使人们保持冷静，因为竞争者之间为了维护共同的利益关系（如他们与政府相关管理部门的关系），或维持稳定的客户关系，他们在互动中遇到摩擦时会保持克制。个案 1—1、个案 1—2、个案 1—4：由于是做生意的，每天都要与人打交道，为了自己的生意，不能与人结怨，所以跟其他的人相处都比较好。

在对国家民族政策的评价上，一些被访者认为国家的民族政策好，如个案 1—8 在谈到人际关系和民族关系时认为与其他民族都好处，好处原因是国家政策好，在生意场上也没有受到歧视。

经商形成的聚落内，移民间的关系是复杂的，除了日常生活其他方面的互动外，我们还应更多地考虑他们在生意上的交往过程。虽然出于生意的考虑他们会冷静处理摩擦,但竞争关系的存在和商业的赢利性依然会影响他们的关系,比如上述个案1—6。但我们依然认为这种影响是正常的,更多地应理解为微观个体间的人际关系,只要没有表现为群体性的或结构性的,都应被看作是正常的,同时,聚落也有自己的化解功能,表现为:成员间的互动必会增进了解,了解又为更深层次的互动提供了前提,最终有利于小到个体大至民族间的和谐相处与融合。访谈的结果和被调研聚落内民族间融洽相处,共存共荣的客观事实也证明了这一点,即新移民群体在一定程度上促进了民族内和不同民族间的理解、融合。

西宁市 B 市场,以甘肃省的东乡族和回族为主,形成了一个以穆斯林民族为主体聚居从事虫草、皮毛生意的少数民族聚落。而正是基于这一市场商业性质原则及市场竞争相互间的了解和尊重,及其穆斯林民族在民族文化上的相似性。在这一少数民族"移民"群体中,不管是族群内部关系,还是族际关系都相处得比较融洽,冲突和矛盾相对较少,

个案2—17　Q 先生,甘肃积石山人

调查员:您和少数民族相处怎样?

Q 先生:做生意的80%都是东乡族、撒拉族、回族,所以也没什么难的。

调查员:那和汉族的相处呢?

Q 先生:汉族也一样,这里的汉族也都尊重我们。

调查员:那您周围人有没有与汉族发生过冲突的?

Q 先生:没有,大家都是做生意的,都一样。

个案2—28　B 女士,甘肃和政人

调查员:您平时都跟谁关系最好?

B 女士:就跟我一起干活的一些人,没事转个滨河路,就在火车站附近。

调查员:您觉得您跟其他民族的人合得来吗?

B 女士:那关系还好着,没什么事。

兰州市"C 村"则是一个规模较大,由基本来自甘肃东乡族聚集而居的单一性较强的少数民族聚落。其族内关系更是十分的和谐,甚至在此基础上形成了一些社区组织,如寺管会。在族际间的交往上,兰州市东乡族,回族、保安族、维吾尔族等,在日常的生活中他们相互影响、相互借鉴,在生活习俗上相互包容,实现民族间的和睦关系。如在饮食

习惯上，相互借鉴，使得东乡手抓进入千家万户，而东乡人的餐桌上出现了大盘鸡，烤肉等美食。同时，在长期的交往中与汉族等民族实现关系上的融洽，少数民族聚落为城市民族关系的发展有其积极的作用。城市少数民族聚落形成本身就是少数民族实现城市化的一个过程，东乡人离开世代居住的农村，以不同的方式进入城市并形成稳定的聚落，进而在文化、经济等方面提高本民族素质，可以说这一聚落的形成是东乡族实现城市化的过程。同时它又是城市多民族化的结果，少数民族聚落作为少数民族在城市"生根"、"开花"、"结果"的社会土壤和条件，足以显示其特殊历史意义。

四 进一步思考西北地区城市少数民族"新移民"的情境

（一）从文化飞地到亚文化：多元文化城市结构中的城市少数民族"新移民"聚落

多元文化所指的文化必须是发生相互联系的一些文化。是有内聚性的，不是离心式外射化发展。不同的文化所以能共存于一个共同体中，就在于它们不仅承认了彼此的差异性，更重要的在于其发现了彼此间的共性。从多元文化的一般表现形式上看，不论哪一种多元文化，均可划分为主导文化、亚文化、反文化和文化飞地。① 城市少数民族"新移民"的聚落，是城市多元文化的重要组成部分。既是城市多民族化的基础，也是城市多民族化的结果。城市少数民族"新移民"，在进入一个城市后，从物质生活到社会生活、精神生活，都有一个艰难的重建过程。它们生活在文化飞地，由于其文化的独特性与本土文化间的相融性，逐渐形成新生文化。这种文化飞地的少数民族的新生文化，由于其具有先赋性民族文化的顽强的生命力，逐渐形成了城市亚文化。西北地区城市中的"城中村"，聚集了"因进城经商而形成的少数民族"，形成经济型穆斯林民族的聚落，经营着民族特色产业。而"因民族教育的发展而形成的少数民族学生"，形成民族高校中的少数民族学生聚落，因其在民族教育系统中，具有得天独厚的文化优势，很容易成为多元文化城市结构中的亚文化。同

---

① 牟岱：《多元文化概论》，《社会科学辑刊》1997 年第 6 期。

时，城市少数民族"新移民"所负载的亚文化，在一定程度上又依赖城市主流文化才能得以巩固和发展。所以在继承传统文化的基础上，要寻求与城市文化的连接点，在生产生活方式，传统观念等方面做出一定的调适，才能被城市主流文化所接受。

西北城市中"因进城经商而形成的穆斯林民族的聚落"和"因民族教育的发展而形成的少数民族学生聚落"的实际存在，对西北城市少数民族"新移民"在城市中的立足与发展具有重要的现实意义。它们具有独立性，具有较强的内部凝聚力，又要面对城市主流文化的冲击，形成了防范性和封闭性，被"边缘化"。从而，我们面对的困境是，西北城市少数民族"新移民"该如何打破防范性和封闭性，调适自我？如何在主流文化冲击中正确地作出自我调适与选择？费孝通说："21世纪要解决的主要问题之一是：各种不同文化的人，也就是怀着不同价值观念的人，怎样在这个经济和文化越来越息息相关的世界上和平共处？为了解决这些问题，我们在精神文化领域里需要建立起一套促进相互理解、宽容和共存的体系，即'跨文化交流'，这牵扯到人与人，人对社会，人对自然的基本关系，而与文化的自觉和文化相互尊重有着更为密切的关联。"

（二）社会网络与少数民族"先赋性"民族文化：城市少数民族"新移民"的城市适应与融入

1. 社会网络很大程度上影响着西北城市少数民族"新移民"在城市的生活、发展和融入

西北城市少数民族"新移民"的乡土社会网络和内在同质性，成为它们社会融入的优势条件。特别在进入城市的初期，以血缘、地缘、"教缘"为依托的社会网络作用非常重要。随着城市少数民族"新移民"居留时间的延长，通过增强自身的组织化、建立异质性较强的社会网络、加强和本地居民的社会交往和互动，进一步靠近主流社会的生活文化。

西北城市少数民族"新移民"，以血缘、亲缘、地缘和"教缘"为纽带形成相互的社会认同和关系网络，形成了社区生活。"教缘"为纽带，主要表现在以清真寺为外在标志，"围寺而居"的居住方式，使西北城市少数民族"新移民"聚落形成与巩固中，有着重要的作用。同时，西北穆斯林民族，实行教内婚，即使是西北城市中的少数民族"新移民"同样不例外。教内婚的实施、与其他穆斯林民族的通婚，为城市少数民

"新移民"的交流、发展提供了更为广阔的空间。使西北城市中的少数民族"新移民",不仅成为一个地域性群体,一个文化上相互认同的群体,更重要的是变成一个亲属关系网络的群体。

2. 社会资本也很大程度上影响着西北城市少数民族"新移民"在城市的生活、发展和融入

西北城市少数民族"新移民"中,"因进城经商而形成的少数民族聚落",主要以擅长经商的穆斯林为主,具有生意聚合性,主要从事餐饮业、屠宰业、拆迁业、收购废旧家具、皮革、牛羊肉经营等行业。它们自身具有先赋性民族文化,作为城市中的民族文化携带者,其进入城市不但是"就业与创业移民",而且是"文化移民"。将其从业与民族身份、民族习惯结合了起来。同时,西北大城市中,存在着城市少数民族"新移民"相对熟悉的民族文化环境。西北地区是中国十个穆斯林民族居住的地方,城市少数民族"新移民",依靠民族身份、民族文化的同质性,在民族特色经营行业,能够较好地实现创业或就业。

参考文献

[1] 牟岱:《多元文化概论》,《社会科学辑刊》1996 年第 6 期。

[2] 张文宏:《城市居民社会网络资本的结构特征》,《学习与探索》2006 年第 2 期。

[3] 张继焦:《差序格局:从"乡村版"到"城市版"》,《社会学》2005 年第 3 期。

[4] 任远、邬民乐:《城市流动人口的社会融合:文献述评》,《人口研究》2006 年第 5 期。

[5] 吴晓:《城市中的"农村社区"——流动人口聚居区的现状与整合研究》,《城市规划》2001 年第 12 期。

[6] 杨军昌:《论西北少数民族人口流动问题》,《黑龙江民族丛刊》2007 年第 2 期。

[7] 汤夺先:《西北大城市少数民族流动人口若干特征论析——以甘肃省兰州市为例》,《民族研究》2006 年第 1 期。

[8] 汤夺先:《城市少数民族论略》,《固原师专学报》2004 年第 3 期。

[9] 沈林:《中国城市里的少数民族聚落》,《中南民族学院学报》1996 年第 3 期。

[10] 王鉴、万明钢:《多元文化与民族认同》,《广西民族研究》2004 年第 2 期。

[11] 杨洪贵:《多元文化主义的产生与发展探析》,《学术论坛》2007 年第 2 期。

［12］伍世文:《多元文化语境下的文化和解》,《社会科学辑刊》2007 年第 4 期。

［13］张崇根:《都市中的少数民族及都市对少数民族发展繁荣的作用》,《民族研究》1990 年第 1 期。

［14］杨建吾:《城市少数民族流动人口问题研究以成都市为例》,《西南民族学院学报》2002 年第 7 期。

［15］中国都市人类学会秘书处:《城市中的少数民族》,民族出版社 2001 年版。

［16］阮西湖:《都市人类学》,华夏出版社 1991 年版。

［17］郑信哲:《浅谈我国城市民族关系的现状与发展趋势》,《中央民族大学学报》1996 年第 3 期。

［18］李忠斌:《论城市民族关系的特点、结构与功能》,《贵州民族研究》2003 年第 2 期。

［19］郑信哲、周竞红:《少数民族人口流动与城市民族关系研究》,《中南民族大学学报》2002 年第 4 期。

［20］雷海:《浅谈城市民族问题》,《黑龙江民族丛刊》2002 年第 4 期。

［21］周光大、周劲松:《城市社区建设中的民族问题》,《广西民族研究》2004 年第 1 期。

［22］沈林等:《中国城市民族工作的理论与实践》,民族出版社 2001 年版。

［23］杨文炯:《互动、调适与重构——西北城市民族社区及其文化变迁研究》,博士学位论文,兰州大学西北少数民族研究中心,2005 年。

［24］李强:《农民工与中国社会分层》,社会科学文献出版社 2004 年版。

［25］张继焦:《城市的适应——迁移者的就业与创业》,商务印书馆 2004 年版。

［26］郑信哲:《略论我国少数民族流动人口流动及其影响》,《满族研究》2001 年第 1 期。

［27］马天龙:《东乡族农村劳动力转移特点及其思考》,《甲校学报》2004 年第 1 期。

［28］魏津生:《中国城市流动人口的基本状况和问题》,载魏津生、盛朗、陶鹰《中国流动人口研究》,人民出版社 2000 年版。

［29］金春子:《城市少数民族流动人口与城市民族工作》,《中国民族》2002 年第 3 期。

［30］沈林、张继焦、杜宇等:《中国城市民族工作的理论与实践》,民族出版社 2001 年版。

［31］拉毛才让:《试论少数民族流动人口的构成、分布特点及动因》,《攀登》2005 年第 2 期。

［32］周竞红:《少数民族流动人口与城市民族工作》,《民族研究》2001 年第 4 期。

[33] 华彦龙:《关于城市少数民族人口流动问题的思考》,《中州统战》2003 年第 10 期。

[34] 胡令明:《城市少数民族流动人口的新情况、新问题》,《民族论坛》2001 年第 4 期。

[35] 马强:《回族特色人才的迁移就业及城市适应——广州市宁夏籍阿拉伯语从业者田野调查》,《西北第二民族学院学报》2007 年第 3 期。

[36] 陈乐齐:《我国城市民族关系问题及其对策研究》,《中南民族大学学报》2006 年第 5 期。

[37] 迟丽华:《山东东部沿海地区少数民族人口流迁问题研究》,《满族研究》2006 年第 2 期。

[38] 张继焦:《城市民族的多样化——以少数民族人口迁移对城市的影响为例》,《思想战线》2004 年第 3 期。

[39] 杨健吾:《城市少数民族流动人口问题研究——以成都市为例》,《西南民族学院学报》2002 年第 7 期。

[40] 林均昌:《少数民族人口的迁入对东部城市民族关系的影响》,《烟台师范学院学报》2005 年第 4 期。

[41] 凌锐:《试论城市少数民族流动人口对城市民族关系的影响》,《中南民族大学学报》2005 年第 1 期。

[42] 王琛、周大鸣:《试论城市少数民族的社会交往与族际交流——以深圳为例》,《广西民族研究》2004 年第 2 期。

[43] 张继焦:《城市中的人口迁移与跨民族交往》,《云南社会科学》2005 年第 1 期。

[44] 李伟梁、陈云:《城市少数民族流动人口的社会支持》,《中南民族大学学报》2006 年第 3 期。

[45] 李伟梁:《少数民族流动人口的城市生存与适应》,《内蒙古社会科学》2006 年第 5 期。

[46] 陈云:《城市与少数民族流动人口:管理与适应》,《黑龙江民族丛刊》2006 年第 4 期。

[47] 李林凤:《城市少数民族流动人口的社区支持》,《青海民族研究》2006 年第 3 期。

城市化进程中的少数民族经济融合状况研究[*]

——以甘肃省兰州市为例

文化　温蓉　阿布都哈德　宗力　皮特·李　李晓玲[**]

一　导言

（一）研究目的

以往关于少数民族融合问题的研究主要集中在社会生活的文化方面。这些研究认为，少数民族来自不同的文化、语言和宗教背景，当他们移民到城市，这些在文化、语言和宗教上与主流社会的区别会给他们带来融合上的困难。换言之，文化区别是影响融合的主要障碍。此项研究侧重探讨社会生活中的经济方面，并从这一视角来理解融合问题。本文项目要回答的基本问题是：在一个多数民族占主导地位的城市劳动力市场上，移民到城市的少数民族是如何获取职业并取得成功的。具体地讲，有三个需要回答的问题：第一，移民到城市的少数民族是否努力获得了自己的职业或建立起自己的民族企业？如果回答是肯定的，他们的职业和民族企业状况是怎样的？与此相关的第二个问题是要解释哪一类型的少数民族更能够在经济上取得成功？我们可以把少数民族不同的背景信息作为解释性因素。第三个问题是关于经济融合的结果，即经济融合的成功或失败是否与导致文

* 西北民族大学与加拿大萨斯喀彻温大学合作项目。

** 文化,西北民族大学民族学与社会学学院教授;温蓉,西北民族大学民族学与社会学学院讲师;阿布都哈德,西北民族大学民族学与社会学学院副教授;宗力,加拿大萨斯喀彻温大学社会学系教授;皮特·李,加拿大萨斯喀彻温大学社会学系教授;李晓玲,加拿大萨斯喀彻温大学社会学系博士。

化和社会融合有关?

(二) 相关研究

"社会融合"是指个体与个体之间、不同群体之间或不同文化之间互相配合、互相适应的过程,并以构筑良性和谐的社会为目标(任远、邬民乐,2006)。"社会融合"是一个多维度的概念,包括经济、社会关系、公共权益、政治、文化、心理等多个方面。"经济融合"是指不同主体之间的经济通过相互交往、渗透,成为新的经济复合体的过程。由此可见,"经济融合"是"社会融合"的一个方面,并且与其他方面有着共生与牵制的关系。"经济融合"的这种非孤立性决定了应将其放到"社会融合"的大框架中进行"嵌入"性的研究。

社会学家涂尔干在对自杀现象的研究中,首次提出了社会融合的概念,认为它是导致自杀的重要社会原因(涂尔干,1951)。20世纪90年代以来,在经济全球化的大背景下,新的社会问题不断出现,建构和维护可持续发展社会迫在眉睫。当仅仅针对贫困、失业和发展失衡等单个社会问题制定的政策再不能发挥应有的作用时,社会融合作为一整合性的概念逐渐受到重视,并成为学术上和政策上的关注焦点之一。但对于社会融合的定义,尚没有一个统一的界定,较经典的定义是一种相互同化和文化认同的过程。更多学者是通过对社会融合的分类来使这一概念明晰化,如将社会融合分为经济融合、社会融合、政治融合及文化融合;或将其分为文化融合、交流融合、功能性融合和规范性融合(任远、邬民乐,2006);也有将其分为社会心理(或感情)融合和结构(或行为)融合,基于此种分类,便将社会融合定义为个体在社会或群体中的社会参与和互动,及在互动中产生的一些共同感情。虽然社会融合的理论体系因其概念的模糊性而缺乏一贯性。但在社会融合的研究中一直存在两个相互对立的理论派别——同化论与多元论。同化论本质上是弱势落后者效仿强势先进者,最终融入先进者的文化中,自身文化逐渐被抛弃的过程。多元论意味着承认多种文化的存在,并在互相融合中建立一个新的生活环境与共同的价值观。关于对社会融合的测度也呈现出多样化的状态,但主要是对社会互动和效果进行测量,也可将测度的指标分为主观和客观两个维度,客观指标如社会关系是否发生,发生的数量和强度等,或某种社会活动的参与;主观指标如归属感、认同感、忠诚度以及对其他成员的态度等,多以量表的形式呈现。

社会融合作为一个社会政策概念起源于欧洲学者对社会排斥的研究。由于被排斥群体通常是脆弱群体，且社会排斥常常表现为不同阶层之间的排斥与疏离以及存在于人与人之间、群体与群体之间的社会距离。因此，脆弱群体理论、社会分层理论、社会距离理论和社会排斥理论构成了社会融合的基础理论（黄匡时、嘎日，2010）。其中社会排斥理论与社会融合关系最为直接。

脆弱群体理论认为，人类的脆弱性并不意味着所有的脆弱性应该被淘汰从而实现完美的人类，而是意味着人类对脆弱性的尊重和保护。脆弱来自于生命中不可避免的或者社会安排的，而非自身能够控制或消除。保护和关怀脆弱群体是社会的责任，也是一个社会的基本伦理。

社会分层理论揭示了社会结构中的阶级或阶层差异以及由此导致的社会分裂或社会排斥。首先，多个阶层意识不仅增加了社会的融合难度，而且可以造成阶层之间的对抗或冲突；其次，社会分层结构必然存在以富人为代表的上层和以穷人为代表的底层，两个层次之间不仅可能存在剥削关系，而且更易造成贫富分化，从而引发社会动荡。因此，社会分层理论不仅启发人们关注阶层之间的社会融合，而且要求人们更加关注底层阶层的社会融合。

社会距离是人与人之间"内在的屏障"，用以强调不同群体之间的客观差异。更具体地说，社会距离是存在于集团与个人之间的亲近程度，是一种可以测量，表现个人和一般社会关系的理解和亲密的程度和等级（帕克，1950）。社会距离概念的提出以及测量社会距离的一套量表为社会融合理论的实证研究奠定了基础。

1995年欧盟基金会将"社会排斥"定义为"个人或群体被全部地或部分地排除在充分的社会参与之外的过程"。社会排斥起源于对贫困及失业的研究。也有说法认为社会排斥的原意是针对大民族完全或部分排斥少数民族的各种歧视或偏见，当主导群体握有社会权力，又不愿和别人分享之时，社会排斥便发生了。关于社会排斥的类型，从成因方面分析，可分为结构性的社会排斥与功能性的社会排斥；从人类生活的领域出发，可分为经济层面的社会排斥、政治层面的社会排斥和文化层面的社会排斥；或者将社会排斥分为客观的社会排斥和主观的社会排斥；显性的社会排斥和隐形的社会排斥；被动的社会排斥和主动的社会排斥，等等。社会排斥的特点包括：层次性，主要指排斥对象的层次，如个人、群体、组织、行业、部门、地区；综合性，指排斥导致的社会问题不是单方面的，而是多种问题共同出现；连锁性或累积性，指社会成员在某一层面遭受排斥，会导致他在另一层面也遭受到排斥；过程性，强调社会排斥不仅仅是一种结果、状态，更是一种过程；传承性，主要指代际的传承。社会排斥的后果可表现为贫困、社会的不整合状态、焦虑与心理压力以及社会公正的缺失。

关于当代研究社会融合的主要视角，钱正荣（2010）在研究流动人口社会融合中将其归纳为现代化视角、社会排斥视角、社会资本（社会网络）视角和公共政策（制度分析）的视角。现代化视角从流动人口对现代化、城市化的接受与适应，以及其再社会化的程度如何。社会排斥研究视角将流动人口视为一个整体，揭示导致其遭受排斥的制度机制，为推动社会政策的更新提供理论论证与支持。社会资本视角从微观层面将研究重点放到流动者个体所拥有的资源和能力上，从而为其更好地融入社会提供社会网络支持。公共政策和制度分析视角将社会融合问题放到现实的制度环境中考量，凸显政府在维护社会公正过程中应该承担的责任。

"文化融合"是指不同人类文化间的交流、相互接纳以及趋于统一的过程。文化融合的过程包括接触、撞击和筛选、整合。接触是文化融合的前提；每种文化都具有顽强地表现自己和排斥他种文化的特性，两种文化接触后必然发生撞击，在撞击过程中进行社会选择，即选优汰劣；最后，以原来的两个文化体系中选取的文化元素，经过调适整合融为一体，形成一种新的文化体系。而民族文化融合，李龙海将其界定为"两个以上的民族或其一部分，在长期的交往过程中，各自具有了对方的一些民族文化特点，但是各自的民族共同体并没有发生变化的现象"。张俊明在对宁夏固原回汉杂居地区民族文化融合现象进行研究后提出，影响民族文化融合的因素包括地理环境、人口素质、民族政策及经济因素。其中，经济上的互通有无常伴随着文化方面的认知和互动，经济水平与文化的融合程度总体上呈现正向相关（张俊明，2006）。

关于文化融合与经济融合的关系，从前文提到的朱力（2002）认为在社会融合过程中，经济层面、社会层面和心理文化层面三者是依次递进的，经济层面的适应是立足城市的基础；社会层面是城市生活的进一步要求，反映的是融入城市生活的广度；心理文化层面的适应是属于精神上的，反映的是参与城市生活的深度，只有心理和文化的适应，才是社会融合的完成。可知,经济融合是基础,发生在前,而文化融合是最高的层次,通常最后发生,并象征整体的完全融合。关于两者的相互关系,通过文献可知,两者是相互作为彼此的影响因素的,前文提到的张俊明的研究着眼于经济因素对文化因素的影响,而文化因素对经济融合的影响力似乎更大。民族与文化有着密不可分的内在联系。民族可被视为特定文化的共同体。"可以认为,一个民族之所以成为民族,最根本的莫过于形成自己特有的文化。"(林耀华,1997)各个民族特有的文化不仅渗透到民族成员的血脉之中,形成所谓的民族性格,而且还支配着民族成员的行为,进而影响着民族成员的政治生活、经济生活和其他社会生活。对于文化如何影响民族经济融合,首先,不同民族在价值观念、宗教信仰、伦理道德、风俗习惯等方面的差异可能造成民族间的心理隔阂,产生民族间的心理距离,并阻碍着民族间的经济交往;其次,不同民族在价值观念、伦理规范、行为习惯等方面的文化差异可能构成族际交往的障碍(语言、交易规则),从而影响民族间的经济融合。

关于社会融合的实证研究多以城市流动人口,尤其是农民工为研究对象,由于这些群体的弱势地位及由此衍生出的诸多社会问题使其受到了最广泛的关注。相关实证研究多从某一群体的社会融入状况着手,对特定群体社会融入的特征、条件、障碍、过程及后果进行定性或定量的探讨。如田凯(1995)提出流动人口适应城市生活必须具备三方面的基本条件:首先,在城市找到相对稳定的职业;其次,这种职业带来的经济收入与社会地位能够形成一种与当地人接近的生活方式,从而具备与当地人发生社会关系,参与当地社会生活的条件;最后,形成与当地人相同的价值观。朱力(2002)认为在社会融合过程中,经济层面、社会层面和心理文化层面三者是依次递进的,经济层面的适应是立足城市的基础;社会层面是城市生活的进一步要求,反映的是融入城市生活的广度;心理文化层面的适应是属于精神上的,反映的是参与城市生活的深度,只有心理和文化的适应,才是社会融合的完成。任远(2006)从流动人口社会融入的影响因素方面得出四个结论:第一,移民过程中的每一个环节都受到移民社会资本或社会网络的影响;第二,以户籍制度为依托的流动人口管理制度,以及与之相关的社会福利制度对流动人口社会融合有着根本性的影响;第三,教育、培训以及工作经历,是流动人口人力资本积累的重要方式,并促进其社会融合;第四,流动人口在劳动力市场的地位与处境也影响其社会融合的能力。陈伟、任晓军（2009）在对西宁市流动人口城市社会融入调查的基础上，提出制约流动人口社会融入的主要原因是：以户籍制度为核心的城乡二元体制；流入地政府的本位主义；流入地户籍人口的偏见和歧视；社会待遇的不平等；流动人口自身素质和社会适应能力不足。王桂新、罗恩立（2007）通过对上海市外来人口的经济融合、政治融合、社会关系和公共权益融合做定量研究的基础上，得出社会融合是一个复杂的过程，上海市外来农民工的社会融合状况总体有改善，但融合度不高。究其原因，户籍制度是主导性因素，此外，城乡二元结构、政府公共权力和农民自身素质也在不同程度上影响了其社会融合。

二　研究方法及资料的分析

（一）研究方法

甘肃省有 45 个民族成分，世居甘肃的有回、藏、东乡、土、满、裕固、保安、蒙古、撒拉、哈萨克等 10 多个少数民族，其中裕固族、保安族、东乡族是甘肃的独有民族，全省少数民族人口为 227 万多，占全省总人口的 9.4%。[1] 兰州市的少数民族人口共 125247 人，占全市总人口的 3.99%，其中，回族人口最多，共 98362 人。[2] 作为重要交通枢纽以及西北地区人流、物流、信息流的重要集散地，是外来人口流入的主要城市之一。西部开发战略实施之后，兰州市流动人口总量成倍剧增，并呈逐年上升趋势。仅 2000 年全国人口普查资料（甘肃）显示，兰州市流动人口达 56.9 万人，其中来自本省其他市县的人口 18.4 万，来自省外的 9.6 万，其余为市内流动。另据兰州市公安局《2005 年暂住人口统计数据质量分析报告》（［2005］29 号）的数据显示，截至 2005 年 6 月 30 日，兰州市共登记暂住人口141904人。根据近年来的统计数据，兰州市流动人口每年都在以 15% 左右的速度递增，如 2002 年为 83219 人，2003 年为 122701 人，2004 年为 120124 人，2005 年为 141904 人。兰州市流动人口中少数

---

① 国家统计局：《2000 年第五次全国人口普查主要数据公报》《经济研究参考》2001 年第 32 期（总第 1512 期）。

② 甘肃省人口普查办公室编：《甘肃省人口普查资料 2000》，中国统计出版社 2002 年版，第 125 页。

民族人口约 6 万人，大多数是回族和东乡族，他们主要从事建筑维修、清真餐饮、小食品加工、商品零售等行业。在全市少数民族中，回族因悠久的经商传统和较强的商业参与意识，成为兰州市少数民族经济的整体组成部分。①

本研究在兰州市 A 区与 B 区展开实地调查。A 区位于兰州市中南部，区内依山傍水，滔滔黄河从其身旁穿过，南、北两山夹于其间，全区总面积 394.92 平方公里，人口 50.60 万。辖 2 乡 4 镇、9 个街道，居住着汉、回、蒙、东乡等 32 个民族，总人口 50.37 万。国有企业众多，是兰州四个城市核心区之一。B 区是兰州市的中心区，面积 220 平方千米，人口 99.07 万，是全省及兰州的政治、经济、文化、军事中心，是全省和全市的首善之区，是兰州四个城市核心区之一。②

（二）调查对象及调查内容

调查对象为在兰州市外来少数民族务工人员，包括来兰州务工、工作的少数民族人员。

调查内容包括三部分：

第一，外来少数民族务工人员的背景信息，如性别、年龄、民族、文化程度、宗教信仰、户口类型、来兰州时间、家乡所在地等；第二，外来少数民族务工人员在兰州的生活，主要涉及与职业有关的经济方面的问题，如来兰州前、刚来兰州、目前的从业行业，社会保险等；第三，外来少数民族务工人员的对文化和社会融合的生活态度及感受，如居住社区类型、社区评价与其他民族的交往情况、生活感受等。

三　资料的分析

（一）受访者基本信息

此次调查共发放问卷 1116 份，回收 1116 份，有效问卷 1090 份，有效率 97.7%。该问卷仅限于少数民族身份的受访者。

---

① 汤夺先：《西北大城市少数民族流动人口若干特点论析——以甘肃省兰州市为例》，《民族研究》2006 年第 1 期。

② 数据来源：来自区政府网站（http：//www.qilihe.gansu.cn/qqjj.asp）。

从总体看，受访者中男性比女性多；青年人居多，40 岁以下的人占了七成，50 岁以下的人占了九成；已婚的占了七成以上，四分之一的人未婚；从民族成分看，有回族、东乡族、藏族、蒙古族、土族、裕固族、保安族、撒拉族等，其中穆斯林民族（回族、东乡族、保安族、撒拉族）人数最多，超过了九成；受访者的文化程度不一，多数人的文化程度不高，半数以上的人只有小学及以下的文化，初中及初中以下文化的受访者占到了 80.8%，大专以及大专以上文化的仅占 9%；从家乡所在地看，受访者来自甘肃省、青海省、陕西省、新疆维吾尔自治区、内蒙古自治区、宁夏回族自治区、河南省、山东省、湖北省、海南省、辽宁省等 11 个省及自治区，其中来自甘肃省的受访者最多，占总人数的 88.1%，而甘肃籍人员中又以甘肃省临夏市的受访者最多，占到甘肃籍受访者总人数的 85.2%；农村户口的人数占到近七成，来自农村的人数居多；半数的人办理了暂住证，一部分人已经成为本市人口，还有一部分人在兰州没有任何证件；在兰州居住的时间从不到一年至二十年以上长短不一，居住生活三年以内的占到了 31.1%，5 年及 5 年以内的占到 51.5%；大多数家庭为单一民族家庭，占 92.1%。

以下是对受访者基本信息的统计分析。

（1）性别结构

表 1 受访者性别结构

	频率	百分比（%）
男	643	59.0
女	447	41.0
合计	1090	100.0

1090 名受访者中，男性 643 名，占受访者总人数的 59%，女性 447 名，占受访者总人数的 41%；男性的比例高于女性。

（2）年龄结构

受访者的年龄构成如图 1 所示，20 岁以下的占总人数的 14.1%，20 岁至 29 岁的占 32.2%，30 岁至 39 岁的占 24.1%，40 岁至 49 岁的占 19.8%，50 岁至 59 岁的占 6.7%，60 岁至 65 岁的占 1.6%，65 岁以上的占 1.7%，30 岁以下的人占了 46.3%，40 岁以下的人占了 70.4%，50 岁

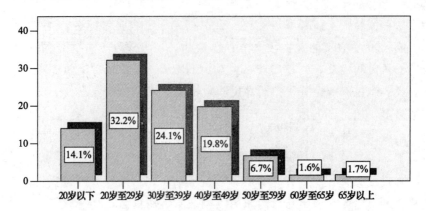

图1　受访者年龄结构图

以下的人占了90.2%，60岁以下的人占了96.9%；受访者年轻人居多，40岁以下的人占了七成。从不同性别看，20岁至29岁，30岁至39岁年龄组的女性比例高于男性。

（3）婚姻状况

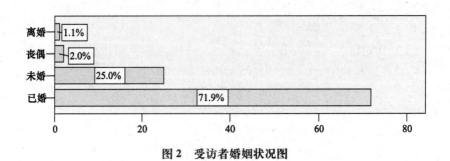

图2　受访者婚姻状况图

受访者中，71.9%的人已婚，25%的人未婚，丧偶的占2%，离婚的占1.1%。已婚人士居多。

（4）民族结构

表2　　　　　　　　　　　　受访者民族结构

民族	频率	百分比（%）
回族	692	63.5

续表

民族	频率	百分比（%）
藏族	36	3.3
东乡族	304	27.9
土族	9	0.8
裕固族	4	0.4
保安族	5	0.5
蒙古族	18	1.7
撒拉族	3	0.3
其他少数民族	19	1.7
合计	1090	100.0

受访者中，回族最多，占总人数的 63.5%；其次是东乡族，占 27.9%；再就是藏族占3.3%，蒙古族占1.7%，土族占0.8%，保安族占 0.5%，裕固族占0.4%，撒拉族占0.3%，其他民族占1.7%。穆斯林民族（回族、东乡族、保安族、撒拉族）占受访者的大多数，超过了九成。可以看出，少数民族流动人口在民族成分上与城市常住少数民族基本保持一致，所占比例也大致吻合，同时说明少数民族人口流动行为受城市中的民族因素影响较大。

（5）宗教信仰

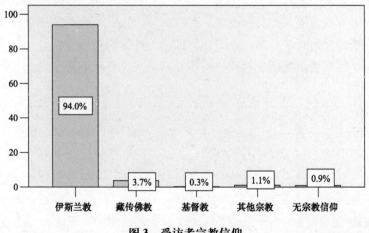

图3　受访者宗教信仰

受访者中，信仰伊斯兰教的占到总人数的94%，还有3.7%的人信仰藏传佛教，0.3%的人信仰基督教，1.1%的人信仰其他宗教，0.9%的人无宗教信仰。由于此次受访的穆斯林民族人数居多，所以受访者中信仰伊斯兰教的人数占了绝大多数。

（6）文化程度

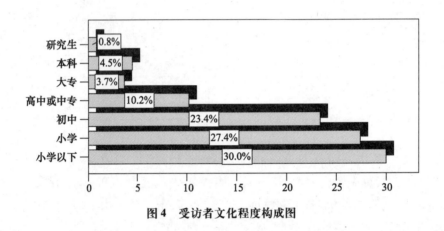

图4　受访者文化程度构成图

受访者中，小学以下文化程度的占总人数的30%，小学文化程度的占27.4%，初中文化程度的占23.4%，高中或中专文化程度的占10.2%，大专文化程度的占3.7%，大学本科的占4.5%，研究生文化程度的占0.8%，小学及小学以下文化的受访者占到了57.4%，初中及初中以下文化的受访者占到了80.8%，高中或中专及以下文化的受访者占到了91%。受访者中多数人的文化程度不高，半数以上的人只有小学及小学以下的文化。从不同性别看，小学以下文化程度的女性比例高于男性，小学和初中文化程度的男性比例高于女性，高中及以上文化程度的男女比例没有明显差异。

（7）家乡所在地

接受问卷调查的受访者来自甘肃省、青海省、陕西省、新疆维吾尔自治区、内蒙古自治区、宁夏回族自治区、河南省、山东省、湖北省、海南省、辽宁省等11个省及自治区，其中来自甘肃省的受访者最多，占总人数的88.1%，其次是来自青海省的受访者，占总人数的5.3%，来自新疆的占2.3%，宁夏的占1.5%，内蒙古的占1.1%，另有来自陕西省、河南省、山东省、湖北省、海南省、辽宁省的合计占1.8%。来

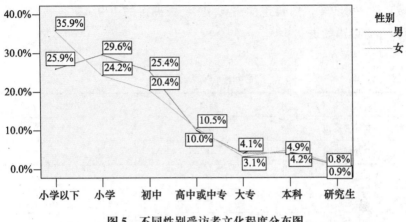

图5　不同性别受访者文化程度分布图

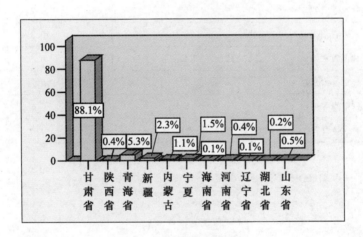

图6　受访者家乡地

自甘肃本省兰州市以外的少数民族最多，达到八成以上，再就是青海、新疆、宁夏、内蒙古等邻近甘肃省的省份有一些外来少数民族人员。可以认为，兰州市少数民族人口的来源在很大程度上受地理距离的影响，主要来自省内外距离兰州市较近的西北民族地区，还有来自东北、西南、中南、东南民族地区者。

调查地兰州市是甘肃省的省会，来兰州市的甘肃籍人员较多，占到总人数的八成以上，下表是对来自甘肃省其他市的受访者的统计，其中来自甘肃省临夏市的受访者最多，占到甘肃籍受访者总人数的85.2%，甘南州的占 2%,天水市的占 5.5%,定西市的占 1.6%,平凉市的占 2.2%,武威市的占 0.9%,白银市的占 0.8%,张掖市的占 0.4%,酒泉市的占 0.7%,陇南市的占 0.6%。

表 3   **受访者的家乡所在地**

	频次	百分比（%）
甘肃省临夏市	816	85.2
甘肃省甘南州	19	2.0
甘肃省天水市	53	5.5
甘肃省定西市	15	1.6
甘肃省平凉市	21	2.2
甘肃省武威市	9	0.9
甘肃省白银市	8	0.8
甘肃省张掖市	4	0.4
甘肃省酒泉市	7	0.7
甘肃省陇南市	6	0.6
合计	958	100.0

(8) 户口类型

表 4   **受访者户口类型**

	频次	百分比（%）	有效百分比（%）
农村户口	760	69.7	71.3
城市户口	306	28.1	28.7
合计	1066	97.8	100.0
缺失值	24	2.2	
合计	1090	100.0	

    在受访者中,农村户口的人占总人数的 69.7%,城市户口的占 28.1%,另有 2.2% 的人缺失。农村户口的人数占多数,这意味着来自农

村的人数居多。

（9）居民证件

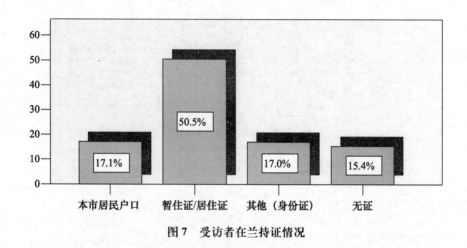

图7　受访者在兰持证情况

在兰人员所持有的居民证件包括本市居民户口、暂住证/居住证、居民身份证，也有无证人员。在1090名受访者中，除去62名（5.7%）缺失，17.1%的人持有本市居民户口、50.5%的人持有暂住证/居住证（兰州市从2011年4月1日起对流动人口实行居住登记和居住证制度，调查时很多受访者对于暂住证和居住证的区别还不是很清楚，就用以办理暂住证为提问方式），17%的人持有居民身份证，还有15.4%的人没有办理任何证件。受访的在兰少数民族人员中，流动人口占一定比例，至少半数，一部分人已经成为本市人口，也有一部分人在兰州没有任何身份证件。

（10）在兰居住年限

受访者在兰州居住的时间长短不一，有的一年不到，有的长达20年以上，就统计情况看，在兰州居住不到一年的占受访者总人数的12%，1—2年的占19.2%，3—5年的占20.4%，6—10年的占21.3%，11—20年的占19.7%，20年以上的占7.4%，在兰州生活三年以内的占到了31.2%，5年及5年以内的占到51.6%，10年及10年以内的占72.9%。

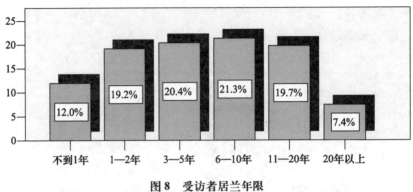

图 8　受访者居兰年限

（11）在兰生活家人数

表 5　　　　　　　　　在兰一起生活家人数（不包括本人）

	频率	百分比（%）	有效百分比（%）	累积百分比（%）
0	186	17.1	17.1	17.1
1	103	9.4	9.5	26.6
2	199	18.3	18.3	44.9
3	246	22.6	22.7	67.6
4	141	12.9	13.0	80.6
5	107	9.8	9.9	90.4
6	43	3.9	4.0	94.4
7	26	2.4	2.4	96.8
8	18	1.7	1.7	98.4
9	6	0.6	0.6	99.0
10	3	0.3	0.3	99.3
11	3	0.3	0.3	99.5
13	5	0.5	0.5	100.0
合计	1086	99.8	100.0	
缺失值	4	0.4		
合计	1090	100.0		

　　与受访者来兰州一起生活的家人数不等，有的是自己一个人在兰州，有的是举家一起在兰州生活。从表 5 可以看出，自己一个人在兰州生活的占受访者总人数的 17.1%，与一个家人生活的占 9.5%，与两个家人生活的占 18.3%，与三个家人生活的占 22.7%。

表6 在兰一起生活家人成年人数（不包括本人）

	频率	百分比（%）	有效百分比（%）	累积百分比（%）
0	199	18.3	18.4	18.4
1	341	31.3	31.5	49.8
2	204	18.7	18.8	68.6
3	165	15.1	15.2	83.9
4	91	8.3	8.4	92.3
5	46	4.2	4.2	96.5
6	24	2.2	2.2	98.7
7	6	0.6	0.6	99.3
8	5	0.5	0.5	99.7
9	2	0.2	0.2	99.9
12	1	0.1	0.1	100.0
合计	1084	99.5	100.0	
缺失值	6	0.6		
合计	1090	100.0		

对在兰州一起生活的家人成年人数的统计看，除了自己以外成年家人数为零的占受访者总人数的18.4%，除了自己以外成年家人数为1的占受访者总人数的31.5%，除了自己以外成年家人数为2的占受访者总人数的18.8%，除了自己以外成年家人数为3的占受访者总人数的15.2%。

（12）家庭民族构成

在受访者中，家庭为单一民族的占总人数92.1%，两个民族的占7.1%，多民族的仅占0.8%。大多数家庭为单一民族。

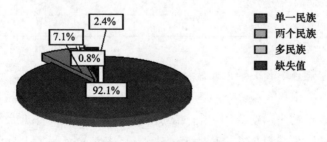

图9 受访者家庭民族构成

2. 职业情况

(1) 职业分布

表7　　　受访者来兰州前、刚到兰州、目前在兰的工作行业统计

	频率			百分比（%）			有效百分比（%）			累积百分比（%）		
	之前	刚到	目前	之前	刚到	目前	之前	刚到	目前	之前	刚到	目前
饮食服务业	182	463	539	16.7	42.5	49.4	16.8	43.4	50.9	16.8	43.4	50.9
娱乐服务业	3	12	14	0.3	1.1	1.3	0.3	1.1	1.3	17.1	44.5	52.2
宾馆服务业	4	9	12	0.4	0.8	1.1	0.4	0.8	1.1	17.5	45.3	53.4
出租车服务业	5	7	9	0.5	0.6	0.8	0.5	0.7	0.8	17.9	46.0	54.2
家庭服务业	8	13	8	0.7	1.2	0.7	0.7	1.2	0.8	18.7	47.2	55.0
房地产业	6	5	12	0.6	0.5	1.1	0.6	0.5	1.1	19.2	47.7	56.1
商业贸易	59	84	141	5.4	7.7	12.9	5.5	7.9	13.3	24.7	55.5	69.4
电信通信业	2	3	6	0.2	0.3	0.6	0.2	0.3	0.6	24.9	55.8	70.0
交通运输业	16	17	15	1.5	1.6	1.4	1.5	1.6	1.4	26.3	57.4	71.4
建筑业	35	54	37	3.2	5.0	3.4	3.2	5.1	3.5	29.6	62.5	74.9
生产制造业	14	12	5	1.3	1.1	0.5	1.3	1.1	0.5	30.9	63.6	75.4
美容美发业	7	8	7	0.6	0.7	0.6	0.7	0.7	0.7	31.5	64.3	76.0
中介公司	4	5	9	0.4	0.5	0.8	0.4	0.5	0.8	31.9	64.8	76.9
政府机关	7	8	10	0.6	0.7	0.9	0.6	0.7	0.9	32.5	65.5	77.8
文教卫生	24	42	46	2.2	3.9	4.2	2.2	3.9	4.3	34.8	69.5	82.2
不在业	311	125	55	28.5	11.5	5.0	28.7	11.7	5.2	63.5	81.2	87.3
其他	395	201	134	36.2	18.4	12.3	36.5	18.8	12.7	100.0		
合计	1082	1068	1059	99.3	98.0	97.2	100.0					
缺失值	8	22	31	0.7	2.0	2.8						
合计	1090	1090			•							

在问卷调查中，关于工作的行业分别有：饮食服务业、娱乐服务业、宾馆服务业、出租车服务业、家庭服务业、房地产业、商业贸易、电信通信业、交通运输业、建筑业、生产制造业、美容美发业、中介公司、政府机关、文教卫生、不在业、其他等17项，上表对来兰州的少数民族受访者的工作情况做了统计，分为来兰州之前、刚来兰州和目前的工作情况。

受访者来兰州之前的工作情况主要集中于其他和不在业两类，这两项的比例为 64.7%，其他主要是从事农业生产和所列行业中没有的，不在业主要是对应求学的学生、家庭主妇以及无业人员、退休人员，其次集中于服务业，所占比例为 18.7%。受访者刚来兰州时的工作情况主要集中于服务业（47.2%）尤其是饮食服务业，所占比例为 43.4%，其余行业比较分散，同时其他行业和不在业的人员还占一定比例。受访者目前在兰州的工作情况主要还是集中于服务业，所占比例达到 55%，尤其是饮食服务业，所占比例为 49.4%，其次集中于商业贸易和其他两类，其余行业比较分散。可以看出，来兰州的少数民族人员在兰州的就业情况随着时间的推移在各个行业就业的人数逐渐发生变化，而服务业和商业是目前从事的主要行业。

从职业分类看，受访者认为自己是各类专业技术人员的占总人数的 3.2%，是国家机关、党群组织及企事业单位管理人员的占 1.7%，是各类机构、组织、企事业单位员工的占 1.2%，是各类机构、组织、企事业单位合同工或临时工的占 0.3%，是商业管理人员的占 5.7%，是商业工作人员的占 33.3%，是商业部门合同工或临时工的占 2.7%，是服务业管理人员或老板的占 9.0%，是服务业合同工或临时工的占 29.7%，是生产、运输、建筑业体力劳动者的占 5.2%，其他人员的占 8.1%。总体来看，受访者为是商业工作者的比例最大，其次是服务业工作者。

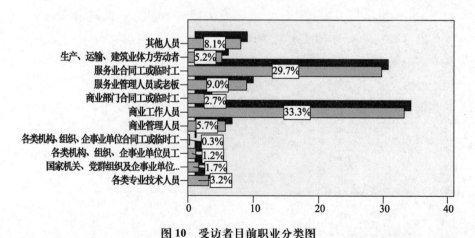

图 10　受访者目前职业分类图

（2）工作情况

对于受访者目前的工作情况在问卷中分为：为他人工作（或受雇于他人）、为自己工作且没有招聘工人、为自己工作且招聘工人等三种情况。事实上，在调查过程中，有的受访者认为自己的工作情况既不是为他人工作（或受雇于他人）也不是为自己工作。总体看，受访者认为自己为他人工作的占总人数的44.5%，为自己工作且没有招聘工人的占42%，为自己工作且有招聘工人的占7.2%，没有工作、已退休、认为自己不是为他人工作也不是为自己工作的占6.1%。

①为他人工作（或受雇于他人）

表8 为他人工作（或受雇于他人）情况统计

	频率	有效百分比（%）
是	472	44.5
否	589	55.5
合计	1061	100.0

受访者认为自己是为他人工作（或受雇于他人）的占总数的44.5%，认为不是的占55.5%。同时，问卷中涉及领导或老板、同事、工作或服务对象的民族构成情况，数据显示，老板或领导的民族是回族的占总人数的56.2%，所占比例最大，其次是汉族，占23.1%，再就是东乡族；占17.5%。同事的主要民族中，回族占总人数的54.3%，汉族占22.8%，东乡族占18.8%；同事的次要民族中，回族占总人数的42.9%，汉族占26%，东乡族占19.5%。工作或服务对象的主要民族中，汉族占49%，回族占总人数的37.4%，东乡族占6.1%，说不清的占6.1%；工作或服务对象的次要民族中，回族占总人数的45.3%，汉族占29.6%，东乡族占10.3%，说不清的占9.2%。

表9 老板或领导的民族构成

	频率	有效百分比（%）	累积百分比（%）
回族	263	56.2	56.2
藏族	3	0.6	56.8

	频率	有效百分比（%）	累积百分比（%）
东乡族	82	17.5	74.4
蒙古族	3	0.6	75.0
其他少数民族	3	0.6	75.6
汉族	108	23.1	98.7
说不清	6	1.3	100.0
合计	468	100.0	

表 10　　　　　　　　　　同事中主要的民族构成

	频率	有效百分比（%）	累积百分比（%）
回族	248	54.3	54.3
藏族	1	0.2	54.5
东乡族	86	18.8	73.3
蒙古族	5	1.1	74.4
其他少数民族	1	0.2	74.6
汉族	104	22.8	97.4
说不清	12	2.6	100.0
合计	457	100.0	

表 11　　　　　　　　　　同事中次要的民族构成

	频率	有效百分比（%）	累积百分比（%）
回族	185	42.9	42.9
藏族	13	3.0	45.9
东乡族	84	19.5	65.4
土族	1	0.2	65.7
保安族	3	0.7	66.4
蒙古族	6	1.4	67.7
其他少数民族	6	1.4	69.1
汉族	112	26.0	95.1
说不清	21	4.9	100.0
合计	431	100.0	

表 12   服务对象中主要的民族构成

	频率	有效百分比（%）	累积百分比（%）
回族	171	37.4	37.4
藏族	1	0.2	37.6
东乡族	28	6.1	43.8
其他少数民族	5	1.1	44.9
汉族	224	49.0	93.9
说不清	28	6.1	100.0
合计	457	100.0	

表 13   服务对象中次要的民族构成

	频率	有效百分比（%）	累积百分比（%）
回族	202	45.3	45.3
藏族	6	1.3	46.6
东乡族	46	10.3	57.0
保安族	2	0.4	57.4
蒙古族	8	1.8	59.2
其他少数民族	9	2.0	61.2
汉族	132	29.6	90.8
说不清	41	9.2	100.0
合计	446	100.0	

②为自己工作且没有招聘工人

表 14   为自己工作且没有招聘工人的情况

	频率	有效百分比（%）
是	446	42.0
否	615	58.0
合计	1061	100.0

　　受访者为自己工作且没有招聘工人的占总数的 42% ，认为不是的占 58% 。数据显示，工作或服务对象的主要民族中，汉族占 46% ，回族占总人数的 35.1% ，东乡族占 6.5% ，说不清的占 10.2% ；工作或服务对象的次要民族中，回族占总人数的 44.8% ，汉族占 25.6% ，东乡族占 10.3% ，说不清的占 13.1% 。

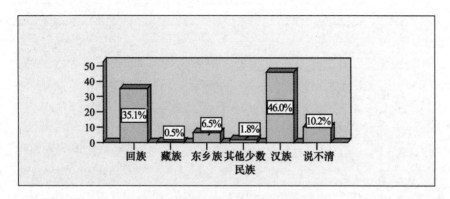

图 11　服务对象中主要民族构成

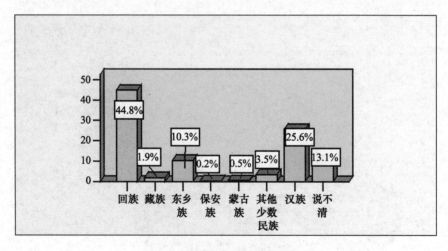

图 12　服务对象中次要民族构成

③为自己工作且招聘工人

表15 为自己工作且有招聘工人的情况

	频率	有效百分比（%）
是	76	7.2
否	985	92.8
合计	1061	100.0

受访者为自己工作且有招聘工人的占总数的 7.2%，认为不是的占
92.8%。问卷还涉及招聘工人数量、招聘工人的主要民族和次要民族、工
作或服务对象的民族构成情况，数据显示，招聘工人的人数，5 人及以下
占 59.2%，6 至 10 人的占 27.6%，11 至 20 人的占 3.9%，21 至 30 人的
占 2.6%，30 人以上的占 6.6%。招聘工人的主要民族中，回族占
57.9%，东乡族占 27.6%，汉族占 10.5%；招聘工人的次要民族中，回
族占 32.3%，东乡族占 24.6%，汉族占 20%，说不清的占 12.3%。工作
或服务对象的主要民族中，汉族占 42.7%，回族占 36%，东乡族占
12%，说不清的占 5.3%，其他民族占 4%；工作或服务对象的次要民族
中，回族占 47.95%，汉族占 31.51%，东乡族占 5.48%，说不清的占
8.22%，其他民族占 5.48%。

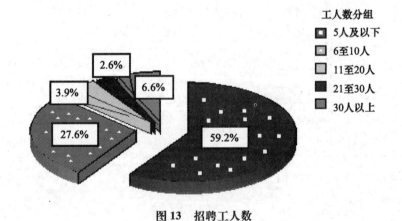

图13 招聘工人数

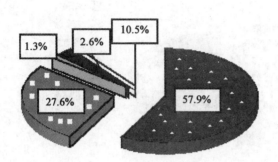

图 14　招聘工人的主要民族

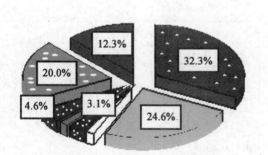

图 15　招聘工人的次要民族

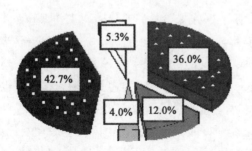

图 16　服务对象的主要民族

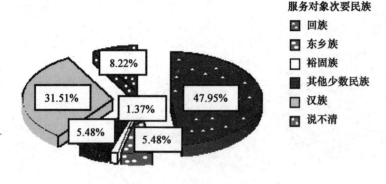

图 17 服务对象的次要民族

（3）社会保险

表 16   五险一金情况

	有		无		不清楚		缺失		合计
	人数	百分比（%）	人数	百分比（%）	人数	百分比（%）	人数	百分比（%）	
1. 养老保险	141	12.9	938	86.1	1	0.1	10	0.9	1090
2. 医疗保险	483	44.3	594	54.5	6	0.6	7	0.6	1090
3. 失业保险	57	5.2	1018	93.4	5	0.5	10	0.9	1090
4. 工伤保险	63	5.8	1014	93.0	9	0.8	4	0.4	1090
5. 生育保险	36	3.3	946	88.4	8	0.7	82	7.5	1072
6. 住房公积金	74	6.8	1006	92.3	4	0.4	6	0.6	1090

　　五险一金包括：养老保险、医疗保险、失业保险、工伤保险、生育保险和住房公积金，五险属于社会保险的主要项目，上表显示了受访者五险一金的拥有情况，有养老保险的占总人数的 12.9%，有医疗保险的占44.3%，有失业保险的占 5.2%，有工伤保险的占 5.8%，有生育保险的占 3.3%，有公积金的占 6.8%，五险一金，除了医疗保险的拥有率高一些，其他四险和公积金的拥有率很低。目前，在中国存在城乡二元体制，由于户口类型不同，能够享有的社会保障不一样，进城务工的流动人口拥有社会保险的情况比较复杂，一般拥有农村户口的人员会加入农村新医保，此次统计的参加医疗保险相对其他保险的比例要高，就是由于受访者

中农村人口较多；其他保险在工作中体现得不强，一方面与部分人员不清楚现在社会保险项目的具体内容和办理程序及要求有关；另一个方面与目前务工的单位有没有、如何给应聘工作人员尤其是外来务工的流动人员提供社会保险有关。在调查中，企事业单位工作人员中存在对社会保险项目不了解的情况，外来务工人员对社会保险也是知之甚少。这在五险一金的支付调查中也有体现，有的受访者不清楚具体的支付比例，只能按照自己的主观判断来选择。

对于拥有五险一金的受访者，五险一金的支付情况如下，养老保险完全由自己支付的比例最高，占 36.9%，其次是自己支付一小部分，占31.9%，完全由单位支付的占 11.3%；医疗保险完全由自己支付的比例最高，占 49.1%，其次是自己支付一小部分，占 22.4%，完全由单位支付的占 5%，不清楚支付情况的占 9.4%；失业保险自己支付一小部分的比例最高，占 54.4%，其次是完全由自己支付，占 12.3%，完全由单位支付的占 10.5%，不清楚支付情况的占 10.5%；工伤保险完全由单位支付的比例最高，占 38.1%，其次是自己支付一小部分，占 30.2%，完全由自己支付的占 11.1%；生育保险完全由单位支付的比例最高，占 38.9%，其次是自己支付一小部分，占 27.8%，完全由自己支付的占 19.4%；公积金自己支付一半的比例最高，占 36.5%，其次是自己支付一小部分，占 33.8%，完全由自己支付的占 13.5%。

表 17　　　　　　　　　　　　养老保险支付情况

	频率	有效百分比（%）	累积百分比（%）
完全由自己支付	52	36.9	36.9
自己支付一半以上	9	6.4	43.3
自己支付一半	8	5.7	48.9
自己支付一小部分	45	31.9	80.9
完全由单位支付	16	11.3	92.2
不清楚	11	7.8	100.0
合计	141	100.0	

表 18   医疗保险支付情况

	频率	有效百分比（%）	累积百分比（%）
完全由自己支付	237	49.1	49.1
自己支付一半以上	24	5.0	54.0
自己支付一半	44	9.1	63.1
自己支付一小部分	108	22.4	85.5
完全由单位支付	24	5.0	90.5
不清楚	46	9.4	100.0
合计	483	100.0	

表 19   失业保险支付情况

	频率	有效百分比（%）	累积百分比（%）
完全由自己支付	7	12.3	12.3
自己支付一半以上	5	8.8	21.1
自己支付一半	7	3.5	24.6
自己支付一小部分	31	54.4	78.9
完全由单位支付	6	10.5	89.5
不清楚	6	10.5	100.0
合计	62	100.0	

表 20   工伤保险支付情况

	频率	有效百分比（%）	累积百分比（%）
完全由自己支付	7	11.1	11.1
自己支付一半以上	4	6.3	17.5
自己支付一半	5	7.9	25.4
自己支付一小部分	19	30.2	55.6
完全由单位支付	24	38.1	93.7
不清楚	4	6.3	100.0
合计	63	100.0	

表 21　　　　　　　　　　　生育保险支付情况

	频率	有效百分比（%）	累积百分比（%）
完全由自己支付	7	19.4	19.4
自己支付一半以上	1	2.8	22.2
自己支付一半	1	2.8	25.0
自己支付一小部分	10	27.8	52.8
完全由单位支付	14	38.9	91.7
不清楚	3	8.3	100.0
合计	36	100.0	

表 22　　　　　　　　　　　住房公积金支付情况

	频率	有效百分比（%）	累积百分比（%）
完全由自己支付	10	13.5	13.5
自己支付一半以上	4	5.4	18.9
自己支付一半	27	36.5	55.4
自己支付一小部分	25	33.8	89.2
完全由单位支付	6	8.1	97.3
不清楚	2	2.7	100.0
合计	74	100.0	

3. 社会生活

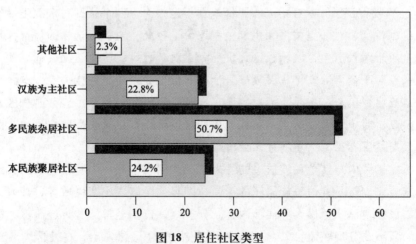

图 18　居住社区类型

　　受访者均为少数民族人员,居住在不同的社区,其中居住在多民族杂居社区的人最多,所占比例为50.7%,其次是本民族聚居区,占24.2%,再就是汉族为主社区,占22.8%,还有2.3%的人住在其他社区。

　　对于社区的评价,问卷中设计了医疗卫生、教育设施、社会治安、民族关系、邻里关系、宗教生活和社区选举等七项内容。分五级评价:非常满意、比较满意、一般、不满意、非常不满意,分别赋值:5、4、3、2、1,由于有不了解社区情况存在,添加一项"不清楚"(0)。从表23可以看出,对社区的七项内容评价,最高的是宗教生活,其次是邻里关系和民族关系,再就是医疗卫生和社会治安,教育设施一般,社区选举评价最低。

表23　　　　　　　　　　　　社区评价表

	非常满意	比较满意	一般	不满意	非常不满意	不清楚	缺失	合计	均值
1. 医疗卫生	6.7%	33.5%	41.5%	10.6%	3.9%	3.5%	0.5%	1090	3.18
2. 教育设施	5.4%	34.1%	38.5%	10.8%	2.4%	7.7%	1.0%	1090	3.06
3. 社会治安	6.1%	35.9%	35.9%	13.4%	5.5%	2.8%	0.5%	1090	3.16
4. 民族关系	20.6%	49.6%	24.1%	2.1%	0.6%	2.5%	0.5%	1090	3.80
5. 邻里关系	22.8%	48.0%	23.1%	2.7%	0.3%	2.6%	0.6%	1090	3.83
6. 宗教生活	31.8%	39.8%	21.4%	3.2%	0.3%	3.1%	0.4%	1090	3.91
7. 社区选举	2.9%	12.5%	38.6%	11.3%	4.3%	28.3%	2.0%	1090	2.12

　　不同社区受访者对社区的评价差别不是很大,四个社区对宗教生活的评价都较高,对邻里关系和民族关系评价也较高,对社区选举的评价都较低;对于医疗卫生,汉族社区评价最高;对于教育设施也是汉族社区评价最高;对于社会治安,本民族聚居社区评价最高;对于民族关系,本民族聚居社区评价最高;对于邻里关系,本民族聚居社区和多民族杂居社区评价最高;对于宗教生活,本民族聚居社区评价最高;对于社区选举,本民族聚居社区和汉族为主的社区评价最高。

　　在社区内与其他民族居民的往来情况,问卷中设计了聊天、帮助其他民族居民、接受其他民族居民的帮助、到其他民族居民家里做客、其他民族居民到自己家里做客等四项内容。分五级评价:经常、有时、偶尔、极少、从不,分别赋值:5、4、3、2、1。从表24可以看出,在社区内与其

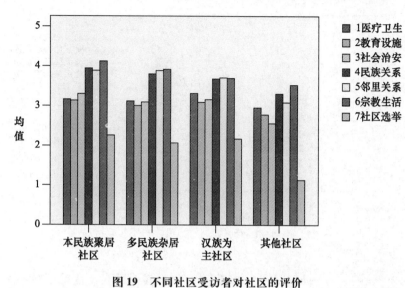

图 19 不同社区受访者对社区的评价

他民族居民的往来中，聊天的频次最高，其次是帮助别人，再就是接受帮助，第四是请人来家做客，去别人家做客的频次最低。这也比较符合社会交往中距离原则。

表 24　　　　　　　　　　社区内与其他民族居民往来情况

	经常	有时	偶尔	极少	从不	缺失	合计	均值
1. 聊天	32.5%	22.7%	19.5%	15.6%	9.1%	0.7%	1090	3.54
2. 帮助别人	12.2%	28.2%	26.0%	18.7%	13.6%	1.4%	1090	3.07
3. 接受帮助	7.9%	25.4%	24.7%	22.0%	19.1%	0.9%	1090	2.81
4. 去别人家做客	5.0%	13.9%	21.7%	27.9%	30.4%	1.2%	1090	2.35
5. 请人来家做客	6.0%	15.2%	23.2%	27.8%	26.7%	1.1%	1090	2.45

不同社区受访者在社区内与其他民族居民的往来情况差异不大（见图 20），在四个社区中四项往来状况的频次都是汉族为主的社区最高，其他社区的往来状况的频次低于本民族聚居社区、多民族杂居社区。

对于与其他民族交往是否有困难，困难的主要原因有哪些，问卷统计的结果如下：60.6% 的受访者认为自己与其他民族人交往没有困难，12.7% 的人认为不太困难，10.6% 的人觉得一般，13.1% 的人认为有点困

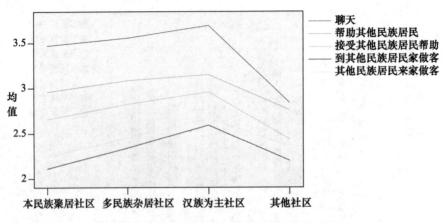

图20　不同社区受访者与其他民族居民往来情况

难，2.2% 的人觉得非常困难。多数人认为与其他民族交往是不难的。与其他少数民族交往困难的原因，从统计情况看，480 人合计做了 658 次的选择，其中风俗习惯差异占了 32.7%，宗教信仰差异占了 27.4%，语言障碍占了 25.5%，民族隔阂占了 7.3%，其他占了 7.1%。

表25 　　　　　　　　　与其他民族人交往困难度

	频率	百分比（%）	有效百分比（%）	累积百分比（%）
非常困难	24	2.2	2.2	2.2
有点困难	143	13.1	13.2	15.5
一般	115	10.6	10.6	26.1
不太困难	138	12.7	12.8	38.9
没有困难	660	60.6	61.1	100.0
合计	1080	99.2	100.0	
缺失值	10	0.9		
合计	1090	100.0		

表26 　　　　　　　　　交往困难原因统计

困难原因	频次	百分比（%）	有效百分比（%）
1. 语言障碍	168	25.5%	35.0%
2. 宗教信仰差异	180	27.4%	37.5%

续表

困难原因	频次	百分比（%）	有效百分比（%）
3. 民族隔阂	48	7.3%	10.0%
4. 风俗习惯差异	215	32.7%	44.8%
5. 其他	47	7.1%	9.8%
合计	658	100.0%	137.1%

  对于不同民族通婚的态度，调查结果显示，反对的人占 34.9%，赞成的人占 18.2%，持无所谓态度的占 23.7%，还有 23.3% 的人视情况而定。从不同性别看，女性反对的比例（40.3%）高于男性反对的比例（31.1%），男性赞成的比例（20.3%）高于女性赞成的比例（15.2%）。从不同民族看，穆斯林民族（回族、东乡族、保安族、撒拉族）反对的比例高于非穆斯林民族反对的比例，非穆斯林民族赞成的比例高于穆斯林民族赞成的比例。从不同文化程度看，文化程度越高的人反对的比例越低，文化程度越低的人反对的比例越高，也就是说文化程度越高的人赞成的比例越高，文化程度越低的人赞成的比例越低。

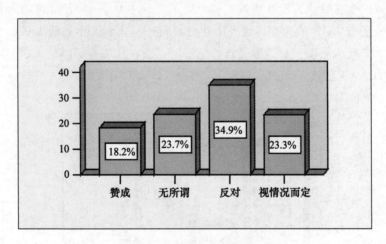

图 21　对不同民族通婚的态度

  "过去 3 年是否因少数民族身份受到过歧视"，调查结果显示，80.8% 的受访者选择了"没有"，还有 19.2% 的人认为受到过歧视。而歧视发生的场合，26.2% 发生在公共场所，24.2% 发生在求职时，20% 发生在工作和生意中,6.2%发生在职位提升时,8.1%发生在子女教育中,6.5%发生在看病就医时,还有8.8%发生在其他场合。

表27　　　　　　　　　　歧视发生场合

	频次	百分比（%）	有效百分比（%）
发生在公共场所	68	26.2%	33.3%
求职时	63	24.2%	30.9%
工作和生意中	52	20.0%	25.5%
职位提升时	16	6.2%	7.8%
子女教育中	21	8.1%	10.3%
看病就医时	17	6.5%	8.3%
其他	23	8.8%	11.3%
合计	260	100.0%	127.5%

"少数民族人口迁入城镇对少数民族的影响如何?",调查结果显示,47.1%的受访者认为没有影响,42.1%的受访者认为有利,8%的人认为无利,还有2.8%的人觉得说不清楚是有利还是无利。半数的人认为少数民族人口迁入城镇会对少数民族产生影响,而在认为有影响的人中,多数人认为这种影响是有利的。

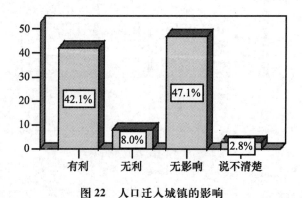

图22　人口迁入城镇的影响

就业和受教育机会是来兰少数民族人员需要面对的情况，与本地人、与外来非少数民族相比，就业机会、子女受教育情况如何呢？调查结果显示，外来少数民族就业机会与本地人比，47.2%的受访者认为机会更少，42.3%的人认为一样，7.0%的人认为更多，2.3%的人不清楚，还缺失1.3%。外来少数民族就业机会与外来非少数民族比，62.5%的受访者认为机会一样，22.6%的人认为更少，9.4%的人认为更多，4.1%的人不清楚，缺失1.4%。外来少数民族孩子受教育机会与本地人比，46.2%的受访者认为机会一样，25.7%的人认为更少，16.1%的人不清楚，4.4%的人认为更多，缺失7.5%。外来少数民族孩子受教育机会与外来非少数民族比，55.0%的受访者认为机会一样，14.8%的人认为更少，17.2%的人不清楚，5.6%的人认为更多，缺失7.5%。

表28　　　　　　　　就业机会、孩子受教育机会比较

	更多	一样	更少	不清楚	缺失	合计
1 就业机会与本地人比	7.0%	42.3%	47.2%	2.3%	1.3%	1090
2 就业机会与外来非少数民族相比	9.4%	62.5%	22.6%	4.1%	1.4%	1090
3 孩子受教育机会与本地人相比	4.4%	46.2%	25.7%	16.1%	7.5%	1090
4 孩子受教育机会与外来非少数民族相比	5.6%	55.0%	14.8%	17.2%	7.5%	1090

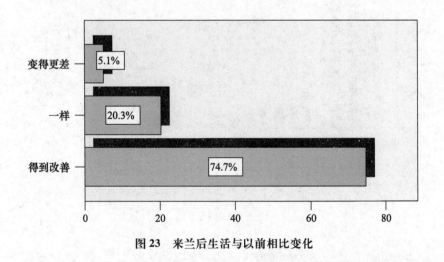

图23　来兰后生活与以前相比变化

来兰州后，生活相比以前，74.7%的受访者觉得自己的生活得到了改

善，20.3%人认为一样，还有5.1%的人认为变得更差了。

对于未来3年生活的变化，74%的受访者认为会变得更好，17.8%的人认为一样，3.3%的人认为会变得更差，还有4.9%的人没有办法预测未来生活变化。大部分人对于未来的生活充满希望，认为会更好。从不同文化程度看，随着文化程度的提高，认为未来生活更好的比例呈上升趋势。

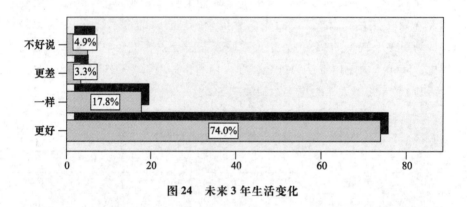

图24　未来3年生活变化

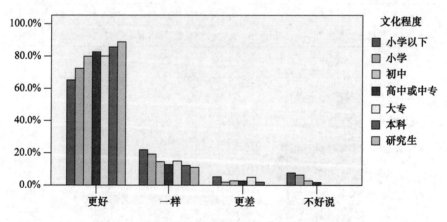

图25　不同文化程度受访者对未来生活变化预想

四　总结

兰州市存在着外来少数民族人口相对熟悉的民族文化环境，他们可充分利用民族身份、民族文化的同质性，在民族特色经营行业实现创业或就业，民族文化一致性成为其从业的基本保证，从业与民族身份、民族习惯结合起来，形成了择业上的鲜明民族性与就业上的相对集中性。兰州市外来少数民族人口的从业范围以商业与餐饮服务业为主。由于兰州市穆斯林较多，顺应民族习惯，他们多选择清真食品行业，职业分布相当集中，民族色彩非常鲜明。目前，仅兰州市的清真大饼店就有 1000 家左右，经营者多来自东乡、临夏、康乐、广河、张家川等地。少数民族依托民族文化从业还形成规模经济，像 A 区小西湖清真食品一条街，是由来自临夏、天水、平凉的回族、东乡族商人和打工者，通过开办富有民族特色的风味小吃如"东乡手抓"、"靖远羊羔肉"、"河州包子"、"牛肉拉面"等创建的。另外，少数民族流动人口还以固定店面或流动摊点形式销售民族特色产品，如甘肃保安族的保安刀，青海藏族的冬虫夏草、首饰银器，新疆的干果、玉器等。同时，来兰州的少数民族从业就业情况也经历着变动。此次调查显示，来兰州之前的就业主要集中于其他和不在业两类，这两项的比例达到 64.7%，其次集中于服务业，所占比例为 18.7%，分布在其余行业的不到 20%。受访者刚来兰州时的就业分布主要集中于服务业（47.2%）尤其是饮食服务业，所占比例为 43.4%，其余行业比较分散，同时其他行业和不在业的人员还占 29.9%。受访者目前在兰州的就业主要还是集中于服务业，所占比例达到 55%，尤其是饮食服务业，所占比例为 49.4%，其次集中于商业贸易和其他两类，其余行业比较分散。可以看出，来兰州的少数民族人员在兰州的就业情况随着时间的推移在各个行业就业的人数逐渐发生变化，呈现上升的趋势，而服务业和商业是目前从事的主要行业，不在业的比例由之前的 28.5% 下降到 5%。从总体看，外来少数民族人员在兰州的就业情况比较乐观，部分人依托民族身份与民族文化可以在民族特色行业实现就业，还有部分人在大众行业从事文化要求不高、科技含量较低、待遇较差、保障较少的体力消耗型低收入工作，如建筑业、维修业、装卸搬运业、拆迁业、个体运输业、个体商贸业等。

我们也可以看到，由于外来人员大部分文化程度不是很高，他们获得的工作层次一般不高。不同文化程度的人其职业有所差别，具有大专及以上文化程度的人多为各类专业技术人员、国家机关、党群组织及企事业单位管理人员以及各类机构、组织、企事业单位员工，小学以及小学以下文化程度的人多是商业工作人员（主要是个体经商户和聘请店员）服务业合同工或临时工、生产、运输、建筑业体力劳动者。商业管理人员、服务业管理人员或老板中,各种文化程度的人都有,但多集中于 30 岁以上的人,成为管理人员需要一定的工作经验,而年轻人往往缺乏,所以年龄也在一定程度上体现出价值。

受访者中,养老保险、医疗保险、失业保险、工伤保险、生育保险和住房公积金等社会保险主要项目的参保率不高,有养老保险的占总人数的12.9%,有医疗保险的占 44.3%,有失业保险的占 5.2%,有工伤保险的占 5.8%,有生育保险的占 3.3%,有公积金的占 6.8%,中国的城乡二元体制,能够享有的社会保障不一样,进城务工的流动人口的拥有社会保险的情况比较复杂,一般拥有农村户口的人员会加入农村新医保,此次调查中参加医疗保险,对于农村户口的人来说大部分参加了农村新医保。由于种种原因,如是否清楚现在社会保险项目的具体内容和办理程序及要求,目前工作/务工的单位/企业有没有、如何给应聘工作人员尤其是外来务工的流动人员提供社会保险等,都影响着受访者对社会保险的应答。但仍可以从总体上,看出来兰州务工的流动人口享受的城市社会保障很有限。兰州市特有的民族文化环境吸引着少数民族人口的流入,熟悉的民族文化环境更有利于少数民族人口适应和融入当地的社会生活。

参考文献

[1] 陈伟、任晓军:《西宁市流动人口的调查与城市社会融合问题研究》,《西北人口》2009 年第 5 期。

[2] 黄匡时、嘎日达:《社会融合理论研究综述》,《新视野》2010 年第 6 期。

[3] 王桂新、罗恩立:《上海市外来农民工社会融合现状调查研究》,《华东理工大学学报》(社会科学版)2007 年第 3 期。

[4] 任远、邬民乐:《城市流动人口的社会融合:文献述评》,《人口研究》2006年第 3 期。

[5] 田凯:《关于农民工的城市适应性的调查分析与思考》,《社会科学研究》1995 年第 5 期。

[6] 朱力:《论农民工阶层的城市适应》,《江海学刊》2002 年第 6 期。

[7] 钱正荣:《流动人口的社会融合问题研究》,《湖北社会科学》2010 年第 2 期。

[8] 陈天育:《论我国民族融合的共生效应》,《中央民族大学学报》1994 年第3 期。

[9] 王希恩:《关于民族融合的再思考》,《西北师范大学学报》(社会科学版)2010 年第 1 期。

［10］林耀华：《民族学通论》（修订本），中央民族大学出版社 1997 年版。

［11］张湛：《多维视角下的民族经济融合：内在机理和实现途径》，《青海民族研究》2009 年第 1 期。

［12］唐凌：《民族经济融合史论纲》，《广西民族研究》2003 年第 4 期。

［13］张俊明：《回汉杂居地区民族文化融合现象解读——以宁夏固原市彭阳县白阳镇为个案》，《甲校学报》（哲学社会科学版）2006 年第 6 期。

［14］吴碧君：《成都市藏族移民社会融合的现状与影响因素分析》，《中共四川省委省级机关党校学报》2010 年第 3 期。

城市流动人口的社会网络建构研究

——以延安市七里铺社区流动人口为例

柳丽 *

一　绪论

（一）问题的提出

从 20 世纪 80 年代开始，伴随着我国经济体制改革和社会变革，特别是城市化进程的加快和城乡二元体制的松动，大量外来人口涌入城市。

伴随着流动人口规模的增大，流动人口迁移至城市，并开始逐步在城市中生存乃至谋求进一步发展的时候，这就涉及了流动人口社会网络的建构问题，流动人口的社会网络影响着流动人口在城市新环境下的适应策略以及适应模式。社会网络在流动人口更好地适应城市生活，融入城市生活等方面发挥着重要的作用。所以可以说，流动人口向城市流动的过程是一个不断重新建构他们社会网络的过程。流动人口的社会网络有可能不同于其原有的在乡土社会中形成的社会网络，它可能包含了乡土社会的社会网络，但更涵盖了一种全新的在他们进入城市后，在与城市居民互动过程中所建构的新的社会网络。

笔者的周围有很多人都是外出务工者，经常听到他们讲自己在城市中与他人交往的事情，遇到困难时是如何度过，等等。因此，流动人口在城市社区网络的建构引起了笔者的关注。在流动人口的社区社会网络的

---

* 柳丽,西北民族大学社会学专业硕士研究生毕业。

建构中，笔者关注的问题是，在我国快速城市化的浪潮中，越来越多的流动人口进入到城市，在远离与乡土社会的空间联系后，他们的社会网络是一种什么样的构架？促成流动人口社会网络建构的因素是什么？流动人口将如何从这种社会网络中摄取所需的社会资源借以支持他们的城市适应历程并进而逐渐融入到城市社会中？在众多因素的影响下共同编织出了城市流动人口的社会网络，但这种社会网络是否能够在流动人口融合于城市社会的过程中给予他们有力的支持？希望可以通过自己的分析研究在了解目前流动人口社会网络建构状况的基础上，探讨和分析流动人口社区社会网络建构对流动人口自身的影响以及影响其社会网络建构的因素。

（二）研究目的与意义

社会网络在流动人口更好地适应城市生活，融入城市生活等方面发挥着重要的作用。本文旨在通过考察延安市七里铺这一个社区，了解该社区的流动人口社会网络的建构状况，探讨社会网络对七里铺社区的流动人口的影响程度，并在初步探讨和分析的基础上，尝试运用"行动系统理论"做出相应的理论解释。

本文是在前人研究成果的基础上进行的一次小范围针对延安市七里铺社区流动人口社会网络建构的研究，其理论意义在于：一方面是对已有研究指标体系和研究理论进行验证，进一步检验行动系统理论是否能够解释延安市七里铺社区的流动人口社会网络建构的研究。另一方面探讨社会文化环境变化对延安市七里铺社区流动人口社会网络建构所产生的影响，同时通过研究了解七里铺社区的流动人口社会网络建构的状况、建构策略以及对流动人口自身的影响等，针对调查发现的问题提出一些意见和建议。

（三）文献综述

随着我国城乡改革的深入和城市化的进一步发展，国内学术界对流动人口社会网络的研究进入了一个空前繁荣的阶段，学者们从不同的学科领域和视角来研究流动人口社会网络问题，研究所涉及的领域非常广泛。学者们主要是从就业、择偶、社会网变迁、社会网结构、信任、影响因素等方面进行研究的。

一般认为,欧洲的社会网研究始于英国人类学家拉德克利夫·布朗,他在 1940 年首次使用了"社会网络"这一概念,他运用网络隐喻对社会结构作了部分的、暗喻性的描述。① 德国社会学家齐美尔把社会想象为相互交织的社会关系的观点可以说是最早的社会网思想。不过,这仅是对社会网络的一种纯粹隐喻的使用。美国社会心理学家莫雷诺 1934 年运用社会计量学的方法对小群体进行了实证研究,为社会网研究奠定了基础。② 1954 年,巴恩斯通过对一个挪威渔村阶级体系的分析,把形而上学的社会网概念转化为系统的研究。③ 不久以后,伊丽莎白·博特的《家庭与社会网络:城市百姓人家中的角色、规范、外界联系》使网络概念引起了社会科学家的广泛注意,这本著作被英美学者视为城市社会网研究的典范。④ 20 世纪 60 年代,是社会网专业研究的起步时期。到 70 年代中期,社会网研究成为一个新的社会学领域。

1. 关于社会网络建构的理论⑤

费舍从选择-限制角度来分析社会网络的建构,他主要强调社会制约对社会网络的影响或制约。社会结构可以为个体的社会网络建构施加限制或提供机会,个体所处的社会位置、环境以及社会脉络等非个体控制的因素是个体建构和维持特定社会网络的外在因素。例如,性别、社会经济地位等因素可以影响个人社会网络的动态发展。虽然,个人的社会网络建构受到社会结构的影响,但是个人还是可以在一定的条件下或范围内选择社会网络的建构意向。所以,当个人所处的社会情境不同,就会做出不同的选择。实际上,人们是围绕一系列的活动建构他们的社会网络,比如聚会、工作等。有机会参与活动的人就有更多机会结识他人,建立新的社会网络和维系社会网络。这一分析视角虽然可以说明个人在社会网络建构中有一定选择的权利,但是这些选择权利受社会结构的制约。所以,它是从结构决定论的视角对社会网络建构进行分析研究的。

范登波尔从理性选择的角度来分析解释社会网络建构的动态因素,这

① 周长城:《经济社会学》,中国人民大学出版社 2003 年版,第 196 页。

② 同上书,第 197 页。

③ 蔡禾、张应祥:《城市社会学:理论与视野》,中山大学出版社 2003 年版,第 124 页。

④ 同上书,第 126 页。

⑤ 曾鹏:《社区网络与集体行动》,社会科学文献出版社 2008 年版,第 56 页。

一理论是以理性人为前提假设，它认为人们都是以能否实现利益最大化作为一切行动的出发点，行动的选择主要取决于行动成本和效益的计算。人们是否建立社会网络要看和其他一切可能的行动选择相比是否可以达到个体利益的最大化。范登波尔在此基础上，认为社会网络建构主要是由三个因素制约的，即与他人接触的机会、与他人的交通距离以及与他人的认识时间。与他人接触的机会越少，与他人的交通距离越远，与他人认识的时间越短，则社会网络建构的成本就越高。个人建立社会网络的收益则与个人社会网络规模的大小、自我流露的倾向性以及对此社会网络的依赖度有关，网络规模越小，自我流露的倾向性越强，对此网络的依赖度越高，则个体从网络中获取的收益就越高。在这种微观经济学的模型中，它虽然强调个人对社会网络构建中可以依据理性的计算结果来进行选择，但由于受方法论的限制，这一理论在经验研究的时候却将重点置于社会结构决定论要素。因此，理性选择理论的分析解释与选择 – 限制视角如出一辙。

马克思的社会交往理论与社会网络建构高度相关，社会交往理论主要强调在社会网络建构中社会实践活动起到关键作用。在马克思看来，社会交往作为社会网络建构的行动，它是一种以生产时间为基础的社会实践，是人类特有的存在形式和活动方式。他认为，无论是物质交往还是精神交往都离不开社会实践活动。物质交往是人们在物质生产过程中建立起来的社会关系，而人们的精神交往也需要借助于感性的、物质的手段，即实践活动来进行。总之，在他看来，尽管社会交往是源于人们的需求，但是社会实践是社会网络产生的基础，是人与人、人与自然之间进行相互作用的桥梁与纽带。

赖茨是从组织行为理论的角度来探讨社会网络建构的制约因素，他认为人们的身体距离、建筑距离和心理距离是社会网络建构的三个必备条件。心理距离影响社会网络中其他成员互动的意愿和需求，从而产生亲疏远近的心理感受，建筑距离也是影响社会网络建构的重要因素，适合的建筑距离可以为网络成员提供互动的空间环境，对网络成员之间的互动产生关键性作用，身体距离也是影响社会网络中成员互动的重要因素。

以上几种理论均从不同的视角来探讨分析制约网络建构的因素，每一种理论都有对某一些制约因素的强调，每一种理论都具有在特定的社会情境的独特解释力。

2. 关于流动人口社会网络的研究

1978 年后,随着改革开放政策的实施,我国出现了根据流动者个人意愿自发性的城市流动的现象。城市人口数量急剧增加,这使得城市社区的社会结构发生了很大的社会变化。而这些自发的流入城市的农民,由于生活空间的转变,他们的社会网络是否发生了变化?是怎样的变化?这成为学者们关注的焦点。

根据王春光对北京市浙江村的研究,认为农民进入城市后,同一地区的人往往居住在一起,他们保持着与原住地区相一致的生活方式。他们在城市不仅从事着最危险、最辛苦的职业,而且由于我国农村和城市的长期的二元划分,使得流入者与城市居民之间形成社会对立。[1] 农民进入城市后,并没有从根本上改变他们的生活方式,他们仍然对在原居住地形成的血缘、地缘关系的依赖性很大。

以王汉生为代表的"大城市中的流动人口研究"小组,考察了北京市的流入者依靠血缘、地缘关系,以连锁移动的方式进入北京后,来自同一地区的人不仅居住在一块,而且从事的职业也大致相同。[2]

赵树凯将城市农民工的社会关系网络分为流入前形成的社会关系网络、维持的社会关系网络和流入后形成的社会关系网络,通过对农民工的调查,得出的结论是:农民工依靠归属性社会关系网络来到城市后,并没有因为职业和生活方式的变动,从而改变他们以血缘、地缘关系为纽带形成的社会关系网络。[3]

根据以上对农民工的三个调查可以看出,农民工到城市之后,乡土性的社会网络起了很大的作用,尤其是在居住方面。

那么,农民到城市后,他们是如何找到工作的?又是怎样转职的?到底是乡土的社会网络对他们的影响大?还是后来在城市建构的社会网络的作用更为明显呢?

李培林通过对山东省济南市的 1504 名农民工的流入形态、就业途径、

① 王春光:《社会流动和社会重构——京城浙江村调查》,浙江人民出版社 1995 年版。

② 王汉生:《浙江村:中国农民进入城市的一种独特方式》,《社会学研究》1997 年第 1 期,第 56—67 页。

③ 赵树凯:《纵横城乡——农民流动的观察与研究》,中国农业出版社 1998 年版。

流入后的城市生活等方面的访谈调查，得出的结论是：与同村人结伴流入到济南市的农民工占 56.4%，由乡土社会关系网络提供信息实现就业的农民工占 76.1%，农民工到济南后，依靠老乡介绍第一次实现就业的农民工最多，占调查总数的 75%。到济南后，在最亲密的社会交往中，结伴而来的老乡和流入后开始交往的农民工分别占 55.7% 和 21.5%。① 可见，农民工在城中，仍然依赖于在原住地形成的乡土性社会关系网络，他们很难融入城市生活。边燕杰为了了解社会关系网络在职业流动中的作用，于 1997 年对天津市 1008 名农民工进行了问卷调查。也发现了这样的问题，调查结果显示：农民进入到天津后，在获得就业信息、实现就业、社会交往等方面都依靠乡土性社会关系网络。②

对于以上两个调查，翟学伟通过对农民工的求职策略和关系信任的研究，认为农民工在没到城市前，即使没有过交往，但是只要是来自同一地区的，就能结成亲密的并且是可以信赖的社会关系网络，并以此提出了强信任关系和弱信任关系的概念。他认为农民到城市后，从可以信赖的老乡那里获得准确情报是最为重要的，考察农民工适应城市的过程时，必须从分析在适应过程中可以值得信赖的人开始。③ 这也解释了上面两个调查的结论。

刘林平对流入到深圳市的湖南省平江人的居住地区进行了考察，得出的结论是：城市生活中乡土性的强关系发挥的作用最大，他们的社会交往还没有完全开放和分散。刘林平指出，平江人在适应城市的过程中，根据个人的属性，社会关系网络的量和质正在发生变动，但强关系——以原住地为中心形成的血缘、地缘关系并没有解体，同一地区的人之间的社会关系非常亲密，而且这种亲密的社会关系集中在狭窄的居住地区，因此居住地和居住地以外的地区界限非常明显，这样更封闭了乡土性社会关系网络。④ 李汉林的调查研究也证明了农民工乡土性社会关系的亲密性和封闭性，根据李汉林的调查，农民到城市后，由血缘关系逐渐向地缘关系扩

---

① 李培林：《流动民工的社会网络和社会地位》，《社会学研究》1994 年第 4 期，第 42—52 页。

② 边燕杰：《社会网络与求职过程》，《国外社会学》1999 年第 4 期。

③ 翟学伟：《社会流动与关系信任——也论关系强度与农民工的求职策略》，《社会学研究》2003 年第 3 期，第 1—11 页。

④ 刘林平：《外来人群中的关系运用——以深圳平江村为个案》，《中国社会科学》2001 年第 5 期，第 112—124 页。

展，并逐渐形成以朋友关系为中心的弱关系，但是，乡土性的社会关系网络在城市生活中起着重要的作用。[①]

胡荣在 1999 年 10～12 月以性别、年龄、收入、政治身份、学历、单位所有制为自变量，对厦门市的常住居民 700 人、流入人口 302 人进行社会关系网络调查。调查的结果是：在社会关系网络的规模上，男性 44.47 人，女性 37.65 人；年龄与社会关系网络的规模呈逆相关，而收入与社会关系网络的规模呈正相关；学历越高，社会关系网络的规模越大；社会关系网络的规模，流入人口 36 人，常住居民 44 人；政治身份和企业所有制与社会关系网络没有关联性。[②]

3. 关于流动人口社会网络建构的研究

马冬梅通过对桂林市回族穆斯林语言、饮食和宗教活动的分析，探索在多元仪式文化的都市社会，外来回族穆斯林建构自己独特社会网络的各种方式。笔者认为高度的认同感成为维系城市穆斯林的情感和精神纽带，并在此基础上形成了自己的社会网络。其社会网络的特征是：非正式的社会关系网络提供的社会支持；以清真寺、清真饭馆为枢纽；以共同的语言为标志；以共同信仰和民族文化为基础。并在此基础上阐述了桂林外来回族社会网络的作用和意义。[③]

路冠军、张强通过对武汉市农民工思想道德状况的调查分析，来探讨农民工社会支持网络的建构，笔者在分析农民生存状况的基础上，从社会关系网络、参与网络和保障网络三个方面具体分析了农民工的社会支持网络，笔者认为，农民工社会弱势地位的形成，与农民工社会支持网络的缺失有很大关联。而造成其社会支持网络缺失的原因一是建立在户籍制度基础上的城乡二元结构；二是传统社会结构和传统文化的影响；三是政府职能的缺位。所以，要改变农民工的社会弱势地位，必须积极构建农民工社会支持网络。[④]

---

① 李培林主编：《农民工——中国进城农民工的经济社会分析》，社会科学文献出版社2003 年版，第 96—115 页。

② 胡荣：《社会经济地位与网络资源》，《社会学研究》2003 年第 5 期，第 58—69 页。

③ 马冬梅：《都市外来回族穆斯林社会网络的建构——以桂林市为例》，《青海民族研究》2006 年第 4 期，第 57—61 页。

④ 路冠军、张强：《农民工社会支持网络：缺失与构建——武汉市农民工思想道德状况调查分析》，《长沙民政职业技术学院学报》2007 年第 1 期，第 10—13 页。

陶菁从社会关系网络建构的视角分析了青年农民工城市适应问题，认为青年农民工城市适应过程中缺乏社会关系网络支持，尤其是正式的社会关系网络；同时也缺乏有效的个人社会关系网络，其个人的社会网络群体很难扩大。笔者认为要解决这些问题，就应当建立一个以政府为主导，以用人单位为基础，以社区为纽带的全方位的社会支持系统。①

宋秀波通过对平阳坝村的调查发现，在农村劳动力转移的过程中，社会网络起到了非常重要的作用，农村劳动力依靠血缘、亲缘以及地缘为基础的社会关系网络获得就业信息和社会支持，他们在获得稳定的工作后，又会以初级关系网络为核心扩充自己的社会关系网络规模。同时，社会关系网络对农民工个人、家庭、婚姻等方面均会产生影响。在生存和发展的双重压力下，农民工会积极地维护和投入自己的社会网络。②

齐心通过对新生代农民工的社会网络的研究表明，新生代农民工正在逐渐摆脱对于初级社会网络的依赖性，并开始逐渐建构起具有城市特征的新型社会关系网络。在新生代农民工新型社会网络的建构过程中，职业和居住点是两个相当关键的因素。新生代农民工在城市仍然会受到比较严重的社会排斥，这就造成他们与城市之间存在很大的社会距离，不能够完全融入城市社会。因此，社会公众和决策制定者应当关注新生代农民工这样一个相对弱势的群体，帮助他们重构社会网络，提升社会资本，从而帮助他们真正融入城市社会。③

曹子伟通过分析发现，农民工有没有再建构社会网络，他们比较明显的差异表现在城市的收益方面：农民工有再建构过社会网络的城市收益大于没有再建构过社会网络的农民工。农民工在城市里建构社会网络的原因主要是在于，当市场失灵、组织低效时，社会网络就能够为农民工提供获取城市资源的途径；农民工通过建构社会网能获取原有的初级社会网所不

---

① 陶菁：《青年农民工城市适应问题研究——以社会关系网络构建为视角》，《江西社会科学》2009 年第 7 期，第 201—204 页。

② 宋秀波：《社会网络视野下的农民工转移与关系再建构分析——平阳坝村的个案研究》，《社会学研究》2010 年第 6 期，第 23—25 页。

③ 齐心：《延续与建构：新生代农民工的社会网络》，《江苏行政学院学报》2007 年第 3 期，第 74—79 页。

能提供的资源。①

4. 小结

就流动人口社会网络建构研究而言，通过文献综述可以看出，当前关于流动人口社会网络建构问题，近年来引起了社会学界的关注，成果颇多。虽然这些研究成果的侧重点在于分析研究社会网络结构和静态，基本上停留在对现象的描述层面和对解决现象出现的问题提供建议的角度，但是这些研究已为进一步的研究奠定了较好的基础。

就笔者所搜集的文献资料，对于延安市这样一个近些年来才发展起来的城市的流动人口的社会网络的研究则较少，关于流动人口社会网络建构的研究更是非常鲜见。同时，在已有的相关研究中，对流动人口社会支持网建构的相关总结研究相对较多，但缺乏对流动人口社会网络建构动因和动态的研究。对于流动人口社会网络建构的研究，离开了对社会网络建构动态的分析，就难以解释社会网络对流动人口的意义，也就无法解释某些社会网络现象，本文基于前人的研究成果之上，利用笔者所获得的第一手资料，通过对延安市七里铺社区中流动人口建构社会网络的原因、途径、影响因素的探讨和分析，通过对社会网络建构的静态分析与动态分析的结合，从而有利于我们全面深入地了解延安市七里铺社区流动人口社会网络的状况。

（四）理论依据与分析框架

1. 帕森斯行动系统理论

帕森斯认为，个体在适应情境的时候，是根据有规可循的稳定的期待模式。个体之间相互共享这些期待模式，因此，个体为了满足自身的需求，就必须考虑期待其他个体会做出的反应。这种期待就会促成个体之间产生沟通与共享理解。总而言之，一个行动系统最低的条件是：行动个体依据动机来适应情境；行动个体之间存在着一套稳定的相互期待；行动个体之间就正在发生的事具体有一套共享的意义。行动系统是由社会系统、人格系统和文化系统组成，这三个系统内各因素之间是相互依赖的，一个部分的变化会对其他部分产生影响，行动者受自身价值

---

① 曹子玮：《农民工的再建构社会网与网内资源流向》，《社会学研究》2003 年第 3 期，第99—110 页。

认知和动机取向的影响采取行动，与其他行动者发生互动，以此来达到自身的目标。

　　流动人口社会网络的建构是在流动人口对自身所处的情景，认知动机以及人际交往实践的评价后逐渐形成的，而这三者在流动人口的社会网络建构过程中也不断地互动，同时，外在的社会性结构因素也会影响流动人口的社会网络建构实践。（详见图1）

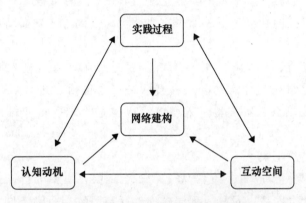

图1　流动人口社会网络建构过程

2. 分析框架

（1）核心概念界定

　　①流动人口：在有关我国人口迁移和流动的研究中，"流动人口"作为一个概念被广泛使用，但是并没有一个统一的定义。在城市流动人口的政策研究和学术领域研究中，"流动人口"、"外来人口"和"农民工"是三个常用概念。"流动人口"和"农民工"两个概念经常混用。本文中将研究对象"流动人口"界定为城市社区中外来的农村人，指那些离开农村流入城市的人，他们在城市工作或居住，但他们依旧是农村户口。根据本文的实际，笔者将被调查的流动人口的流动年限界定为五年（包含五年）。

　　②社会网络：对于社会网络的界定，学界可谓众说纷纭。米切尔·达弗尔姆从社会关系的角度出发认为："社会网是某一群体中个人之间特定的关系，其整体结构可以称之社会行为"。[1] 这个定义强调的是在

――――――――――――

① 　周长城：《经济社会学》，中国人民大学出版社2003年版，第196页。

固定的群体内部,个人与个人之间的不可替代的相互关系形式。韦尔曼从社会结构的角度出发,把社会网界定为:"将社会成员连结在一起的关系模式",它强调的是社会成员间既定的社会结构,一种从关系网络产生而非由先赋地位产生的新的结构观。徐琦综合了米切尔和韦尔曼两类观点的基本意义和指向,把社会网界定为"由个体之间的社会关系所构成的相对稳定的体系"。① 杨建强和吴明伟认为,社会网络是一个人同其他人形成的所有正式与非正式的社会联系,也包括了个人与个人直接的社会关系和通过物质环境和文化的共享而结成的非直接的关系②。

综合而言,本文将"社会网络"界定为流动人口进入城市后的社会关系,它既包括原有的初级社会网络,也包括在进入城市后所建立的新的社会网络,本文将进入城市后新建立的关系网络称为"次级社会网络"。

(2)分析框架

本文的分析框架如下:①静态的社会网络,主要分析描述流动人口原住地的社会网络以及移入现居住地的社会网络,一般来说,原住地的社会网络更小、更封闭,关系更紧密,而移入地的社会网络则更大、更开放,关系更松散。②动态迁移(由原居住地到现居住地)后的社会网络,在空间迁移下,新旧网络会发生动态变化,这些变化主要有网络规模的变化、网络构成的变化以及网络结构特点的变化等。③迁移后向旧的社会网络(原居住地的社会网络)的求助,包括情感支持及经济支持等工具性支持。④情境因素对社会网络的影响。社会情境作为外部环境变量会影响到流动人口的社会网络,它包括宏观情境和微观情境,本文主要探讨微观情境因素,它包括:流动人口在寻求职业、转换职业过程中所面临的各种现实困境、工作场域中的人际关系互动、各种支持的获取等。此外,流动人口社会网络的建构还受到社会文化因素的影响。

---

① 龚莉辉:《都市移民的社会网络研究综述》,《湖北教育学院学报》2007年第6期,第54页。

② 杨建强、吴明伟:《现代城市更新》,东南大学出版社1999年版,第153页。

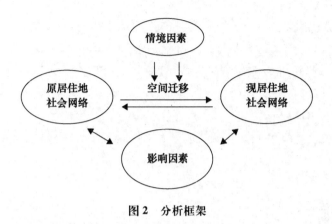

图 2　分析框架

（五）研究类型与研究方法

本文为描述性研究，抽样调查。采用的研究方法主要是实地研究方法。根据本文的研究主题和研究对象，通过无结构式访谈的方式收集流动人口在延安市七里铺社区社会网络建构的基本情况和相关资料，结合所搜集到的有关城市流动人口社会网络建构研究的各种文献，在借鉴前人研究成果的基础上设计出调查问卷，通过随机抽样的方法抽取研究对象进行调查，收集关于流动人口社会网络建构调查的第一手资料，以便把握被调查者社会网络建构的一般特征；最后再选取四个典型样本进行无结构式访谈，以便获取更为深入的资料。

1. 问卷设计

本文的调查问卷是在借鉴前人设计的调查问卷的基础上，结合笔者的研究内容及相关概念的界定进行设计的，调查问卷包括三部分内容：个人基本情况；社会网络建构状况；社会网络的实践策略及影响因素。

2. 无结构式访谈法

本文中的访谈对象都是笔者所熟悉的人，在访谈过程中能够对被访谈者进行比较自由、深入和细致的访谈。在实施问卷调查之前，笔者就围绕着他们的社区生活进行了比较自由的开放式访谈，了解他们在城市期间的基本概况。问卷调查后就紧紧围绕社会网络建构进行访谈，探析他们在建构社会网络时的心理状况等。

3. 抽样方法

本文采用随机抽样的方法，将延安市七里铺社区的流动人口作为调查对象。于 2011 年 7 月至 8 月，在社区居委会和熟人的帮助下，从该社区流动人口登记簿上的 1304 人中，随机抽取了 150 人，问卷调查。同时在未抽中的 1154 人中，通过主观抽样的方法，选取四人进行无结构式访谈，收集访谈资料。

共发放问卷 150 份，回收 150 份，有效问卷 144 份。

（六）分析单位和研究内容

本文的分析单位是社区流动人口。

本文旨在通过考察延安市七里铺社区中流动人口社会网络的建构现状、对其自身的影响以及影响社会网络建构的因素，并在初步探讨和分析的基础上，运用"行动系统理论"做出相应的解释，针对目前该社区中流动人口社会网络建构中出现的社会网络规模较小或社会网络建构单一化等状况提出一些建议。

（七）调查地和样本情况

1. 调查地概况

本文选取陕西省延安市的一个社区——七里铺社区，主要是基于以下考虑：

（1）代表性

延安市近年来的城市化水平逐步提高，流动人口的数量也在急剧增加，而七里铺社区作为延安市宝塔区最早成立的社区，凭借其地理位置的特殊性，成为流动人口聚居的主要社区之一，在七里铺社区居住的流动人口职业类型也逐渐多样性，所以，以此作为调查点具有代表性。

（2）可行性

本文的调查地点是笔者的家乡所在，笔者较为熟悉当地的地理及人文环境，便于展开调查，有利于更为深入的收集资料，可以在一定程度上降低调查的难度，从而增强实地调查的可行性。

七里铺社区位于延安城南大门，是延安市挂牌最早的社区。辖区面积 1.25 平方公里，总户数 6166 户，人口 18758 人，其中常驻 5786 户，17454 人，流动人口 380 户，1304 人。驻社区单位 19 个，党组织 16 个，党员 375 名，社区党总支下设 6 个党支部，有党员 67 名，其中流动党员 2 名。

2. 研究样本情况

本次调查的抽样框由 150 位被调查者组成，但其中 6 份问卷为无效问卷。在 144 份有效问卷中，被调查者的情况为：

（1）性别

男性 91 人，占 63.2%，女性 53 人，占 36.8%。

（2）年龄组

25 岁及其以下 30 人，占 21%，26 至 35 岁 45 人，占 31%，36 至 50 岁 43 人，占 30%，51 岁及其以上 26 人，占 18%。

（3）文化程度

小学及以下 28 人，占 19.4%，初中 53 人，占 36.8%，高中或中专毕业 50 人，占 34.7%，本科或大专毕业 13 人，占 9%。

（4）婚姻状况

未婚 39 人，占 27.1%，已婚 91 人，占 63.2%，离婚 8 人，占 5.6%，丧偶 6 人，占 4.2%。

（5）家乡所在地

市郊 20 人，占 13.9%，市所属县 58 人，占 40.3%，同一省 30 人，20.8%，除本省外的其他北方地区 20 人，占 13.9%，南方地区 16 人，占 11.1%。

（6）收入状况

1500 元以下 17 人，占 11.8%，1501 至 2000 元 26 人，占 18.1%，2001 至 2500 元 24 人，占 16.7%，2501 至 3000 元 26 人，占 18.1%，3001 至 3500 元 37 人，占 25.7%，3501 元以上 14 人，占 9.7%。

（7）在本市的时间

半年及以下 5 人，占 3.5%，半年至一年 11 人，占 7.6%，1 年至三年 62 人，占 43.1%，三年至五年 66 人，占 45.8%。

（8）方言掌握程度

听不懂方言的 7 人，占 4.9%，仅能听懂方言的 70 人，占 48.6%，会讲方言的 67 人，占 46.7%。

二 社会网络建构的状况分析

(一) 社会网络的类型

我国现阶段流动人口的社会网络在未离开乡土社会之时主要以血缘和地缘关系为基础的,费孝通针对乡土社会的传统社会网络,提出了著名的差序格局理论,就形象地叙述了初级社会网络,他认为乡土的社会网络的关系纽带是血缘、亲缘和地缘,社会网络中的每个人都是一个中心,而他的社会网络就像把一块石子丢在水中产生的一圈一圈的波纹;这一圈一圈的波纹所体现的是社会网络中人们的亲疏远近程度。通过中心人物将具有血缘关系的群体强烈地结合在一起,而地缘作为血缘的投影,也得以逐渐扩大。也就是说,在乡土社会中,初级社会网络很发达,这种社会网络以血缘、地缘为基础,以感情性较强、重视人情和面子为特征。这种社会网络的区域性、同质性和共同性很强,它的社会网络规模小、封闭性强、网络成员的关系更为紧密。

当人们离开熟悉的乡土社会进入城市后,也就逐渐远离了原有的以血缘、地缘关系为基础的初级社会网络,在多方面原因的共同作用下,他们便会在原有的初级社会网络的基础上,建构以工具理性为取向的次级社会网络。因此,流动人口在城市再建构的社会网络首先以乡土社会中的初级社会网络为基础,并以其为基础不断建构次级社会网络。

流动人口在城市中建构的初级社会网络是以亲友、老乡为主。陆绯云认为,老乡或同乡关系就是使有关个体彼此认同的共有归属性特征,老乡或同乡"是一种颇有弹性的表述,它既包括毗邻而居的乡亲、鸡犬相闻的村黎,同镇、同县的故人,由此推广出去,还包括来自不同市集村镇仅为同省籍的人"①。同时,流动人口为了获得更多城市的资源,他们必然会选择不断地建构以业缘为基础的次级社会网络,这是他获取更多资源的必然选择。

本次调查数据显示,被调查的流动人口在第一次进入城市认识的人以老乡和亲戚居多,有50.7%的被调查者认识亲戚,71.5%的被调查

---

① 陆绯云:《同乡社会网络与中国大陆的"民工潮"》,《世纪中国》2001年第3期,第57页。

者认识老乡（见表1），当然，这两者的认识具有重复性。有47.9%的被调查者进入城市主要认识的人是老乡，其次是亲戚，两者的比例为79%。

表1   流动人口第一次进城认识的人（%）

	亲戚	朋友	老乡	城里人	其他
认识的人（N＝144）	50.7	15.3	71.5	4.9	20.1
主要认识的人（N＝144）	31.1	5.6	47.9	2.1	13.2

从表1中我们可以看出，流动人口进入城市与乡土社会有着千丝万缕的联系，尤其是对以进城务工为目的的流动人口而言，找工作更是离不开亲戚和老乡的帮助。以老乡和亲戚为主的初级社会网络可以为他们提供多种形式的帮助，构成了流动人口的社会资本。从农村到一个陌生的城市，如果没有熟人帮忙，困难是可想而知的。但是，如果通过城里的亲戚或老乡的帮助进入城市，便可以减少不必要的麻烦。

在访谈中接触的流动人口也有许多人谈到刚到这个城市时自己认识的人几乎都是亲戚和老乡，他们在自己适应城市生活中发挥了重要的作用，其中一位姓张的访谈者说：

> 我高中没毕业就退学了，在外边打了两年工后，因为家里人怕我一个女孩子在外面，就让回家，但是我又不想在家待着，就想着到市里闯闯，离家也近。当时在市里我就只认识一个表姨，和表姨联系后，她们公司刚好需要人，她专门到我家把我接到市里。到公司后，把我安排到重要的岗位上，对我的生活也很关心，让我得到了历练，也认识到了很多人，为我后来的工作打下了基础。但是，我自己还是觉得很孤独迷茫，连逛街都没人陪。后来家里人给我说了几个老乡的联系方式，慢慢地，认识的老乡越来越多，也认识了我老公，感觉自己逐渐融入这个城市了。

以上统计数据和案例资料显示，支撑流动人口在城市社区中生存的社会网络，主要是亲戚和老乡。透过这一现象，可以看出，流动人口在城市社区的生活，延续了初级社会网络结构，流动人口聚居区的形成很大程度上也是传统生活观念在现代城市社区中的延伸。流动人口在城市发生各种互动、联系的同时，乡土社会中的组织机制和社会网络也通过流动人口在城市社区中得到沉淀和延续。

在城市大文化背景下，作为单个个体的流动人口与整个城市文化格格不入，在城市文明中他们甚至孤独、迷茫、恐惧与无助。他们需要倾诉、需要帮助、心理需要慰藉，于是会不自觉地寻找属于自己的群体。在生病的时候、在有困难的时候更需要找自己人来帮忙。同时，单个个体在城市主流文化的冲击与排斥下，自觉不自觉地被"推挤"到一块，这种自我与外力作用下的自觉与不自觉意识逐渐加强，促进了初级社会网络的形成，同时，由于语言、生活习惯的彼此认同，紧紧地联系在一起，形成独立的乡缘群体，从而使自己生活的独特"圈子"能够得以保持和发展。

所以，笔者把流动人口的社会网络划分为两种形式：第一种是在乡土社会中通过生产生活所拥有的以血缘、亲缘和地缘为基础的初级社会网络，它的构成可能是亲戚、邻居等群体；第二种是流动人口在城市务工过程中新结成的网络，这种社会网络可能是来自于不同地域的流动人口在工作中或是在城市生活中认识的城市居民结成的。

（二）社会网络建构的动机

动机是个体为实现一定目的而采取行动的原因。流动人口在进入城市之后，他们首先要面对的是一个不熟悉的、陌生的环境。他们原来在乡土社会中所建立的社会网络在城市中能够用到的概率相对而言较小；他们在乡土社会中所遵循的那套社会规范，也会使他们越来越不适应城市生活。这些会导致流动人口在城市中形成了一种结构性紧张和危机。流动人口必须通过适应城市生活来解决这种结构性紧张和危机，他们适应城市生活有两种策略：第一种策略是在城市中重新建构自己原有的文化和生活环境，第二种策略是逐步改变自我，让自己融入城市社会中。但是，在城市社区中重建原有的生活环境和文化可谓困难重重，因此，在这两种策略中，第二种策略显得更为现实。

在流动人口改变自我，适应城市生活的过程中，构建社会网络是实现其目标的重要途径。本文主要依据社会网络类型从两方面来考察流动人口建构社会网络的动机，一是与亲友、老乡等建构初级社会网络的动机，二是与其他建构次级社会网络的动机。

表2   **社会网络建构的动机（%）**

动机	初级社会网络	次级社会网络
找工作需要	4.9	24.3
感情需要	37.5	2.1
提供更多的机会	1.4	59
有困难时求助	54.9	7.6
其他	1.4	6.9
合计（N=144）	100	100

本次调查社会网络建构的动机包括找工作、感情、提供机会、苦难求助和其他5项内容（见表2），从表中可以看出，被调查的流动人口在建构初级社会网络时，主要是出于有困难求助和感情需求这两方面原因，占92.4%，相比较而言，次级社会网络的构建则主要是出于提供机会和工作需要这两方面需求，占83.1%，由此可见，流动人口构建初级社会网络的动机更多的是"情感性动机"，而构建次级社会网络的动机更多的是"工具性动机"。

通过调查可发现，对于此次被调查者而言，"情感性动机"和"工具性动机"这两种动机是流动人口在城市构建社会网络的两个首要的驱动力，情感性动机主要遵循同类互动的原则，它主要与流动人口原有的乡土社会中的社会网络相联系，互动的对象主要是乡土社会中的初级社会网络或是在城市中再建构的次级社会网络中与自身有同质性的社会成员；工具性动机则与此不同，它是流动人口在城市中为了获得新的社会资源，从而希望与城市中与自己拥有不同的或更好的社会资源的社会成员进行交往，它遵循的是异类互动的原则。工具性动机使流动人口在城市建立起与自身异质性较高的社会网络，它的建立会使流动人口获取更多的社会资源。

从调查的数据可发现，社会网络是流动人口获取资源的主要路径。城市的劳动力市场已接近饱和状态。当市场无法对资源进行优化配置时，通过市场寻找工作对流动人口而言就会增加就业成本，因此，他们最理性的选择就是通过初级社会网络来获取城市的社会资源。

当原有的乡土社会的社会网络无法给流动人口提供更多资源时,在城市里建构社会网络必然成为大多数流动人口的选择,流动人口通过自身的以初级社会网络为主体的社会网络来到城市,主要的目的就是获取比在农村更多的社会资源。社会网络自身蕴含着一定的社会资源,包括物质资源和精神资源。这些资源要是能满足流动人口进入城市的预期目的的话,那么流动人口建立次级社会网络的动机不足,他们也就没有建立次级社会网络的必要。

但是,如果原有的初级社会网络所包含的社会资源不能满足流动人口实现他们的预期目标,难以维持他们在城市中的生活时,流动人口就不得不在选择中选其一:要么留在城市,要么回老家农村。如果他们选择农村,那么在城市建构社会网络的内在动力不足;如果他们选择继续留在城市,那么他们就必须在城市里建构社会网络,建构社会网络的内在动力便会很足,他们建构社会网络的动机则是为了获取他们自己尚未拥有的社会资源。因此,在城市进行社会网络的建构,尤其是次级社会网络的建构就成为部分流动人口维持自己城市生活的必然选择。

(三) 社会网络建构的途径

美国著名社会心理学家米尔格伦于20世纪60年代,最先提出六度分离理论:在人脉关系中,要结识任何一位陌生的朋友,这中间最多只要通过六个朋友就能达到目的。也就是说,你想认识一个人,托认识他的朋友,这中间不会超过六个人。米尔格伦的理论强调关系不仅是静态的,同时也是动态的,并且是可以传递的。[1]

黄国光认为在角色关系里,交往双方通常都会共同认识一个或一个以上的第三者,这些彼此认识的一群人,构成了一张张复杂程度不同的关系网络。从旁观者的角度来看,一个人可能同时涉入几个不同的群体中,从而置身于数张不同的关系网内。每个人都以自己为中心,而拥有其独特的社会网络。每个人关系网内的其他人又各有其关系网络,这些关系网络彼此交叉重叠。[2]

---

① 姜磊:《都市里的移民创业者》,社会科学文献出版社2010年版,第197—216页。
② 黄国光、胡先缙:《面子——中国人的权力游戏》,中国人民大学出版社2006年版,第63—87页。

此次调查也显示，关系传递会对流动人口的社会网络的拓展有重要的作用，它可以有效地扩大流动人口在城市社区的社会网络。在传递关系的过程中不仅仅可以传递信息，同时也可以传递信任。

> 刚到城里的时候，就认识几个一块来的老乡，其中有个是我邻居，他在城里已经待了好几年了，认识不少人。我是一个泥瓦匠，只能在建筑工地上干活。他认识一个建筑工队里的小包工头，就把我介绍到他们那干活。大家都是邻居，他不会骗我的，再说也没必要骗我吧。

周丽芳认为，中国人要扩展社会网络主要有两种方式：一是通过既有关系基础，寻找与目标对象共同拥有的生活经验与认定；二是如果和目标对象没有共享基础，则以拉关系的方式，通过第三者来建立自己与目标对象的相似性。[①]

表3　　　　　　　　　　求职途径对比表（%）

途径	第一份工作	目前工作
亲戚介绍	37.5	13.2
朋友介绍	9.0	3.5
老乡介绍	30	13.2
同学介绍	2.8	0.7
自己找的	15.2	65.3
职业机构	4.9	3.5
其他	0.7	0.6
合计（N = 144）	100.0	100.0

求职是流动人口进入城市的首要目的，通过对求职的分析，我们可以

---

① 周丽芳：《华人组织中的关系与社会网络》，选自《中国社会心理学评论》（第三辑），社会科学文献出版社2006年版，第53—86页。

认识到流动人口实现社会网络建构的途径，从表3可以看出，流动人口实现网络构建主要是通过两种途径达到的：一种是通过原有的初级社会网络实现的。另一种是通过市场或中介机构实现的。从调查数据和访谈资料看，大部分流动人口的次级社会网络是通过原有初级社会网络建立起来的。表3向我们显示了流动人口在求职过程中的网络建构。我们可以看到流动人口刚到城市时，建立网络主要是通过初级社会网络中的亲戚、老乡建构的，其比例达到67.5%。这可能是因为初级社会网络主要是情感型的，当社会网络中互动关系的弱势者（城市中社会资源短缺的流动人口）急需获取社会网络中强势者所拥有的社会资源时，强势者必然会调动自己所拥有的社会网络，使弱势者和自己所拥有的某一社会网络产生直接的互动关系，从而帮助其获取短缺的社会资源。于是流动人口的次级社会网络便建构成了。可见，流动人口原有的初级社会网络是其建构次级社会网络的重要基础。

但是，通过原有的初级社会网络促使流动人口实现自己建构次级社会网络并不适用于所有的流动人口，因为有些流动人口的原有初级社会网络不具备第一种途径的条件，也就是说流动人口原有的初级社会网络在城市也没有较强的社会关系。因此，实现目标的第二种途径便应运而生，数据显示，有19.5%的流动人口在城市实现第一份工作是自己通过市场或职业机构找到的，但仅仅通过市场或职业机构来完成次级社会网络的建构是不现实的，因为市场只是一种纯粹进行交易的地方，流动人口与提供工作方的双方在市场中都是以工具性理性为取向，因此，市场只能作为流动人口在城市中次级社会网络建构的起点，双方还需要经过不断的互动，加深互相了解，从而达到构建次级社会网络的目标。

这也证实了流动人口在城市生活中初级社会网络的作用最大，社会交往还没有完全开放和分散。虽然社会网络正在发生变化，但是初级社会网络仍然具有很强的生命力。随着在城里生活的年限延长以及职业的转变等，他们的社会网络也逐渐由初级社会网络逐渐扩展。

那么，参加集体活动是人们认识结交其他人最快的途径之一，城市社区中的流动人口在参与集体活动的状况如何呢？（见表4）

从表4中我们可以发现，调查中没有参加过集体活动的流动人口超过多数，比例为52.1%，参加过集体活动的占47.9%，这里所谓的集体活动是指流动人口在业余时间所参加的由老乡、社区等组织的活动，主要目的是娱乐。流动人口通过参加集体活动可促进他们在城市中不断发展，可以拓展他们自身的社会交往范围、提升自身素质等。

同时数据也显示，流动人口参与最多的集体活动是由老乡组织的，其次是单位或公司，再次是社区组织的。在选择参与集体活动的 69 人里，参与老乡组织活动的比例为 26.4%，其单位或公司组织的比例为 11.1%，社区组织的仅占 3.5%。

表4 参加集体活动的类型

		频次（人）	百分比（%）	有效百分比（%）
是	老乡组织	38	26.4	55.1
	社区组织	5	3.5	7.2
	单位或公司组织	16	11.1	23.2
	其他	10	6.9	14.5
	合计	69	47.9	100.0
否	合计	75	52.1	
合计		144	100.0	

表5 参加集体活动的频率

		频次（人）	百分比（%）	有效百分比（%）
参加过	经常	8	5.6	11.8
	偶尔	60	41.7	88.2
	合计	68	47.3	100.0
未参加过		76	52.8	
合计		144	100.0	

表 5 显示，在被调查者中，经常参加集体活动的仅占 5.6%，偶尔参加集体活动的占 41.7%。

平时就是参加点老乡组织的活动，说是集体活动，其实也就是和老乡一起谝闲，大家一起喝点儿酒，打会儿牌。

公司里的那些领导平时和我们没什么往来，只在上班的时候能见。

遇到麻烦时就找同事、老乡帮帮忙，都是自己的私事，公司才不会管呢。

从以上数据和访谈资料可以看出，流动人口通过集体活动建立起来的社会网络也主要是以初级社会网络为主。他们通过参加集体活动无法建立起与城里人的交往圈子，流动人口很难真正融入城市社区，有的流动者在城市中尽管已工作生活了多年，但是城市社区对于流动人口自身来说，依旧是"他们的"，而不是"我们的"。

社区是进行一定的社会活动、具有某种互动关系和共同文化维系力的人类群体及其活动区域。[①] 它不仅是一个相对稳定、相对独立的地理空间，而且生活在这一区域的人们具有一种地缘上的归属感和心理、文化上的认同感，并产生某些共同的行为规范和社区意识。[②] 社区是把流动人口与城市社区联结在一块儿的重要纽带，通过它可以将城市社区的价值观和生活方式传达给流动人口，可以在很大程度上促进流动人口适应城市生活。

通过社区的支持和帮助，不仅可以改善流动人口的生活质量，同时，通过社区居民间的人际交往和互动，还可以提高流动人口的社区参与意识。但是，从目前来看，社区在这方面发挥的作用还是很小的。调查的数据可以看出，在参与集体活动的被调查者中，仅有 3.5% 的流动人口参与社区组织活动。

（四）社会网络的规模

本文将网络规模界定为流动人口所认可的"社会交往与联系"成员的数目，包括城里的人和农村的人。它是衡量一个人的社会资源拥有程度的重要指标。本文将网络规模细化为初级社会网络和次级社会网络。

本次调查中，初级社会网络规模的均值是 3.15，即规模在 16—25 人

---

① 郑航生主编：《社会学概论新修》，中国人民大学出版社 2003 年版，第 272 页。

② 杜常志：《新生代农民工社会支持网研究——以山东省牡丹区 W 办事处为例》，硕士学位论文，南京航空航天大学，2010 年，第 39 页。

之间，次级社会网络的均值是 2.84，即网络规模集中在 6—15 人之间。
与已有研究相比：胡荣在 1999 年 10—12 月以性别、年龄、收入、政治身
份、学历、单位所有制为自变量，对厦门市的常住居民 700 人、流入人口
302 人进行社会关系网络调查。调查的结果是：在社会关系网络的规模
上，男性 44.47 人，女性 37.65 人，社会关系网络的规模，流入人口 36
人，常住居民 44 人。① 两者相比，七里铺社区的流动人口的社会网络规
模明显小。尽管因为调查时间、地点的差异而不能进行严格的比较，但是
相应数据均相差较大，本次调查研究的流动人口的社会网络规模要比厦门
市流动人口的规模小很多。

表6   职业类型与社会网络规模分析（%）

社会网络类型	社会网络规模	职业的类型			合计（N = 144）
		体力型	脑力型	体力兼脑力型	
初级社会网络	5 人及以下	6.9		3.8	4.9
	6—15 人	54.0	71.0	46.2	56.3
	16—25 人	28.7	22.6	42.3	29.9
	25 人及以上	10.3	6.5	7.7	9.0
次级社会网络	5 人及以下	28.7	38.7	19.2	29.2
	6—15 人	47.1	41.9	65.4	49.3
	16—25 人	18.4	19.4	15.4	18.1
	25 人及以上	5.7			3.5

　　社会网络规模反映出流动人口与其他社会成员的互动状况，流动
人口的社会网络的规模和关系构成如表 6 所示。调查数据显示，流动
人口的社会网络的规模主要集中在 6—10 人之间，初级社会网络的规
模在 6—15 人的占 56.3%，次级社会网络规模在 6—15 人的占
49.3%，5 人以下的社会网络规模，次级社会网络的人数远远超过初
级社会网络的人数。从表中还可以看出，不论职业类型的种类，被调

① 胡荣：《社会经济地位与网络资源》，《社会学研究》2003 年第 5 期，第 62 页。

查者的社会网络规模均集中在6—15人。从事脑力型职业的流动人口的初级社会网络规模没有5人以下的，但是从事脑力型职业的次级社会网络规模与初级社会网络规模相比较，没有规模在25人以上的，体力兼脑力者的次级社会网络规模也没有达到25人以上。出现这种调查结果可能与本次调查点的流动人口构成有关，本次被调查者的144人中，本市管辖的78人，占54.2%，同一省30人，占20.8%，外省的仅占25%。

李树茁等学者通过对深圳市农民工整体社会网络的调查发现，无论人口特征如何，农民工的社会支持关系很少，社会讨论关系则更小，农民工交流主要发生在从老家带出来的血缘、地缘为主的初级社会网络，而以初级社会网络为基础的次级社会网络还没有完全建立。①

表7　　　　　性别与社会网络规模的交互分析（%）

社会网络类型	社会网络规模	性别		合计（N=144）
		男	女	
初级社会网络	5人及以下	3.3	7.5	4.9
	6—15人	52.7	62.3	56.3
	16—25人	29.7	30.2	29.9
	26人及以上	14.3		9.0
次级社会网络	5人及以下	24.2	37.7	29.2
	6—15人	50.5	47.2	49.3
	16—25人	19.8	15.1	18.1
	26人及以上	5.5		3.5

调查数据显示，男性与女性的社会网络规模都主要集中在6至15人，但是女性的社会网络规模没有达到25人以上的，在初级社会网络中，25人以下的社会网络规模中，女性的比例均略高于男性，但是在25人（包

① 李树茁、任义科、费尔曼德、杨绪松：《中国农民工的整体社会网络特征分析》，《中国人口科学》2006年第3期，第28页。

括25人）的社会网络规模中，均是男性，比例为14.3%。在次级社会网络规模中，女性的社会网络规模均比男性的社会网络规模小，在25人（包括25人）以上规模中，男性的比例为5.5%。本次调查的流动人口男性拥有的社会网络规模要大于女性所拥有的社会网络规模。在调查中，笔者还发现，流动人口都倾向于与自己同性别的人来往，尤其是在与次级社会网络的人联系时，这种现象显得更为明显，在同初级社会网络的人交往时更多的是涉及生活、情感类等深层次的话题，而与次级社会网络的人交往时，则更多地涉及工作等表面性话题。我们知道，和流动人口一起工作的人往往也是流动人口，是本市居民的可能性更小，所以这样的职业身份和社会身份往往存在相似性。上述表3中我们也分析了流动人口的工作主要是通过亲戚、老乡介绍的，而依靠这种途径求职的流动人口很有可能会和为他们提供信息的亲戚、老乡在一起工作，这就使得其朋友身份的社会身份和职业身份发生了重合。

总体而言，流动人口的社会网络具有趋同性，这不仅表现在性别上的趋同性，还表现在职业身份和社会身份上的趋同性，这种职业身份和社会身份上的趋同性是与流动人口找工作的途径、在城市社区中的隔离生活和弱势地位有关。流动人口无论是在职业身份、社会身份，还是在城市社区交往、社区居住中，与城市居民都没有直接、频繁的接触。

表8　　　　　　　　**年龄与社会网络规模的交互分析（%）**

社会网络类型	社会网络规模	年龄（岁）				合计（N = 144）
		25 岁及以下	26—35	36—50	51 及以上	
初级社会网络	5 人及以下	6.7	4.4	6.8		4.9
	6—15 人	46.7	62.2	52.3	64.0	56.3
	16—25 人	43.3	24.4	27.3	28.0	29.9
	26 人及以上	3.3	8.9	13.6	8.0	9.0
次级社会网络	5 人及以下	36.7	26.7	29.5	24.0	29.2
	6—15 人	50.0	51.1	43.2	56.0	49.3
	16—25 人	13.3	20.0	20.5	16.0	18.1
	26 人及以上		2.2	6.8	4.0	3.5

　　通过年龄与流动人口社会网络规模的交互分析（见表8），可看出，在初级社会网络的建构中，51岁以上的被调查者的社会网络规模没有5人以下的情况出现。6—15人的社会网络规模中26—35岁年龄段以及51岁以上年龄段的人较多，比例分别为62.2%和64%，16—25人的社会网络规模中18—25岁的人比较多，比例为43.3%，社会网络规模在26人以上的，每个年龄段的比例都相当，但是36—50岁的相比其他年龄段而言，比例稍微高点；在次级社会网络的建构中，规模在5人以下的，25岁及其以下年龄段的比例稍高，比例为36.7%，6—15人的社会网络规模中，各年龄段的比例相当，但是51岁及其以上年龄段的比例稍高点，为56%，社会网络规模在16—25人的26—35岁年龄段以及36—50岁年龄段的比重均为20%左右，规模在26人以上的，各年龄段的比重出入不大，25岁及其以下年龄段的次级社会网络规模没有出现。

　　胡荣通过对厦门市的社会关系网络的调查认为，年龄与社会关系网络的规模呈逆相关[1]，但是笔者通过调查并没有发现在被调查者中存在这种逆相关。得出这种结果鲜明的对比，笔者认为可能和流动人口流动的空间特征有关，胡荣的调查地在厦门，属于我国开放较早的地区，流动人口构成的异质性较强。但是，笔者所调查的地方，属于较为偏僻的内地地区，社会经济发展较迟，最近几年才开始迅速发展起来，加之其地理环境因素，流动人口主要是城市周边的农民，流动人口的同质性较强，城乡流动较为频繁。

（五）社会网络规模满意度

　　不论人们认为流动人口的规模是大还是小，都得看流动人口是怎么看待自己的社会网络规模的，通过表9的数据可以看出，在被调查者中，对自己的社会网络规模感到满意的比例为42.3%，一般的占48.6%，不满意的比例为11.1%，被调查的流动人口对自己社会网络规模的满意度还是相当好的。流动人口的性别、年龄、文化程度与月收入是影响他们社会网络规模满意度的重要因素。

---

① 张云武：《中国的城市化与社会关系网络——以大庆市和上海浦东新区为例》，社会科学文献出版社2008年版，第161页。

表 9   性别与网络规模满意度

| | | 性别 | | 合计（N = 144） |
		男	女	
社会网络规模满意度	非常满意	0	1.9%	0.7%
	满意	44.0%	32.1%	39.6%
	一般	45.1%	54.7%	48.6%
	不满意	8.8%	11.3%	9.7%
	非常不满意	2.2%	0	1.4%

表 9 是对性别与社会网络规模满意度的交互分析，通过表中所显示的数据，我们可发现，被调查者中男性与女性对于自己社会网络规模的满意度持不同的态度。男性对于自己的社会网络规模的满意度高于女性，男性的比例为 44%，而女性的比例是 34%，女性对于自己的网络规模持非常满意态度的比例高于男性，女性为 1.9%，被调查的男性则没人对自己的社会网络规模持非常满意态度。但是男性对于自己社会网络规模的不满意度与女性几乎持平，女性的比例是 11.3%，男性的比例是 11%，男性对自己社会网络规模持非常不满意态度的比例高于女性，男性的比例为 2.2%，女性则没人持非常不满意态度。

表 10   年龄与社会网络规模满意度（%）

| | 态度 | 年龄（岁） | | | | 合计（N = 144） |
		25 岁及其以下	26—35	36—50	51 及其以上	
社会网络规模满意度	非常满意	0	2.2	0	0	0.7
	满意	23.3	31.1	36.4	80.0	39.6
	一般	46.7	57.8	56.8	20.0	48.6
	不满意	23.3	8.9	6.8	0	9.7
	非常不满意	6.7	0	0	0	1.4

通过表 10 可发现，各个年龄段的流动人口对自己的社会网络规模的满意度呈现不同的态度。25 岁及以下年龄段的被调查者对自己的社会网络规模持不满意态度的比例最高，达到 30%，随着年龄的增长，对自己社会网络规模持满意态度的人数逐渐递增，51 岁及以上年龄段的被调查

者对自己的社会网络规模是最满意的，比例达到80%。年龄与社会网络
规模的满意度呈正相关，即年龄越大的流动人口对自己的社会网络规模的
满意度越高。

表11　　　　　　　　文化程度与社会网络满意度的交互分析（%）

	态度	文化程度				合计
		小学及以下	初中	高中或中专毕业	本科及以上	（N = 144）
社会网络规模满意度	非常满意	0	1.9	0	0	0.7
	满意	57.1	30.2	44.0	23.1	39.6
	一般	42.9	56.6	42.0	53.8	48.6
	不满意	0	9.4	12.0	23.1	9.7
	非常不满意	0	1.9	2.0	0	1.4

　　表11中数据显示出，小学及以下文化程度对自己的社会网络规模的
满意度最高，比例达到57.1%，初中文化程度的对自己的社会网络规模
持"一般"态度的比例为56.6%，高中或中专文化程度的流动人口对自
己的社会网络持"满意"和"一般"态度的比例相当，分别为44%和
42%，本科及以上文化程度的对自己的社会网络规模持"一般"态度比
例为53.8%。总的来看，随着文化程度的提高，流动人口对自己社会网
络规模的满意度逐渐下降，即文化程度越高的流动人口对自己的社会网络
规模越不满意。在笔者调查过程中就遇到这样的被访谈者，他说：

　　　　我大学是在延安上的，毕业后就留在延安，想着先干几年，
　　由于我的家乡在贵州，在这边认识的人差不多都是上学时候的老
　　乡和同学。快毕业的时候，通过校园招聘应聘到现在工作的这家
　　公司。毕业后，学校的老乡和同学都纷纷离开这里了，我在这边
　　认识的人一下少了很多，虽然认识不少同事，但是大家平时也都
　　是泛泛之交，觉着自己挺孤单寂寞的。节假日只能宅在自己租的
　　房子里。

　　由此个案可知，流动人口中的部分高学历者有可能是大学毕业后留在
延安市的，但是离家乡的距离较远。上学时，交往的人大都是自己的老乡

和同学，毕业后，他们的社会网络规模骤减。笔者认为造成这种结果的原因可能与流动人口的原居住地和现居住地的距离、他们在城市生活的时间有关。距离越远，城市里可供流动人口选择的初级社会网络就越小，能够为他们构建次级社会网络提供的资源就越少；在城里工作的时间越长，他们社会交往的机会越多，社会资源也随之增加，社会网络规模也就越大。但是这里面也有特殊的流动人口的存在，如上述流动人口，虽然在延安市生活学习了好几年，但是他的生活交往圈主要集中在学校范围内，并没有在校外大社会中建构起次级社会网络，造成他毕业后在生活，工作中的孤独感倍增。

表 12　　　　　　**月收入与社会网络满意度的交互分析（％）**

	态度	月收入（元）					合计（N = 144）
		1500及以下	1501—2000	2001—2500	2501—3000	3001及以上	
社会网络规模满意度	非常满意	0	0	4.2	0	0	0.7
	满意	47.1	38.5	25.0	38.5	45.1	39.6
	一般	41.2	46.2	50.0	46.2	52.9	48.6
	不满意	11.8	15.4	20.8	7.7	2.0	9.7
	非常不满意	0	0	0	7.7	0	1.4

从表 12 的数据可发现，被调查的流动人口中，除了收入在 1500 元以下中有 47.1% 的人对自己社会网络规模满意，其余被调查者，不论月收入如何，均认为自己的社会网络规模一般。月收入在 2001 至 2500 元的被调查者对自己社会网络规模持满意态度与不满意态度的人数比例相差不大，持满意态度的比例为 29.2%，持不满意态度的比例为 20.8%。从表中看不出来任何规律性。本次研究的结果与李树苗等学者对深圳市外来农民工的调查所得出的结果不一致。他们认为，月收入越高，农民工越可能留在城市发展，因为较高的经济收入是在城市生存和发展的基础。

三　社会网络建构对流动人口的影响

许多研究社会网络的学者，运用网络的概念和方法来探讨社会网络究竟是促进还是约束了人们的行为。对社会网络的研究可以分为两方面：一是研究社会资源方面的，二是研究社会支持方面的。对于流入城市社区的流动人口而言，社会网络主要为他们提供两方面的社会支持：一是提供就业信息、经验，降低了流动人口的流动风险和流动成本①。二是当他们在城市里孤独、寂寞的时候可以找到倾诉途径。对进城务工的流动人口而言，社会网络的功能包括：为个人提供发展的机会，解决生活困难，个人决策支持，可以帮助他们成功获得社会资源。

（一）社会网络建构对流动人口自身影响描述

流动人口进入城市以后，城市的主流文化与他们自身的亚文化发生碰撞，就会发生巨大的文化反差和生活方式以及思想观念上的冲突。他们有两种方法去解决这种冲突，第一种是去适应城市生活，另一种是逃避城市的主流文化对自己的影响。

表13   社会网络对流动人口自身的影响

	频次（人）	百分比（%）	有效百分比（%）
是 工作	34	23.6	30.6
思想观念	42	29.2	37.8
生活方式	20	13.9	18.0
适应城市生活	15	10.4	13.5
其他	0	0	0
合计	111	77.1	100.0
否 合计	33	22.9	
合计（N=144）	144	100.0	

表13提供的数据显示，大多数被调查者认为社会网络对自身产生了影响，比例为77.1%，只有少数的被调查者认为社会网络对自己没有影响，比例仅为22.9%。在认为社会网络对自身产生影响的被调查者中，

---

① 李良进、风笑天：《试论城市农民工的社会支持系统》，《岭南学刊》2003年第1期，第84页。

有 37.8% 的人认为对自己的思想观念产生了影响，30.6% 的人认为对自己的工作有影响，18% 的人认为对自己的生活方式产生了影响，13.5% 的人认为社会网络在自己适应城市生活方面产生了影响。

对于那些认为社会网络对自己没有产生影响的流动人口来说，从访谈资料可以看出，流动人口在城市中生活，他们会以农村人的眼光看待城市居民，同时，又以城市人的眼光看待自己，即费孝通所说的"我看人看我"，在这种过程中会使流动人口产生矛盾和隔阂的感觉。流动人口会认为自己仅仅是城市里的过客，在面对城市居民对自己的偏见或歧视行为时，一般会采取主动回避的态度，尤其是流动人口自身所拥有的初级社会网络可以为他们提供充足的生存空间和社会认同时，就会让流动人口在一定程度上即使不与城里居民互动也可以维持自身的生活。

（二）社会网络可提供的支持

流动人口进入城市，差不多都是依赖血缘、地缘和业缘关系，一带一、一带二，以"滚雪球"的方式进入城市。这样，后流入城市的流动人口不仅可以通过先流入城市的人获得就业方面的信息，而且先流入城市的人还可以为他们提供就业、住宿方面的实际帮助。[①] 后流入城市的流动人口不仅可以从先流入者那里获得可靠的消息，还可以从他们那里直接借鉴打工经验。尤其是刚进入城市，面临生活环境的变化，而乡土中的社会网络又无法为其提供足够的信息、感情、经济支持以及各种实际帮助的时候，对于引起的挫折、焦虑等心理问题，他们可以从先流入城市社区里的流动人口那里获取一些情感慰藉。我们把社会网络提供的支持划分为物质支持和精神支持两类。

1. 社会网络建构可提供的物质支持

物质支持是指资金、居住等方面减轻流动人口经济压力的支持。物质支持是流动人口在城市生存发展所必备的条件。在本文中，笔者提出"当您遇到困难（如资金紧张）时，会向谁求助"的问题来测量流动人口的物质支持的来源。

在被调查的 144 名流动人口中，在问及"遇到困难首先会向谁求助"

---

① 全海燕：《城市打工妹的生存体验与社会支持网络研究——以北京市"打工妹之家"会员为个案》，《长沙民政职业技术学院》2003 年第 3 期，第 20 页。

时,49%的被访者回答"向家人"求助,42.1%的被访者选择向"亲戚老乡"求助,向城里人求助的仅占5.5%(见表14)。被调查者中有许多属于"举家迁移流动",因此,他们在遇到困难时,先向家人求助,而对于那些只身的流动者则更多的选择向亲戚老乡求助。

表14 遇到困难的首选求助对象

对象	频次(人)	百分比(%)
家人	71	49.3
亲戚老乡	61	42.3
城里人	8	5.6
其他	4	2.8
合计(N = 144)	144	100

通过表14也可证实,流动人口进入城市后,初级社会网络为流动人口提供的就业信息的比例最大,同时,流动人口的第一份工作和目前工作的寻找途径差异相当大,第一份工作主要是通过亲戚和老乡而找到的,而目前工作的寻求途径则更多的是通过自己寻找的。初级社会网络在流动人口刚进入城市时为他们提供的帮助或支持主要包括:提供食宿、介绍工作、担任向导、扩大社会交往圈等。

> 我刚到延安的时候,虽然说是在表姨家的公司上班,但是工资不是很高,一个月也就1000多块钱吧,不够花的时候就跟同村和自己关系好的人借点花。不好意思向家里开口要钱。现在好多了,有时候朋友给自己介绍点私活干,每个月也能赚些钱。

> 学校毕业,我就应聘到一家民营企业上班,刚开始一个月也就1000多块钱,没钱了就跟我哥、我嫂子他们要,有时也向同学、同事借点,在外面还是朋友多了的好。

> 虽然我平时主要是和同事打交道,但是遇到困难几乎用不上他们,大家都是泛泛之交,遇到困难首先找老乡帮忙,和房东、邻居也有一点交往,但是很少,只是闲谝。

> 跟着邻居来的,我们村里一起来了三四个,邻居说他在城里有关系,给我们找工作没问题,我们就来了。

"在家靠父母，出门靠朋友"，通过表 14 的调查数据和访谈资料，我们可以看到，对于那些刚进入城市、社会网络还没拓展开的流动人口来说，家人亲戚是他们寻求物质帮助的主要对象，其次是具有地缘关系的老乡。

对于流动人口而言，传统的差序格局观念并没有因为他们居住地的改变而改变，尤其是当他们刚到城市时，遇到困难，一般情况下最先求助的对象主要还是家人、亲戚和老乡等初级社会网络成员。我国是一个传统的以血缘关系为基础的社会，即便是在外务工，传统观念依旧制约着流动人口的社会交往范围，尤其是涉及金钱方面时，人们首先寻求的还是最原始的社会关系——亲属关系。

"亲属是由声誉和婚姻构成的关系"[1]，亲属关系是以血缘、姻缘为基本准则，在乡土社会中，亲属关系是最为稳固的人际关系。由婚姻产生的姻亲构成相互交错的复杂的社会网络关系，这种亲属关系是流动者所借助的主要资源之一。首先，这种关系具有可靠性，亲属之间相互帮助是人们根深蒂固的共识；其次，这种关系对于流动人口来说，是现实的社会资源。流动人口从原住地的亲属网络中获取主要经济支持，提供资金支持的亲属一般多为家庭成员，即这种由婚姻与生育结成的亲属关系网络在以自己为中心的所有网络半径中距离相对较近。同时稳定且具有一定规模的地缘关系也是流动人口获取物质支持的重要对象。

关于社会网络的研究很多都是从对求职过程的实证研究发展起来的，由于中国社会素来强调社会人际关系的文化传统，同时由于城市劳动力市场建设的不完善与市场分割现象的存在，在农民工经济地位获得过程中，社会资本所扮演的角色是极其重要的，其作用可能比人力资本因素更为显著。[2] 上面的数据也显示，流动人口通过自己、朋友和职业机构等途径找到工作的比例与目前工作的获取途径相比，目前工作的获取途径则更多是依赖于次级社会网络。

刘传江等学者认为，社会网络已经成为市场和计划之外的第三种配置

---

① 费孝通：《乡土中国　生育制度》，北京大学出版社 1998 年版，第 26 页。
② 李培林：《中国进城农民工的经济社会分析》，社会科学文献出版社 2003 年版，第 67 页。

资源的方式,① 李培林认为社会网络在流动人口进城过程中发挥着节约交易成本和信息成本的作用。② 对于流动人口来说，尤其是初次进城的流动者，在求职过程中，很大程度上还是要依赖于初级社会网络。以血缘和地缘为基础的初级社会网络仍在他们社会网络中占有重要的地位。

为了更好地在城市中生存，流动人口积极拓展着自身的次级社会网络，他们在寻求物质帮助的时候，首先想到的是自己在城市工作期间所认识的朋友和同事。他们在城市里主要是通过职缘关系来扩大自己的交往范围，职缘关系不仅可以帮助他们解决在工作中遇到的困难以及生活中遇到的困境，同时也会为他们再次择业提供信息、获取渠道。曹子玮等人利用1999 年在北京、上海、广州的流动民工的调查资料分析表明，农村流动人口具有从以亲缘、地缘为纽带的社会关系网络逐渐向友缘和业缘为纽带的社会关系网络转变的特征，其信息来源、寻找工作的方式，以及在城市中的交往方式，都更多地依赖以亲缘、地缘为纽带的初级社会关系网络，而以业缘和友缘为主的次级社会关系网络在农民工发展中起到了信息桥的作用。

李培林在文中指出：虽然农民工在流动中社会生活场域发生了变化，但其以血缘、地缘关系为基础的社会网络并未得以根本改变③。但调查数据则向我们显示出，流动人口在城市的初次求职中对初级社会网络的依赖性较强，随着他们在城市年限的增加以及社会交往范围的扩大，他们对乡土网络的依赖度已大大降低，尤其是通常发挥绝对作用的血缘关系，比重仅占 13.2%。但是流动人口自身的人力资本在寻求工作过程中所发挥的作用越来越大。从本次调查结果来看，不论流动人口的社会支持网的规模如何随年龄而变化，流动人口在转职过程中所依赖的社会网络已发生了很大的变化，流动人口在寻求物质支持的时候已不再仅仅拘泥于亲属、老乡等初级社会网络，而是积极扩展到同学、战友等关系，甚至是在城市期间认识的同事等次级社会网络。

流动人口的社会网络在扩展的同时，由于二元对立的户籍制度，加之

---

① 刘传江、徐建玲：《中国农民工市民化进程研究》，人民出版社 2007 年版，第 257 页。

② 李培林：《中国进城农民工的经济社会分析》，社会科学文献出版社 2003 年版，第59 页。

③ 李培林：《流动农民工社会网络和社会地位》，《社会学研究》1996 年第 4 期，第 42—52 页。

分割的劳动力就业市场、居住格局、频繁的职业流动和地域流动，使流动者建构次级社会网络非常困难。尤其是在和城里人的交往上，基本是浮于表面，不会有深入交往。

2. 社会网络建构可提供的精神支持

精神支持就是指能够为流动人口提供各种精神方面的需求、缓解他们心理压力的支持。近年来，流动人口的生活状况，如就业、子女教育、医疗等越来越受到相关部门的关注，并得到不断改善。

但是，流动人口的生活的另一方面——精神生活依然不尽如人意。对于流动人口来说，诉说他们心中的苦恼、参与集体活动是其排遣孤独的主要方式，所以在本文中，笔者将流动人口的精神支持状况以"当你心情不好时，一般都会找谁诉说"、"你会和谁聊及个人私事"两项问题加以考量。

表15　　　　　　　　　精神支持网络的关系类别

关系类别	频次（人）	百分比（%）
家人	20	16.3
亲戚老乡	63	51.2
朋友同事	35	28.5
其他	5	4.0
合计（N=144）	123	100.0
缺失值	21	14.6

从上表可以看出，绝大多数流动人口选择"亲戚老乡"或"朋友同事"作为自己的精神倾诉对象，这两者的比例高达79.7%，仅有20人选择了"家人"，比例仅为16.3%。亲戚老乡和朋友、同事是流动者在城市里较为频繁的接触对象，他们的接触频率远远高于与家人的接触。他们不仅可以帮助流动人口解决在工作中遇到的苦难以及生活中遇到的困境，同时也可以为他们再次择业提供信息获取渠道。构建在次级社会网络基础上的交往并不总表现出理性的工具性，这种理性关系往往伴随着情感性卷入，而情感性的卷入又为工具性关系的维持提供辅助性功能。它在一定程度上提供情感支持，他们在流动人口的生活工作中扮演着相当重要的角色，尤其是在信息提供、情感支持等方面发挥着比血

缘关系更大的作用。

以下访谈资料,则更能够说明流动人口在选择精神倾诉对象时的心境。

> 我很少向家里打电话,基本上一个月打一次,家里离这里太远了,打了也是说那些,没什么好打的,就是遇到事家人也解决不了。心情不好时,就和同学打电话聊聊,诉一下苦。
>
> 心情不好了就找同事谝谝啊,要不就上网找个合适的网友说说,反正他又不认识我是谁,不会笑话我。
>
> 以前心情不好时都是靠自己面对,坐着发发呆,有时也去买东西发泄下,现在就跟老公诉苦呗,让他帮忙想点办法。

访谈资料表明,亲属网络在流动人口提供的精神支持发挥的作用较为有限。流动者在空间上割裂了其原有的亲属关系网络,亲属网络尤其是原住地的亲属关系很难为流动人口提供经济支持以外的其他支持。在精神支持方面,大多数流动人口采用了规避的方式,他们尽可能不从亲属关系那里获取精神支持。

> 对家里我向来是报喜不报忧。遇到困难也不会跟家里说的,家里也不认识什么人,有什么事都是自己想办法解决。跟他们说了反而让他们跟着操心。

流动人口在城市里遇到困难时,他们都尽可能变得不给父母说,避免给父母带来困扰,亲属关系为流动者提供的情感支持的有限性,反映的恰恰是亲缘关系是一种高情感卷入的关系类型。

在研究流动人口从网络获取社会支持时,笔者发现,几乎所有的被调查者的社会支持均来自非正式的社会网络,正式社会网络并未为他们提供任何形式的社会支持。

> 和社区里人没机会接触,大家都上班,时间又不固定,见不到面。再说人家都是城里人,看不起我们这些乡下来的,社区也没举办过什么活动让大家相互了解。

我们公司没举办过什么活动，都是同事自发组织的，公司一般就是到年底的时候，效益好的话给发点奖金之类的。

王春光认为，流动人口的"文化孤岛生活主要表现在缺少公共生活空间、无法了解城市文明、与城市居民缺少交往等方面。可以说，城市文化将他们排斥在外，是形成'文化孤岛'的最大原因。"[①] 解决这个问题的关键就是要把流动人口与城市的主流文化联系起来，而用人单位、社区是使这两者联系起来的桥梁，流动人口更好地适应城市生活，需要城市的用人单位、社区组织的帮助和支持，"社会生活支持网络从单位到社区的转变，是当前中国社会结构变迁的一种必然趋势。"[②] 在流动人口与城市居民的互动过程中，社区发挥着桥梁与中介的作用。社区可以通过组织各类娱乐活动、体育活动，发挥社区的力量为流动人口的市民化架桥铺路，增进流动人口与社区成员的社会交往、人际互动，逐渐找到对所工作生活的城市社区的归属感，许多流动人口，特别是受过教育的流动人口虽然在城市里生活了很多年，经过自己的努力，已经在城市里有了稳定的工作，进入公司管理层或者专业技术人员层面。但是，他们还是没有真正融进城市居民的生活之中，并不认为自己是城市里的人，同时城市也把他们当作是外人。

四　社会网络建构的实践与影响因素

（一）社会网络建构实践

1. 社会网络建构失利的应对策略

这里的社会网络建构主要是指次级社会网络的建构，即与城里人的互动。我们知道流动人口想在城市里建构社会网络是一回事，能不能实现建构却是另一回事。

社会学家长期以来认为，个人从来不能自由地选择他们希望交往的对

---

① 王春光：《农村流动人口的"半城市化"问题研究》，《社会学研究》2006 年第 5 期，第 107—122 页。

② 李培林：《社会生活支持网络：从单位到社区的转变》，《江苏社会科学》2001 年第 6 期，第 55 页。

象。社会生活、生活世家的限制影响了其交往对象的选择。①

流动人口流入到城市后，从事着城市里最危险、最辛苦、最累的工作，但是城里人仅仅将他们看作是一群完成工作就回家的外来人口而已，他们背负着沉重的偏见与歧视，过着"边缘化"和"污名化"的生活，他们的身份、职业构成、生活习惯、文化水平、生活质量及心理状态都明显不同于城市社区的居民。许多流动人口在城市建构次级关系网络的时候，都遇到过问题。

流动人口来到城市中生活工作，就意味着要逐渐疏远他们原有的初级社会网络，并开始在城市寻找更好的生活机会。而要获得这些更好的生活机会，他们自身所具有的社会资源可能不处于优势地位，但他们已有的初级社会网络和重新建构的次级社会网络作为一种社会资源，就很有可能弥补他们在城市中社会资源不足所带来的各种问题。

表 16	在与城里人在结交过程中失利过		
	频次（人）	百分比（%）	有效百分比（%）
是	96	66.7	66.7
否	48	33.3	33.3
合计（N = 144）	144	100.0	100.0

在本次调查中的 144 名被调查者中，在建构次级社会网络中的有 96 人，33.3% 的人都遇到了困难，仅有 66.7% 的人在构建次级社会网络中没有遇到困难，在这 66.7% 的未遇到困难的流动人口中，还有部分认为自己到城市只是为了赚钱，至于次级社会网络的建构认为没有必要。

　　当然遇到过了，想让小孩上市里最好的那家幼儿园，但是没关系人家是不收的，后来找的表姨，她认识的人，比较有能耐的人。
　　我是和很多老乡一块到建筑工地上干活，平时也没有必要和城里人来往，最多和房东有点来往。
　　我快毕业时最愁的就是工作问题，在这除了同学就没认识的人

---

① ［法］雷蒙·阿隆：《社会学主要思潮》，葛智强、胡秉诚、王沪宁译，上海译文出版社2005 年版。

了，多亏学校组织的招聘会，让我找到了现在的工作。

在次级社会网络建构遇到困难时，流动人口主要是通过两种途径达到与其建立互动关系的，一种是通过初级社会网络实现的。从访谈资料来看，次级社会网络的建构是通过初级社会网络为中间力量构建起来的，也就是说初级社会网络是连接流动人口与城市居民的纽带。第二种途径是通过市场或中介机构实现的，但是市场或中介机构只能作为两者社会网络建构的起点，双方还要经过不断的交往互动，加深了解，从而达到构建次级社会网络的目标。

在问及"你认为是什么原因造成你和城市居民交往困难"？被调查者的回答多样，但总结起来就是一个原因——资源的不对等性，前面我们探讨了流动人口与城市居民交往主要是出于工具性动机，那么这就牵扯到交往时资源的交换。流动人口在城市的社会资源较为短缺，而城市居民的社会资源较丰富，他们之间的互动是一种互惠性服务的关系，当两者所拥有的社会资源不对等时，这种互惠性的关系就没有保障。

2. 社会网络的维持及延续

表 17　　　　　　　　　不同类型的社会网络的交往方式（%）

	电话	聚会	工作交往	互联网	其他
初级社会网络（N = 144）	52.8	24.3	13.2	5.6	4.2
次级社会网络（N = 144）	20.1	5.6	71.5	2.1	0.7

在 144 名调查者中，有 52.8% 的人平时是通过电话与亲戚老乡等初级社会网络交往的，聚会也是他们交往方式的一种重要途径，与之相比较，流动人口与城里人等次级社会网络的交往则主要是通过工作，电话是他们与次级网络联系的途径之一。同时，在调查中也发现，流动人口在城市里，认识原住地的老乡主要是通过其他老乡介绍、朋友介绍和在工作中结识的，而认识城里人的途径则主要是在工作中认识的。

在谈及与他人交往的持续期时，被调查者所对待的态度大致分为三种：一种是仅自己在城市里维持，第二种是离开这个城市也应该来往，第三种是自己没有考虑过这个问题。在调查者中，有 32 人，即 22.2% 的人认为在城里的时候大家保持联系，有 67 人，即 46.5% 的人认为就算离开这个城市也应该继续保持联系，其中有 45 人就这个问题没有考虑过，占 31.3%。

以后安家地是影响流动人口交往持续期的一个重要因素，这点从表18 的数据也可以得到一定程度上的验证。

表18 **安家地与交往持续期的交互分析（%）**

		以后安家地			合计
		回老家	留在本市	看情况再定	（N = 144）
交往的 持续期	在城里时交往	41.2	4.2	14.5	22.2
	离开城市也应交往	23.5	70.8	55.1	46.5
	没考虑过	35.3	25.0	30.4	31.3

那么流动人口的社会网络为什么能够维持并延续下去的呢？

这里我们主要讨论次级社会网络得以维持并延续的原因。科尔曼认为社会个体相互之间的互动所形成的义务与期望使关系得以延续：如果 A 为 B 做了事并且相信 B 在将来会回报他，这就在 A 身上建立起了期望而在 B 这一方面建立起了义务。这种义务可以被想象为 A 持有的要求 B 兑现的信用卡。① 这里的 "A 和 B" 我们可以理解为流动人口和城市居民，但是没有对应关系。

从中我们可以看出来，这种联系能够维持并延续是因为 "A"、"B" 建立起来了期望与义务的关系，其基础是双方的信任。也就是说，流动人口的次级社会网络的建构的原因是：流动人口或城市居民之间发生互动关系，导致资源在两者之间流动，这就造成双方的收益不均衡，那么收益少的那方就对收益大的这方产生一种期望；而收益大的一方则对收益小的一方有一种义务。这种义务在未来是要兑现的，因为期望与义务之间的纽带是信任。

在流动人口的次级社会网中，流动人口与其他网络成员互动后，流动者与互动成员就建立起了期望与义务的关系。任何一方的不配合，都有可能损害双方或至少一方的利益。当网络成员不给予其他成员以合作时，社会网的构成机制倾向于给不合作者以超出其不合作收益的处罚，给合作者

---

① 曹子玮：《农民工的再建构社会网与网内资源流向》，《社会学研究》2003 年第 3 期，第108 页。

超出其酬劳的收益。① 建构网络的双方通过网络建立起了期望与义务关系，双方为了保护各自的利益，都有较大可能努力维护双方的互动关系，从而流动人口的次级社会网络得以延续。

（二）社会网络建构的影响因素分析

1. 影响社会网络建构因素的描述性分析

表 19   影响初级社会网络建构的因素

影响因素	频次（人）	百分比（%）	有效百分比（%）
职业	37	25.7	25.7
职位	10	6.9	6.9
性格	38	26.4	26.4
居住地	55	38.2	38.2
户籍	1	0.7	0.7
其他	3	2.1	2.1
合计（N = 144）	144	100.0	100.0

从表 19 可看出，流动人口构建初级社会网络最主要的是受居住地的影响，占 38.2%，流动人口进入城市后的居住方式呈现出大杂居、小聚居的特点，居住在城市的周边，居住地的距离相对较远，从而影响了人们的交往；其次是性格，比例为 26.4%，我们知道，性格外向的人在与人互动时比较容易，较易融入别人的圈子中去，性格内向的人则反之；再次是职业影响，比例为 25.7%，而户籍和职位对于流动人口初级社会网络建构的影响并不大，比例仅占 7.6%。对于流动者而言，在户籍和职业种类上具有较高的同质性，户籍主要是农村户口，主要从事的是城市社区里脏、险、累的职业。

对于被调查的流动人口而言，建构次级社会网络主要是受城里人对他们态度的影响，比例占到 27.1%，其次是职业的影响，由于所从事的职业种类的不同，人们的接触也就比较少，比例为 20.8%，再次是居住地的影响，比例为 18.1%，流动人口进城以后主要是住在城乡结合部或城

---

① 张其仔：《社会资本论》，社会科学文献出版社 1999 年版，第 78 页。

中村，流动人口进城以后由于房租等因素的影响，他们主要是住在城乡结合部或城中村，这就将流动人口与城市居民隔离开来，从而也影响到两者之间的互动和交往。而方言、户籍、职位、性格等则对他们次级社会网络建构所产生的影响较小。

表20   影响次级社会网络建构的因素

影响因素	频次（人）	百分比（%）	有效百分比（%）
语言	12	8.3	8.3
职业	30	20.8	20.8
职位	11	7.6	7.6
性格	9	6.3	6.3
居住地	26	18.1	18.1
态度	39	27.1	27.1
户籍	12	8.3	8.3
其他	5	3.5	3.5
合计（N = 144）	144	100.0	100.0

上述是从流动人口建构社会网络的影响因素进行了简单的描述，从以往对社会网络建构的影响因素的分析可发现，影响社会网络建构的因素有个人因素、流动因素和城市生活因素三种。结合本文的研究内容，笔者认为，本文中个人因素主要包括性别、年龄、文化程度、婚姻状况和月收入五项；流动因素包括原住地和在城市的生活时间两项；城市生活因素主要是对当地方言的掌握程度。

2. 社会网络规模的罗吉斯蒂（Logistic）回归分析

本文在利用调查数据给出当前被调查流动人口的社会网络规模现状和构成的基础上，进一步对影响流动人口社会网络规模的因素进行分析，社会网络规模为数值型连续变量，分为10人以上和10人以下，选择Logistic模型分别对流动人口初级社会网络和次级社会网络建构的影响因素进行分析。两类模型中的解释变量完全相同，具体变量设置说明如下。

（1）因变量

社会网络的数量特征影响因素分析的因变量为社会网络规模，是指被调查者认识的相应的社会网络类型中所交往的人的数目。

（2）解释变量

①个人因素

包括性别、年龄、文化水平、婚姻状况以及月收入。研究中，笔者将年龄分成四个类别：25 岁及以下、26—35 岁、36—50 岁、51 岁以上；文化程度分为三个类别：小学及其以下、初中、高中及其以上；婚姻状况：分为无配偶和有配偶两类。性别、年龄、文化程度和婚姻状况，笔者都以分类变量纳入分析模型，参照组分别是女性、25 岁及以下、小学及其以下以及无配偶，月收入为连续变量，直接纳入分析模型。

②流动因素

流动因素包括原住地、城市生活年限两类。在本文中，原住地作为分类变量，包括本省和其他省两类；城市生活年限是指流动人口第一次来到延安市到调查时，在延安市工作生活的年数；原住地为分类变量，以本省为参照组，城市生活年限为连续变量直接纳入分析模型中。

③城市生活因素

城市生活因素在本文中主要是对方言的掌握程度，方言掌握程度包括"听不懂"、"仅能听懂"和"会说"三类。变量以分类变量进入模型，"听不懂"作为三个变量的参照类。

将性别、年龄、文化程度、婚姻状况、月收入、原住地、城市生活年限以及方言掌握程度等八项自变量纳入方程式，得到如下结果（见表 21 和表 22）。

表 21　　　　　　　　初级社会网络规模建构的 Logistic 回归分析

		非标准回归系数 B	标准差	Wald 系数	自由度	系数 B 的显著性	期望值	标准化回归系数 Bata
初级社会网络建构规模	性别	− 1.355	0.467	8.434	1	0.004	0.258	− 0.249
	年龄	− 0.057	0.258	0.049	1	0.825	0.944	− 0.007
	文化程度	1.100	0.355	9.587	1	0.002	3.044	0.308
	婚姻状况	0.114	0.453	0.064	1	0.801	1.121	0.008
	月收入	0.115	0.304	0.143	1	0.705	1.122	0.073
	原住地	0.512	0.511	1.006	1	0.316	1.699	0.086
	城市生活年限	− 0.336	0.457	0.538	1	0.463	1.115	− 0.139

注：模型变量初级社会网络规模，显著度为 0.025（＜0.05），有效个案数为 144。

　　将上述自变量纳入模型，性别、教育程度、月收入、原住地、城市生活年限等五项均达到了 0.05 的统计显著度，标准化回归系数（Beta）分别为 -246、0.308、0.073、0.086 和 -0.139。也就是说，在对其他两项变量进行控制后，性别、教育程度、月收入、原住地、城市生活年限均与初级社会网络的建构之间有一定程度的净相关，且教育程度、月收入和原住地与初级社会网络建构规模呈现正相关关系，性别以及城市生活年限与初级社会网络的建构规模呈负相关关系。从其发生比看，男性的初级社会网络建构规模发生比是女性的 0.258 倍；文化程度高的调查对象的初级社会网络建构规模会是文化程度低的调查对象的 3.044 倍，被调查者的月收入每增加一块，初级社会网络的规模就会大 12.2%，原住地是在本省的被调查者的初级社会网络建构规模是外省被调查者的 1.699 倍，被调查者的城市生活年限每增加一年，他们的初级社会网络就会扩大 11.5%。

　　没有达到显著度水平的自变量，如年龄和婚姻状况对流动人口初级社会网络建构的规模的影响不大。

表 22　　　　　　　　次级社会网络规模建构的 Logistic 回归分析

		非标准回归系数 B	标准差	Wald 系数	自由度	系数 B 的显著性	期望值	标准化回归系数 Bata
次级社会网络建构规模	性别	-0.432	0.424	1.038	1	0.308	0.649	-0.090
	年龄	-0.570	0.212	7.209	1	0.007	0.566	0.042
	文化程度	1.125	0.334	11.336	1	0.001	3.081	0.254
	婚姻状况	-0.481	0.397	1.468	1	0.226	0.618	-0.009
	月收入	0.328	0.152	4.654	1	0.031	1.389	0.159
	原住地	0.898	0.436	4.246	1	0.039	2.455	0.083
	城市生活年限	0.499	0.268	3.467	1	0.063	1.647	-0.095
	方言掌握情况	-0.242	0.333	0.529	1	467	1.181	0.785

注：模型变量次级社会网络规模，显著度达到 0.05，有效个案数为 144。

将性别、年龄、文化程度、婚姻状况、月收入、原住地、城市生活年限以及方言掌握程度等八项自变量纳入模型，性别、文化程度、月收入、原住地、城市生活年限以及方言掌握情况等六项均达到了 0.05 的统计显著度，标准化回归系数（Beta）分别为 - 0.90、0.254、0.159、0.083、- 0.095 和 0.785。也就是说，在对其他两项变量进行控制后，性别、教育程度、月收入、原住地、城市生活年限和方言掌握程度均与次级社会网络的建构之间有一定程度的净相关，且教育程度、月收入和原住地、方言掌握情况与次级社会网络建构规模呈现正相关关系，性别与城市生活年限与次级社会网络的建构规模呈负相关关系。从其发生比看，男性的次级社会网络建构规模发生比是女性的 0.659 倍；文化程度高的调查对象的次级社会网络建构规模会是文化程度低的调查对象的 3.081 倍，被调查者的月收入每增加一块，次级社会网络的规模就会大 38.9%，原住地是在本省的被调查者的次级社会网络建构规模是外省被调查者的 2.455 倍，被调查者的城市生活年限每增加一年，他们的次级社会网络就会扩大 64.7%，能够听懂和会说当地方言的被调查者比听不懂当地方言的被调查者的次级社会网络建构规模大 18.1%。

没有达到显著度水平的自变量，如年龄和婚姻状况对流动人口次级社会网络建构规模的影响不大。

上面两个表（表 21 和表 22）提供了流动人口社会网络构建规模的影响因素分析结果，可以发现流动人口个人因素中的年龄和婚姻状况对流动人口社会网络建构规模没有影响，而个人因素中的性别、文化程度、月收入，流动因素中的原住地、城市生活年限以及城市生活因素中的对当地方言的掌握程度对其社会网络构建规模都产生了影响，且月收入和城市生活年限对其则有显著影响，收入越高的流动人口的社会网络规模越大，在城市待着时间越长的流动人口的社会网络规模越大。

虽然在上述分析中我们发现，流动人口的年龄与婚姻状况对他们社会网络的建构规模没有影响，但是我们知道年龄越大的流动人口越倾向于与原住地的人来往，也越有可能以后回原住地，原因是年龄大的流动人口到城市里的主要目的是赚钱，并没有打算离开原住地迁移到城市里，他们的根还在农村。年龄小的流动人口很多是刚毕业就到城市里务工，几乎没有干过农活，他们到城市里务工的主要目的是开眼界和见世面，所以，他们更可能与城市里的居民打交道，以后留在城市里的可能性也越大，已婚的流动者更可能与原住地的人交往，未婚者更有可能与城市居民来往，因为婚姻会带来重要的社会网络。流动人口原住地与目的城市之间的距离以及文化方面的差异都可能会对其社会网络的建构规模产生影响。两地相距越远，那么在目的城市可以供流动人口使用的社会资源也就越少。这就可能导致流动人口的社会网络规模相对而言较小，相距越远，就使得流动人口离自己所熟悉的在原住地的初级社会网络越远，这肯定会影响到流动人口的社会网络的构成。同时，文化（价值观、文化规范等）间差异越小，流动人口就越可能快速地适应新的城市生活环境。流动人口在城市生活年限越长，随着在城市生活年限的增加，他们与城市居民的接触也就越频繁，社会交往会越来越多，从而会对流动者的社会网络的规模产生影响。流动人口如果可以用方言与目的城市的居民进行交流，他们就越容易融入城市生活，对于拓宽流动人口的社会网络规模、增加社会网络构成的多样性具有积极作用。

而对流动人口社会网络规模建构产生重要影响的文化水平和月收入，则是因为文化水平越高的流动者更可能和城市居民交往，月收入越高，流动者越有可能留在城市里发展，因为较高的经济收入会为他们以后在城市的生存和发展提供更多的资本。

五 结论和理论上的进一步讨论

（一）关于城市社区流动人口社会网络建构研究的认识

本文基于对延安市的一个社区流动人口的调查研究，对延安市七里铺社区的流动人口社会网络建构的状况及其影响因素进行了分析。描述性统计资料分析显示，初级社会网络是目前流动人口在延安市七里铺社区中主要的社会网络类型，尤其是对于刚进城的流动人口来说，以血缘、地缘为基础的社会网络几乎是其社会网络的全部构成。他们到延安市时，社会网络建构的动机主要是出于"情感性动机"和"工具性动机"。流动人口进城初期，这两种动机的实现主要是通过初级社会网络，随着在城市社区居住时间的增加和社会网络的扩张，他们建构初级社会网络更多的是出于"情感性动机"，而建构次级社会网络则更多的是出于"工具性动机"。从延安市七里铺社区流动人口的第一次求职过程，我们发现，他们实现社会网络的建构主要是通过两种途径：一是通过初级社会网络，二是通过市场或中介机构，通过初级社会网络建构他们的社会网络是他们首要的选择，即通常所说的"找关系"，在不具备第一种建构社会网络条件的情况下，第二种途径则成为他们的选择，当流动人口在延安市的社会网络逐渐扩张后，社会网络的建构则更多的是通过他们在城市里已经建构的次级社会网络来实现的。目前，工作单位和社区在促进流动人口与城市居民互动方面的作用还未得到充分发挥。延安市七里铺社区流动人口社会网络建构的规模，初级社会网络的规模相较于次级社会网络规模来说，社会网络的规模较大，男性相对于女性而言，社会网络的规模较大。流动人口在建构社会网络时均倾向于与同性别的人互动、交往，尤其是在次级社会网络的建构中，这种倾向显得更加突出。社会网络规模的满意度与流动流动人口的性别、年龄、文化程度有关，男性对于社会网络的满意度比女性高，年龄越大的流动人口对于自身社会网络规模的满意度越高，文化程度越高的流动人口对于自身的社会网络规模的满意度越低，也就是说，对于七里铺社区的流动人口来说，年龄与社会网络规模的满意度呈正相关，文化程度与社会网络规模的满意度呈负相关，月收入与社会网络规模的满意度则与其他研究者的研究结论不一致，其他研究者的研究结果是月收入与社会网络规模呈正相关，但是本次研究发现，两者之间没有呈现任何的规律性。

　　社会网络可以为流动者提供物质支持和精神支持，延安市七里铺社区的流动人口刚到延安市的时候的物质支持主要是依赖于家人、亲戚和老乡等初级社会网络，但是随着他们在城市时间的增加，他们物质支持的来源则发生转变，不再拘泥于亲属、老乡等初级社会网络，而是扩展到次级社会网络。在他们的情感诉求中，主要的诉求对象是亲戚老乡和朋友同事，对家人的倾诉则较少，这说明他们从家人那里获取的精神支持较少。对于他们而言，城市中的社会网络是他们精神支持的主要来源。

　　延安市七里铺社区的流动人口在自身直接建构社会网络失利的情况下，主要通过两种途径继续建构其社会网络，一种是通过"找关系"，另一种则是通过中介机构。他们与初级社会网络的成员间主要以通电话作为主要沟通方式，和次级社会网络的成员则主要是在工作中互动。对于自身与城市居民的交往维持期，他们所持的态度各不相同。在流动人口自身看来，影响他们建构社会网络的因素很多，初级社会网络的建构的影响因素首先是流动人口在城市中的居住地，其次是性格，再次是职业。而影响他们次级关系网络建构的因素首先是城市居民对他们的态度，其次是职业，再次是居住地。

为了进一步分析延安市七里铺社区中流动人口社会网络建构的影响因素，本文将个人因素中的性别、年龄、文化水平、婚姻状况以及月收入，流动因素中的原住地和城市生活年限以及城市生活因素中的方言掌握程度作为自变量，将社会网络规模作为因变量，以罗吉斯蒂回归分析方法来对它们之间的关系进行验证。得出：在八个自变量中，仅有年龄和婚姻状况对该社区流动人口的社会网络规模影响较小，其他六个变量对该社区流动人口社会网络的建构均产生了不同程度的影响。

总体而言，通过对延安市七里铺社区流动人口社会网络建构状况的分析，并通过与其他研究者对于流动人口社会网络建构研究结果比较，可得出以下结论：

第一，延安市七里铺社区的流动人口在刚进入城市时，他们对于初级社会网络的依赖性更强。本文研究得出：延安市七里铺社区流动人口的社会网络的建构途径主要是通过初级社会网络实现的，流动人口建构初级社会网络更多的是出于"情感性"动机，次级社会网络的建构更多的则是出于"工具性"动机。对于自身社会网络的满意度，流动人口多数持"一般"态度，流动人口社会网络的性别同质性较高，社会网络的构成的同质性也较高，主要以初级社会网络成员为主。总体而言，该社区流动人口在社会网络建构时，存在着高趋同性、低异质性的特征。

第二，由于流动人口生活场域发生了变化，延安市七里铺社区流动人口的社会网络与农村居民的关系构成相比，则显示出其初级社会网络的作用在逐渐降低，而朋友、同事等次级社会网络的力量则在逐渐增强。初级社会网络最初为他们提供物质方面的支持，但是随着他们在城市生活年限的增加和职业的转变等，他们的社会网络构成也随之逐渐发生转变，次级社会网络成为他们物质和精神支持的主要来源。同时，社会网络的建构对于其自身在思想观念、生活方式等方面也都产生了不同程度的影响。

第三，流动人口到延安市后，普遍存在次级社会网络建构的失利的风险，造成这种结果的原因主要是双方社会资源的不平等性造成的，资源理论认为个人拥有的社会资源越是雄厚，那么他在交往中就会拥有更大的优势。流动人口到城市后属于弱势群体，在资源的占有上处于弱势地位，所以，他们在与延安市居民的互动中处于被动地位，面对这种状况，流动人口主要是通过"找关系"的途径与城市居民互动,在流动人口与城市居民之间起桥梁作用的是流动人口的初级社会网络。而他们两者之间的社会网络之所以能够维持下去则是因为人们在互动中所产生的义务与期望的关系。

第四,在延安市七里铺社区流动人口自身看来,影响他们建构初级社会网络的因素首先是居住地,其次是性格,再次是职业。而影响他们次级关系网络建构的因素首先是城市居民对他们的态度,其次是职业,再次是居住地。在进一步的分析研究中,笔者发现,流动人口的性别、文化水平、月收入、原居住地、城市生活年限以及方言掌握程度都在不同程度上影响了该社区流动人口社会网络的建构。

(二) 进一步的理论阐释

社会网络的建构有利于流动人口更好地适应并融入城市生活,增加流动人口与城市居民之间的互动,让城市居民深入的了解流动人口,消除城市居民对流动人口"污名化"的认知,社会网络建构,尤其是次级社会网络的建构更是考察和反应流动人口城市生活融入状况的重要因素。延安市七里铺社区流动人口在该市中处于弱势地位,拥有的社会资源相对较少。他们在社会网络尤其是次级社会网络的建构中处于被动地位,但是他们仍然通过各种途径积极建构自身的次级社会网络,并从次级社会网络中获取各种支持。因此,流动人口次级社会网络的建构对于流动人口而言具有非常重要的作用。

与此同时,延安市七里铺社区流动人口社会网络构建状况及影响因素的分析的研究结果给我们的启示在于:

首先,流动人口社会网络的建构,尤其是次级社会网络的建构,有助于流动人口更好地适应城市生活,但是在城市激烈的社会竞争中,流动人口由于自身资源的相对缺乏,加之受社会环境和传统文化的影响,仍处于弱势地位,影响到流动人口自身的发展和社会地位的提高,因此,必须充分估计经济市场化对资源相对缺乏的流动人口的负面影响;关注流动人口的城市生活生存状况,采取切实有效的措施帮助流动人口构建其社会网络,改善流动人口发展的社会人文环境,缩小流动人口与城市居民在资源分享上的差距。

其次,社区对于流动人口社会网络建构的作用还没有得到充分发挥,因此，加强社区建设，增进流动人口与城市居民彼此间的互动进而认同，同时，加强政府、企业和民间组织等部门对流动人口的关心，帮助流动人口建构社会网络，能够让他们不断积累社会资本，获取更多的社会资源，更好更快地融入到城市生活中。

参考文献

1. 期刊类

［1］赵金亮：《非城市居民的城市社会支持网络构建研究——以少数民族经商人员为例》，《河南社会科学》2011 年第 1 期。

［2］宋秀波：《社会网络视野下的农民工转移与关系再建构分析——平阳坝村的个案研究》，《社会学研究》2010 年第 6 期。

［3］杜常志：《新生代农民工社会支持网研究——以山东省牡丹区 W 办事处为例》，硕士学位论文，南京航空航天大学，2010 年。

［4］龚晓洁、徐德印：《流动就业者生存状况及社会支持研究》，《济南大学学报（社会科学版）》2010 年第 2 期。

［5］陶菁：《青年农民工城市适应问题研究——以社会关系网络构建为视角》，《江西社会科学》2009 年第 7 期。

［6］路冠军、张强：《农民工社会支持网络：缺失与构建——以武汉市农民工思想道德状况调查分析》，《长沙民政职业技术学院学报》2007 年第 1 期。

［7］齐心：《延续与建构：新生代农民工的社会网络》，《江苏行政学院学报》2007 年第 3 期。

［8］李树苗等：《农民工社会支持网络的现状及其影响因素研究》，《西安交通大学学报》2007 年第 1 期。

［9］单菁菁：《农民工的社会网络变迁》，《城市问题》2007 年第 4 期。

［10］马冬梅：《都市外来回族穆斯林社会网络的建构——以桂林市为例》，《青海民族研究》2006 年第 4 期。

［11］李树苗、任义科、费尔曼德、杨绪松：《中国农民工的整体社会网络特征分析》，《中国人口科学》2006 年第 3 期。

［12］王春光：《农村流动人口的"半城市化"问题研究》，《社会学研究》2006 年第 5 期。

［13］周霞：《社会网络视野下的农民工研究现状述评》，《西南科技大学学报（哲学社会科学版）》2005 年第 4 期。

［14］张彦珍：《兰州市流动人口社会网研究》，《甘肃社会科学》2005 年第 6 期。

［15］王毅杰、童星：《流动农民社会支持网探析》，《社会学研究》2004 年第 2 期。

　　[16] 李汉林：《关系强度与虚拟社区——农民工研究的一种视角》，中国社会科学院社会学研究所主办"民工流动：现状趋势与政策"研讨会论文，2003 年。

　　[17] 翟学伟：《社会流动与关系信任——也论关系强度与农民工的求职策略》，《社会学研究》2003 年第 3 期。

　　[18] 胡荣：《社会经济地位与网络资源》，《社会学研究》2003 年第 5 期。

　　[19] 曹子伟：《农民工的再建构社会网与网内资源流向》，《社会学研究》2003 年第 3 期。

　　[20] 杨红梅、吴尊友、王克安：《社会网络与 HIV 传播》，《中国艾滋病性病》2003 年第 1 期。

　　[21] 李良进、风笑天：《试论城市农民工的社会支持系统》，《岭南学刊》2003 年第 1 期。

　　[22] 胡荣：《社会经济地位与网络资源》，《社会学研究》2003 年第 5 期。

　　[23] 全海燕：《城市打工妹的生存体验与社会支持网络研究——以北京市"打工妹之家"会员为个案》，《长沙民政职业技术学院》2003 年第 3 期。

　　[24] 刘林平：《外来人群中的关系运用——以深圳平江村为个案》，《中国社会科学》2001 年第 5 期。

　　[25] 陆绯云：《同乡关系网络与中国大陆的"民工潮"》，《世纪中国》2001 年第 3 期。

　　[26] 李培林：《社会生活支持网络：从单位到社区的转变》，《江苏社会科学》2001 年第 6 期。

　　[27] 华金·阿朗戈：《移民研究的评析》，《国际社会科学杂志》（中文版）2001 年第 3 期。

　　[28] 边燕杰：《社会网络与求职过程》，《国外社会学》1999 年第 4 期。

　　[29] 项飚：《社区何为——对北京流动人口聚居区的研究》，《社会学研究》1998 年第 6 期。

　　[30] 王汉生：《浙江村：中国农民进入城市的一种独特方式》，《社会学研究》1997 年第 1 期。

　　[31] 李培林：《流动民工的社会网络和社会地位》，《社会学研究》1994 年第 4 期。

　　2. 著作类

　　[1] 姜磊：《都市里的移民创业者》，社会科学文献出版社 2010 年版。

　　[2] 蔡禾、刘林平等：《城市化进程中的农民工——来自珠江三角洲的研究》，社会科学文献出版社 2009 年版。

　　[3] 张展新、侯亚飞：《城市社区中的流动人口——北京等六城市调查》，社会

科学文献出版社 2009 年版。

[4] 曾鹏:《社会网络与集体行动》,社会科学文献出版社 2008 年版。

[5] 张云武:《中国的城市化与社会关系网络——以大庆市和上海浦东新区为例》,社会科学文献出版社 2008 年版。

[6] 黎熙元:《现代社区概论》(第二版),中山大学出版社 2007 年版。

[7] 李若建、闫志刚:《走向有序:地方性外来人口管理法规研究》,社会科学文献出版社 2007 年版。

[8] 刘传江、徐建玲:《中国农民工市民化研究》,人民出版社 2007 年版。

[9] 边燕杰、李路路、蔡禾:《社会调查与技术:中国实践》,社会科学文献出版社 2006 年版。

[10] 王桂新主编:《中国人口迁移与城市化研究》,中国人口出版社 2006 年版。

[11] 沙莲香:《社会心理学》(第二版),中国人民大学出版社 2006 年版。

[12] 黄国光、胡先缙:《面子——中国人的权利游戏》,中国人民大学出版社 2006 年版。

[13] 周丽芳:《华人组织中的关系与社会网络》,《选自中国社会心理学评论(第三辑)》,社会科学文献出版社 2006 年版。

[14] 风笑天:《社会学研究方法》(第二版),中国人民大学出版社 2005 年版。

[15] 罗家德:《社会网分析讲义》,社会科学文献出版社 2005 年版。

[16] [法] 雷蒙·阿隆、葛智强、胡秉诚、王沪宁译:《社会学主要思潮》,上海译文出版社 2005 年版。

[17] 张继焦:《城市的适应——迁移者的就业与创业》,商务印书馆 2004 年版。

[18] [美] 帕森斯:《社会行动的结构》,译林出版社 2003 年版。

[19] 郑航生主编:《社会学概论新修》,中国人民大学出版社 2003 年版。

[20] 周长城:《经济社会学》,中国人民大学出版社 2003 年版。

[21] 蔡禾、张应祥:《城市社会学:理论与视野》,中山大学出版社 2003 年版。

[22] 李培林:《中国进城农民工的经济社会分析》,社会科学文献出版社 2003 年版。

[23] 李沛良:《社会研究的统计应用》(第二版),社会科学文献出版社 2002 年版。

[24] 侯钧生:《西方社会学理论教程》,南开大学出版社 2001 年版。

[25] 马尔科姆·沃特斯:《现代社会学理论》(第二版),华夏出版社 2000 年版。

[26] 郭志刚主编:《社会统计分析方法—SPSS 软件应用》,中国人民大学出版社 1999 年版。

[27] 杨建强、吴明伟:《现代城市更新》,东南大学出版社 1999 年版。

［28］张其仔：《社会资本论》，社会科学文献出版社 1999 年版。

［29］赵树凯：《纵横城乡——农民流动的观察与研究》，中国农业出版社 1998 年版。

［30］费孝通：《乡土中国　生育制度》，北京大学出版社 1998 年版。

［31］袁方：《社会研究方法教程》，北京大学出版社 1997 年版。

［32］王春光：《社会流动和社会重构——京城浙江村调查》，浙江人民出版社 1995 年版。

传统到现代:南京市少数民族流动人口族际通婚观念研究[*]

薛莉[**]

一　绪论

（一）研究的缘起

当今时代是一个社会急剧变迁、人口快速流动的时代。20 世纪 80 年代特别是 90 年代以来，随着市场经济体制的健全和城市化进程的加快，越来越多的农民"离土又离乡"，进城务工经商。1982 年，中国流动人口的总量仅有 657 万，1990 年这个数字增加到 2135 万，2000 年增加到 1.02 亿，2005 年又跃升至 1.47 亿。[①] 从 1982 年到 2005 年，流动人口规模增加了 22 倍之多。少数民族流动人口中信仰伊斯兰教的流动人口数量也在逐年递增。据我国 2005 年人口统计调查结果显示，有宗教信仰的流动人口约有 2000 万，信仰伊斯兰教的群体约有 200 万。因此，在这一大背景之下，越来越多的学者开始对城市流动人口、农民工弱势群体进行了大量的理论研究和实证调查，并出现了很多富有成就的研究成果。相比之下，对城市少数民族流动人口特别是回族流动人口群体的研究成果仍显不足。

　[*] 2011 年江苏省普通高校研究生科研创新项目阶段性成果,项目编号为 CXZZ11_0230。

　[**] 薛莉,西北民族大学社会学专业硕士研究生毕业,现为南京理工大学思想政治教育专业博士研究生,研究方向:思政教育与民族和谐。

　[①] 张征:《流动人口:留在城里,还是返回农村?》,中国社会科学院报 2008 年第 12 期。

南京作为东部较为发达的城市之一,凭借其地域优势和经济活力,吸引了大批的穆斯林,来南京务工经商。据第五次人口普查数据显示,南京本地有 7 万多穆斯林,加上外来流动的穆斯林,目前南京穆斯林数量已超过 10 万。① 且伴随城市化进程的加快,其数量将继续增长。南京理工大学季芳桐教授 2006—2007 年对东部天津、上海、南京、深圳四城市流动穆斯林的研究成果显示:流动穆斯林群体中回族占据主体 (89.8%)。② 笔者认为回族具有经商的秉性,加上受南京市经济、文化等因素的吸引,回族流动人口遍布金陵的大街小巷。另外,在选题的过程中,可行性是问题选择的决定性标准。③

婚姻是组建家庭的根基。它是男女双方以生理结合为自然基础的社会结合。婚姻总是为一定的社会条件下的道德、法律所承认的两性的结合,自人类摆脱血亲杂交的两性关系状态以来,风俗、伦理和法律便成为维护两性关系的规范化、制度化的主要手段。④ 也就是说从表面形式上看,婚姻是男女两性的生理结合,但从本质上讲,婚姻是男女之间在特定条件下的社会的结合。对婚姻的社会属性的分析也成为社会学研究的主要内容之一。因为婚姻不仅是道德伦理、习俗和法律所规定的产物,同时也与特定的社会结构相联系。那么从这一层面上说,作为婚姻形式之一的"族际通婚",不仅体现了一个民族自身文化的变化、发展状况,而且更能体现不同民族间的日常互动和交流状况,成为衡量民族关系融洽度和民族间文化融合度的重要指标。因此,有关"族际通婚"问题的研究也成为人类学、民族学和社会学等学科广泛的研究议题。但是值得一提的是,属于族群关系研究领域"族际通婚"问题的研究,目前学术界主要集中在对通婚的影响因素、通婚发生 (或配偶选择) 的模式、族际通婚对夫妇双方的家庭、子女以及民族意识产生的影响等方面的研究。这些研究多以实证的经验调查为基础,选择以民族地区作为调查地点,在对少数民族进行研究的同时对族际通婚兼作研究,而缺乏对城市外来少数民族族际通婚观念

① 白友涛、陈赟畅:《流动穆斯林与大城市回族社区——以南京、上海等城市为例》,《回族研究》2007 年第 4 期。

② 季芳桐:《东部城市流动穆斯林人口的结构特征与就业状况研究——以天津、上海、南京、深圳四城市为考察点》,《西北第二民族学院学报》(哲学社会科学版) 2008 年第 4 期。

③ 风笑天:《社会学研究方法》,中国人民大学出版社 2005 年版。

④ 邓伟志:《家庭社会学》,中国社会科学出版社 2001 年版。

变化的研究。

回族信仰伊斯兰教。伊斯兰教认为，婚姻具有美德和人类社会的需要，它是对人类生存繁衍的一项神圣的承诺，也是一项宗教的积极义务。男婚女嫁，是"真主明命"，属于穆斯林天职。关于婚姻条件，宗教信仰一致是穆斯林婚姻的先决条件。《古兰经》特此作出规定："你们不要娶以物配主的妇女，即使你们爱慕她。你们不要把自己的女儿嫁给以物配主的男人，直到他们信道。"因此伊斯兰婚姻文化对穆斯林日常择偶行为和婚姻观念具有根深蒂固的影响。但是改革开放将各个族群纳入到现代化进程中，受现代化和城市化等社会结构性因素和穆斯林民族本身具有经商的天赋影响，穆斯林的生活环境发生了较大的改变。最明显的变化就是越来越多的穆斯林从传统民族社区走出来进入城市务工经商实现了空间上的位移，无疑，当这一群体进入城市以后，城市新的社会结构对其婚姻观念的变化和心理的变化也在发挥越来越重要的作用，甚至可能会出现"文化震撼"的现象。回族流动人口在保持浓厚的本民族文化传统的同时，又直接频繁地与城市文化接触与碰撞。因此，回族流动人口族际通婚观念现状如何？他们在观念上所走过的是一个什么样的道路？他们的族际通婚观念与传统社会里的族际通婚观念有没有差别？与现代都市社区里城市回族流动人口的婚姻观念有没有差别？又是什么因素左右着这些城市回族流动人口的婚姻择偶观念？以上这些问题都有待我们去研究。

本文正是基于以上的考虑，在现代化的社会背景下，以"人的现代化"为视角，以"城市化"为切入点，对城市回族流动人口"族际通婚观念"进行考察，对影响族际通婚观念变化的要素进行把握，对族际通婚行为影响后果进行了预测。为了有效说明城市回族流动人口族际通婚观念的变化趋势，笔者又选取了西部传统回族社区——甘肃省天水市张家川回族自治县的回族、南京市本地回族和南京市外来回族流动人口做比较分析，以期在对比分析中大体勾勒出一幅从传统到现代的族际通婚观念变化的画面。对传统地区回族的族际通婚观念、在南京的回族流动人口的族际通婚观念和南京当地回族的族际通婚观念进行横向对比后，就呈现了回族流动人口际通婚观念由传统向现代变迁的一个纵向路线，这一纵向变迁并非是简单的、机械的连接或拼凑，它们之间是有着有机联系的，其中主线或纽带就是流动，或者说是在流动过程中形成的现代性。由此引起我们深思的是,虽然一方面随着人口流动和回汉交往的深入,族际通婚现象将成为历史发展和民族关系发展的必然结果。但是,另一方面,这种趋势的发展可能将导致回族传统文化的衰弱。新时期,既然族际通婚将成为客观发展的趋势,那么回族流动人口怎样保护民族传统文化,减少现代都市文化对民族传统文化冲击?传统婚姻文化怎样与现代都市文明共生共融,这些问题,都值得学者们深入思考。

(二) 文献综述

鉴于回族流动人口作为城市少数民族流动人口的重要组成部分,不少学者将之纳入城市少数民族流动人口的研究领域中。因此,本部分的研究现状评述主要分为城市少数民族流动人口研究和族际通婚的相关研究两个部分。

1. 对城市少数民族流动人口的研究

(1) 国外研究

有关城市少数民族流动人口的文献中,国外学者更多地侧重于对城市移民的研究。城市社会学先驱罗伯特·帕克,在芝加哥大学二十余年的教学研究中,与同事对芝加哥的外来移民和移民能否融入美国社会的问题进行了大量的实证研究,提出了著名的种族关系周期理论、人类生态学理论。并在齐美尔的"陌生人"理论的基础上发展出了"社会距离"和"边缘人"理论(胡锦山,2008)。另外,研究移民融合比较经典的著作有威廉·托马斯和弗洛里安·兹纳涅茨基的《身处欧美的波兰农民》、怀特的《街角社会》和周敏的《唐人街》。而最新的移民研究则试图在社会学的视角下,把两个或更多群体社会文化适应的不同结果,与影响移民融入新社会的变量之间的关系进行系统化的研究(Portes,1980)。现有的移民融合研究大多认同移民最终是要被同化的,只是在同化的过程、同化的途径问题上存在着差异。亚历詹德罗·波特斯和周敏就提出三种不同形式的社会同化途径:历史悠久的涵化与整合;永久的贫困以及下层阶级的同化;移民社区的价值和巩固与经济地位的提升的联合作用(亚历詹德罗·波特斯、周敏,1994)。

(2) 国内研究

伴随着改革开放的深入以及城市化进程的加快和农村剩余劳动力的转移,农村大量的剩余劳动力流入城市,实现了从农村到城市地理空间位置的转移。在这一社会大背景下，越来越多的学者对城市流动人口、农民工弱势群体进行了大量的理论研究和实证调查。在汗牛充栋的研究成果中，也有一些学者开始对城市少数民族流动人口进行了研究。查阅相关文献，可以将对城市少数民族流动人口的研究概括为以下几个方面：流动的原因、特点、作用、社会支持、城市适应和权益保障及对策等方面。

①少数民族人口流入城市动因的研究

就是寻找少数民族从农村流入城市的深层次原因。大体可以概括为：推拉力共同作用的结果——城市良好的经济条件的拉力和少数民族人口所在地严酷的自然条件和发展相对落后的经济社会推力双重作用的结果（沈林、郑信哲，2001）。但有学者也提出不同看法，认为地区经济发展不平衡的结构因素，导致了欠发达地区农村人口流向发达地区和城市，这仅是影响少数民族人口流入城市的一个基本因素之一。具体到特定的民族和特定的个体流动的动因可能更为复杂。其中政府在一些地区流动人口形成中也有着相当重要的作用。另外在少数民族流动人口中，还有极少部分的人因为自身有一技之长而从祖居的中小城市走进大城市，这一部分人总体来说不是为温饱，而是为了个人理想的追求。因此，对少数民族流动人口迁移的动因，必须具体问题具体分析，不能一概而论（拉毛才让，2005）。

②对城市少数民族流动人口特点研究

一些学者认为城市少数民族流动人口数量呈逐年上升趋势，流动形式呈现多样化，人口数量在一些城市少数民族人口中所占比例逐年提高，从业多集中于商业、餐饮和旅游业，文化教育水平低（金春子，2002）。郑信哲、周竞红作了进一步总结：一是少数民族人口流动量总体落后于汉族；二是少数民族流动人口所从事的职业具有民族文化特色，从事民族特色饮食、农牧业土特产品经营的多；三是在一些城市形成了颇具特色的少数民族流动人口聚落；四是西部地区少数民族妇女因婚嫁而迁至东部地区的现象增多；五是少数民族流动人口除了一般流动人口的各种困难与烦恼外，还存在特殊困难和心理适应问题，因而面临更多的挑战（郑信哲、周竞红，2002）。还有一些学者就少数民族流动人口的流动距离、性别结构、文化水平、职业结构进行了论述（拉毛才让，2005）。

③城市少数民族流动人口作用研究

少数民族流动人口进入城市，促进了城市和民族地区的经济建设，丰富了城市物质和精神文化内涵,增进了各民族之间的了解,同时,各民族在互动过程中,也会产生一定的摩擦甚至纠纷,从而使城市问题更为复杂,给城市的管理、社会秩序、治安和社会稳定带来一定的影响(柴生祥,2008;华彦龙,2003)。也有一些学者对少数民族流动人口对城市的贡献做了研究。例如张继焦分析了流动人口对城市就业和创业方面的贡献,包括弘扬少数民族文化、促进城市多元化、城市餐饮旅游和商业等产业的发展(张继焦,2004)。

④城市少数民族流动人口社会交往、社会支持与城市适应的研究

王琛、周大鸣以深圳为例,从人类学的视角研究了城市少数民族交往过程中呈现的开放性特点,认为民族交往互动中的障碍因素复杂多样,各民族文化、思想的差别是影响族际交往的主要因素(王琛、周大鸣,2004)。李伟梁、陈云从社会学的视角,探讨了少数民族流动人口的社会支持、管理和适应问题(李伟梁、陈云,2006)。李伟梁在另一篇文章中将少数民族的生存与适应概括为经济、社会和文化心理等三个层次,指出其生存和适应主要受户籍身份、民族因素和自身因素等三大因素的影响(李伟梁,2006)。陈云以武汉市为例,对城市少数民族流动人口在城市社会中适应状况、适应过程、适应特点及适应中存在的障碍进行了研究,并提出了相应的对策建议(陈云,2006)。

⑤城市少数民族流动人口问题对策的研究

针对少数民族流动人口流入城市出现的一系列问题,学者们从不同视角提出了一系列良好的建议和对策。一些学者从政府管理层面上,提出了"提高对城市少数民族流动人口问题的认识水平"、加强少数民族流出地与流入地的协调管理、依托城市社区,做好管理和服务工作;尊重其风俗习惯、宗教信仰、解决少数民族子女教育问题等对策(陈乐齐,2006;金春子,2002;张继焦,2005)。还有一些学者从社会网络的视角,提出"加强对城市少数民族流动人口的社会支持"(李林凤,2006)。邓行则从行政和立法方面加强对少数民族流动人口权益的保障(邓行,2002)。

2. 国内外族际通婚研究

族际通婚研究是社会学有关群体关系研究领域中的一个核心专题。从以往社会人类学的研究传统看,族际通婚属于族群关系研究领域,研究主要集中在通婚的影响因素、通婚发生(或配偶选择)的模式、族际通婚对夫妇双方的家庭、子女以及民族意识产生的影响等方面;目的是通过族群

集团间通婚的实际情况的社会学调查,分析比较后归纳出影响族际通婚的各种因素并预测族际通婚的前景(罗红,2008)。笔者通过对有关族际通婚研究文献的查阅,参考了中央民族大学孙颖贤硕士论文"赫哲族的族际通婚研究"和陕西师范大学萨仁娜硕士论文"德令哈市蒙藏回汉族际通婚调查研究"的文献综述中有关"族际通婚"的研究资料,总结如下:

(1)国外研究

20世纪以来,在西方一些多种族、多族群的国家,种族和族群关系问题始终是政府和学术界关注的一个焦点。例如,20世纪60年代美国由于种族冲突空前激烈,政府专门组织了大批社会学家、人类学家、人口学家对美国的种族、族群关系进行了深入的调查研究,提出改善种族关系的具体措施,从此,种族和族群关系就成为美国社会学重要的研究领域。众多的美国社会学家相继提出了关于族际通婚的理论。我国学者对此进行了比较简单的介绍。如梁茂春在《什么因素影响族际通婚——社会学研究视角述评》一文中,从社区群体层次和个体层次两个研究视角对国外的族际通婚理论进行了比较系统的叙述。文章首先从社区群体层次的研究视角,分为五个方面:

①辛普森和英格尔的偏见理论

辛普森和英格尔对美国多元种族社会条件下的族际通婚进行了大量的个案调查研究,发现当代美国社会存在大量的族际通婚现象并得出结论"不同群体间通婚率是衡量一个社会中人与人之间的社会距离、群体间接触的性质、群体认同的强度、群体相对规模、人口的异质性以及社会整合过程的一个敏感指标"(马戎,2004)。种族和族群关系研究离不开对偏见与歧视的分析。他们对美国的种族和族群偏见与歧视进行了广泛的研究,出版了《种族和文化的少数群体:偏见和歧视的分析》一书,成为20世纪族群关系研究领域的一部代表。在辛普森、英格尔的理论基础上,有学者提出"社会距离"和收入两项指标,来评估族群偏见与歧视程度。社会学家鲍格达斯提出了可供实证检验的社会距离量表,又叫鲍格达斯量表来测量美国不同民族间的社会距离(马戎,1997)。

②宏观结构理论

这一理论的代表人是布劳,该理论主要观点是族际通婚不仅可能与各族群的社会距离有关,而且也可能和他们与其他族群接触的机会多寡相关。因为社会距离只能测量群体心理上的距离,即便某一族群的"社会距离"分值很小,但缺乏接触的机会,实际意义上的距离例如地理上的距离、社会地位的差异很大,在社会结构中处于相互隔离的状态,那么这一族群族外婚的可能性不大。所以说族群在空间中的不同分布会影响族际之间的交往,相对规模和异质性是影响族际通婚的两个重要因素。

布劳的宏观结构理论是建立在齐美尔"形式社会学"的理论基础之上,它解决的是社会结构对群体之间关系的影响,包括族际之间的通婚关系。布劳的研究是西方族际通婚研究专题的重要文献,这项研究对我国开展大规模的各个族群和不同地区的族际通婚发展趋势研究有相当重要的借鉴意义,但不完全适用某一特定少数民族聚居区的研究,因为它忽略族群成员的不同价值观念、生活习惯和宗教信仰等因素对族际通婚的影响。

③同化理论

从大量的有关族际通婚文献看,许多学者常将族际通婚看作是族群同化的一个重要指标或最终结果。代表人物有美国芝加哥学派的创始人帕克和戈登。

帕克的"种族关系循环论"。19世纪末20世纪初大量移民移入美国,如何帮助移民同化于美国社会,成为当时美国主流社会最为普遍关注的问题。在这一时代背景下帕克深入少数民族社区,在实证调查的基础上,提出了"种族关系循环论"。他认为,在群体初始接触(通过迁移、征服等方式)的阶段,群体之间的关系是冲突的和竞争的。不过,群体接触的过程必然导致同化,最终群体之间会达到相互"渗透和融合"。随着美国社会现代化、工业化和城市化的不断发展,族群和种族最终必然失去其重要性,群体的边界终将消失,一个更加理性的和统一的社会将会出现。

戈登的同化理论。米尔顿·戈登的研究极大推进并完善了帕克的同化理论,使得同化理论形成了一个比较完整的理论体系。戈登将同化过程划分为文化同化(文化适应过程)、结构同化(首先发生在次级领域例如工作单位、学校等公共部门,然后逐步进入初级领域如朋友圈、家庭等)、婚姻同化(在第一阶段,大规模的族际通婚出现)、认同的同化(小传统融入大传统,个人特征和主体族群特征趋于一致)、态度——接受的同化(主体族群对少数族群没有歧视的态度和刻板印象)、市民同化(世俗化,族群之间基于价值和政治取向的冲突减少)这七个不同类型或阶段,并指出同化将是一个长期的过程。

总之,大多数学者从理论上说明族际通婚与同化的关系,认为结构同化程度对族际通婚起到了关键作用。

④科普林和格德沙尔德族群分层理论

科普林和格德沙尔德建议从族群分层的角度去分析各族群的通婚。按照分层理论的基本思路,各族群不平等的社会经济地位不仅导致了他们在公共领域这一层次结构同化的差异,也阻碍了地位不同的各族群成员在基层群体和组织中的相互交往(马戎、潘乃谷,1988)。运用族群分层理论解释族际交往的一般思路就是族群分层一方面造成了各族群成员在公共领域包括工作机构、学校等公共机构中的分离,另一方面也导致了居住格局上的族群隔离。跨族群的亲密交往不可能在这样分离的状况下产生,由此也就抑制了较大规模族际通婚的出现。笔者查阅相关文献,发现从族群分层角度去分析族际通婚的实证研究还较少。究竟社会地位、教育程度、职业声望以及城市化水平等族群之间这些"结构性差异"在多大程度上影响族际通婚率,仍缺乏充分的实证资料予以说明。

⑤多元主义视角

与同化理论产生分歧的是,多元主义认为即便各个族群在公共领域出现高度的结构同化,也并不必然导致他们在基层领域的结构同化,从而导致大规模的族际通婚。它强调两个方面的多元性:文化的和结构的。就文化多元性看,即便在更大的社会环境中与其他族群交往,族群也能够长期保持它的特殊传统,就结构多元性看,族群成员的大部分社会生活只存在于不同的少数族群社区之中,表现在通婚方面,不少族群会倾向于实行族内通婚。

上述的这些理论主要是从群体的层次对族际通婚进行解释的。实际上,社会学对于族际通婚有大量的个体层次上的研究。这些研究从各个族群成员的年龄、体质特征、语言差异、宗教信仰、生活习俗、教育程度、收入和社会地位等方面的差异探讨了族群成员之间的通婚现象。

(2)国内研究

从总体上看,国内的族际通婚研究大多研究的是族群之间的通婚,对其他群体之间通婚现象研究较少。通过收集的资料,发现实证性的经验调查研究成果多于理论研究。

首先实证研究方面,可以追溯到20世纪50年代。当时我国政府为深入了解各个少数民族地区的社会发展情况,曾组织了大规模的少数民族社会历史现状调查。多数对少数民族地区的经济发展水平做出描述,极少数的报告提到族际通婚。新中国成立后的学者仍然主要从历史角度对族际通婚进行了研究，并偏重于历史资料的描述。如杨学琛在对有关清代满汉关系的发展和变化的分析中，涉及了两个族群之间的通婚情况（杨琛，1981）；华立有关清代满蒙联姻的研究（华立，2002）；施光明有关北朝民族通婚的研究（施光明，1993）。20世纪80年代以来在不同地区开展了一些族际通婚的实地调查工作，如纳日碧力格1983年和1984年两次对呼和浩特市蒙汉通婚的研究（纳日碧力格，1985）；陈长平对北京市马店、牛街两个居委会进行了族际通婚研究（陈长平，1997）；马戎对拉萨市藏汉通婚的调查（马戎，1996）；马戎、潘乃谷（1987）对内蒙古赤峰蒙汉通婚的调查研究后，发表了《中国各民族之间的通婚》一文，并提出了"影响族际通婚中个人择偶决定的诸因素"的理论模型，成为目前国内民族社会学领域中经典的族际通婚研究文献（马戎、潘乃谷，1998）；麻国庆以土默特蒙古族为例，采用定量的方法对蒙汉通婚的态度进行了研究（麻国庆，1991）；王俊敏对呼和浩特市蒙满回汉四族族际通婚进行了研究（王俊敏，2001）；何俊芳关于同江市街津口赫哲族乡赫哲人族际婚姻的典型调查（何俊芳，2004）；吕养正对湘西苗汉族际婚的调查（吕养正，2002）等。这些调查研究提供了第一手的实地调查资料，有助于我们了解在各地区的城市与乡村中的族际通婚情况以及制约因素。另外，周建新在探讨回族形成过程中的族际族内通婚时，通过实地调查深入分析了在当代社会变迁中回族的族际通婚现象，并指出回族在实现族际族内通婚的过程中，经历了最初开放式的族际通婚，经明清至新中国成立前为相对封闭的族内通婚，新中国成立后至今则提倡族内通婚不反对族际通婚这三个阶段（周建新，2001）。曹云华关于泰国华人与当地族群的通婚的研究（曹云华，2001）、孙九霞对澳门族群关系的研究（孙九霞，1999）等也能为族际通婚研究提供一定的理论和方法参考。

　　理论研究以实证研究为基础，国内学者们在通过大量的族际通婚经验研究资料基础上，提出了族际通婚研究的模型。在理论研究文献中，值得注意的是马戎所提出的理论与分析模型。在对中外族际通婚的理论和案例进行比较的基础上，他提出了分析族际通婚影响因素的理论模型（见图1）。

　　在这个模型中，他将影响族际通婚的各个因素归纳成三个方面：

　　其一，"族群基本特征"可分为政治、经济、文化三大类。在两个族

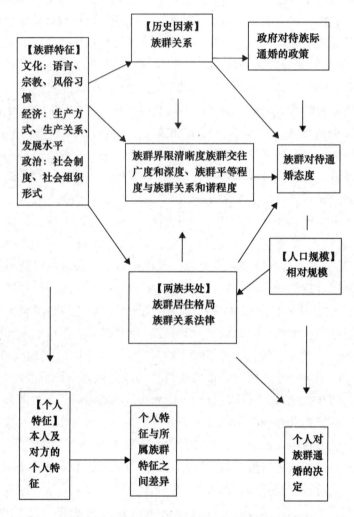

图1 影响族际通婚中个人择偶决定的诸因素

群共处的过程中,各自"基本特征"之间的差异有多大,"族群分层"达到怎样的程度,都可以直接影响族群之间"边界"是否清晰,以及两个族群在交往中的平等程度。"边界"模糊的、相互之间比较平等的两个族群,他们成员之间交往的广度和深度也会达到较高的水平,而且整体关系会比较和谐。

其二,"历史关系特征"也就是族群关系中的历史因素主要是表示两个族群历史上关系的融洽程度,一些历史上的事件和对族群造成的影响会对现时和未来的族群关系继续发挥作用。例如以色列的犹太人和阿拉伯人之间的关系紧张,也是有其历史渊源的。

其三,"两族共处特征"包括两个部分的内容一是政府制定的有关族群关系的法律,美国过去的"种族隔离法"以及禁止种族通婚、实行种族歧视的各种法律和规定无疑对于当时美国的族际通婚产生了明显的消极作用。二是自觉或不自觉形成的族群居住格局,在一个城市中的各个街区中,各个族群是混杂居住还是彼此隔离,也会影响族群之间交往的深度和广度,影响族群之间关系的和谐程度,并会影响族群对于自己成员与另一族群缔结婚姻的态度。

除了族群的各类特征和整体性因素之外,具体个人所具有的社会、经济特征如家庭背景、宗教信仰、受教育程度、职业、收入等在考虑婚姻时也是不可忽视的。马戎认为,通过对族际婚姻影响因素的分析,可以从这些因素的状况和变化来预测今后族际通婚的前景。

3. 现有研究的特点与不足

从总体上看,无论在流动人口还是在族际通婚的研究上,西方研究的角度都以城市社会学为主,着眼点主要集中在外来移民的融入,即族群关系的探讨上,同时,理论研究和实证调查做得都比较深入。不足的地方是:第一,这些研究结果所描绘的是一幅混合的画面,相互之间缺少同一。例如社会学家鲍格达斯提出"社会距离"来评估族群之间的偏见与歧视程度,并建构了可供实证检验的社会距离量表。而宏观结构理论的代表人物布劳则认为,社会距离只能测量群体心理上的距离,即便某一族群的"社会距离"分值很小,但缺乏接触的机会,那么这一族群族外婚的可能性不大。第二,有的理论缺少经验研究的验证,如多元主义视角,虽然对传统结构对族际通婚影响的阐述很独到,而且以犹太人为例分析,但是经验研究对其的验证仍显不足。第三,结合中国现实而言,一些研究结果主要针对当时的西方移民社会问题,对当代中国的现象缺乏一定的解释力。

就中国国内关于城市少数民族流动人口研究主要存在的问题,李吉和教授将之总结为以下几点(李吉和,2008):

其一,研究还不够深入、细致,大多停留在理论分析、现象表述层面,缺乏深入实际及详细的调查研究,不少研究缺乏理论深度。

其二，从民族工作的角度、宏观上概括性多，而从民族学、人类学、人口学、社会学等多学科进行综合、交叉研究的成果少，尤其是理论研究与实际工作结合得不够紧密。

其三，研究的内容和方法上尚需扩展，对少数民族流动人口进入城市后对民族地区经济社会的影响和民族文化的冲击、少数民族人口的族际通婚问题等还没有开展。

在族际通婚方面，国内的研究特点有：首先，研究的焦点主要集中于对影响族际通婚因素的探讨上；其次，调查的地点大多直接选取民族地区。

中国国内的族际通婚研究主要存在以下几个方面的不足：

其一，国内的族际通婚研究尚未形成一个专门的研究领域，以往的研究大多是在对少数民族进行研究的同时对族际通婚兼作研究。

其二，理论研究不足，实证的经验调查研究成果多于理论研究。

综合国内城市少数民族流动人口和族际通婚两项研究的结果，我们不难看出，这两项研究尚处于剥离状态，以少数民族流动人口为角度的课题缺少这一群体族际通婚观念的研究，以族际通婚为角度的研究缺少对少数民族流动人口这一特殊群体的考察。

城市回族流动人口作为城市少数民族流动人口中一支特殊的力量，从西部传统地区流入到东部发达城市，务工经商。当在城市生活后，他们族际通婚观念现状如何？传统因素和现代城市因素及流动因素对他们族际通婚观念的变化的影响程度，孰轻孰重？观念是行为的先导，选择什么样的族际通婚行为，受个体族际通婚观念的影响。随着人口流动的进一步深入，回族流动人口的族际通婚观念会越来越偏离于传统，越来越趋向于现代，并将产生一定的族际通婚现象。族际通婚现象，体现了一个民族自身文化的变化、发展状况，并对民族自身文化产生重要的影响。

因此，关于城市回族流动人口族际通婚观念的研究是一个具有可持续研究的领域。

（三）研究目的

为了有效说明南京市回族流动人口族际通婚观念的变迁趋势，笔者选取以传统回族社区的回族、南京世居回族作为比照群体。

本文所要达到的研究目的是：

其一，通过与传统回族社区的回族、南京市本地回族的比照，从族际通婚的认知、期望、态度和评价四个方面对南京市回族流动人口"族际通婚观念"现状进行考察，并试图勾勒出该群体族际通婚观念从传统到现代变化的纵向路线。

其二，对影响该群体族际通婚观念变化的因素进行了解析。经济发展和城市化所造成的流动背景相比较于传统的文化及制度背景，与城市回族流动人口族际通婚观念有无真正的相关关系？经济发展和城市化造成的流动的背景相比较于传统的文化及制度背景，对南京回族流动人口族际通婚观念的影响是否相当大？这种影响具体地如何去发生作用？

其三，对族际通婚行为影响后果进行了预测。南京回族流动人口族际通婚观念变化将带来哪些影响后果？

本课题正是在上述研究目的的基础上，进行了其后的理论分析框架和研究假设的建构。

（四）研究意义

首先，本文区别于以往研究的一个重要标志，是它将城市少数民族流动人口的研究和族际通婚的研究结合起来加以研究。

其次，本文在考察城市少数民族流动人口族际通婚观念的影响因素时，除了运用以往理论或经验研究总结的因素外，还将城市化这一时代因素单独予以考察。这样，一方面，本文可以从一个侧面检验有关族际通婚观念影响因素研究的理论和经验成果；另一方面，它可以在单独考察城市化这一时代背景因素之时，形成有关族际通婚观念特定群体的比较系统的知识。

再次，本文在时间上还具有特别的意义：少数民族人口流动大致发生在 20 世纪 80 年代，形成一定的规模在 20 世纪 90 年代。从 20 世纪 90 年代中后期到 2010 年，少数民族人口完整经历的流动大概有十多年，这个十多年对我们考察城市少数民族流动人口族际通婚观念是最为理想的，因为如果将时间向前提前几年，中国的城市化这一时代因素的"自变量"的作用还不明显；若将时间往后推迟若干年，伴随国家加速推进城镇化进程，建设社会主义新农村，原先"离土又离乡"的回族，必将反流，变为"离土不离乡"，就近务工经商。那么大范围流动的现象或许不在。届时，我们再进行相关的研究将无法进行直接的调查。

最后，"目前有关族际婚姻方面的研究，特别是定量研究成果依然极少"（郭志刚、李睿，2008）。因此本文在研究方法上则以定量研究为主，以定性研究为辅，按照原则程序建立理论框架和研究假设，并进行操作化，在资料的收集和分析上都突破了以往研究那种偏定性和理解的研究方法。

（五）研究设计

1. 本文的理论依据与基本概念的界定

（1）理论依据

①马克思的社会存在决定论

马克思的历史唯物主义从复杂的社会生活的各个领域中划分出社会存在和社会意识，并认为社会存在决定社会意识，同时划分出经济基础和上层建筑，并认为一定的社会经济基础制约着整个政治的、法律的上层建筑以及一切纯粹精神活动的发展过程。物质生活的社会存在制约着人们的精神生活的过程，是社会意识的客观内容和来源，人们之所以产生这样的思想而不产生那样的思想，是由其所处的社会存在决定的。探寻人们思想认识产生的原因，关键在于是否能看到思想动机背后的社会环境，任何社会意识都能在社会存在中找到它的根源。同时，社会意识不是对社会存在的消极反映，社会意识具有相对独立性，还具有遵循其自身独特的发展规律而存在和发展的性质，主要表现在，社会意识与社会存在的变化有不同步性，人们的思想有时候会落后于社会存在甚至阻碍社会的发展。

另外，马克思还认为，文化可以分为物质文化与精神文化，而两者的发展是不平衡的。精神文化的发展，观念的发展，并不是那些看来是合乎自然次序或符合历史发展次序的东西所决定的，恰好相反，它们往往是由社会中的相互关系决定的。

②布劳的宏观结构理论

该理论主要观点是族际通婚不仅可能与各族群的社会距离有关，而且也可能和他们与其他族群接触的机会多寡相关。因为社会距离只能测量群体心理上的距离，即便某一族群的"社会距离"分值很小，但缺乏接触的机会，实际意义上的距离例如地理上的距离、社会地位的差异很大，在社会结构中处于相互隔离的状态,那么这一族群族外婚的可能性不大。所以说族群在空间中的不同分布会影响族际之间的交往,相对规模和异质性是影响群际通婚的两个重要因素。

布劳的宏观结构理论是建立在齐美尔"形式社会学"的理论基础之上;它解决的是社会结构对群体之间关系的影响,包括族际之间的通婚关系。布劳的研究是西方族际通婚研究专题的重要文献,这项研究对我国开展大规模的各个族群和不同地区的族际通婚发展趋势研究有相当重要的借鉴意义,但不适用某一特定少数民族聚居区的研究,因为它忽略族群成员的不同价值观念、生活习惯和宗教信仰等因素对族际通婚的影响。

③奥格本的文化滞后效应

美国社会学家奥格本在研究社会变迁时提出了"文化滞后效应",或"文化堕距离"理论,文化滞后效应理论认为,在社会变迁过程中,由相互依赖的各部分所组成的文化在发生变迁时,各部分变迁的速度不一致。一般是文化中的物质部分首先变迁,其次是文化的精神部分[①]。广大的农村地区,传统的文化会产生一种"文化滞后效应",表现为逆市场性、保守性、官本位性和乡土性,这些特性使得这些地区的人们难以摆脱文化的羁绊,在市场化进程中缺乏主动性和积极性,不接受新鲜事物与时尚精神。按照这些观点,即便在更大的社会环境中与其他族群交往,族群也能够长期保持它的特殊传统,表现在族际通婚方面,则是相当低的婚姻同化,族外婚姻的障碍很大,婚姻选择几乎局限于族内进行。

④英克尔斯人的现代性理论

美国学者英克尔斯是哈佛大学社会学系和国际问题研究中心的著名学者,早期从事对苏联社会结构与政治体制的研究,成就斐然。20世纪70年代后,他开始转向现代化问题研究,抓住"人的现代化"问题,一举取得突破。英克尔斯对于人的现代性的分析集中体现在他们对智利、阿根廷、印度、以色列、尼日利亚、孟加拉国六个国家进行经验研究后所写的《从传统人到现代人》这本书里。英克尔斯将人的现代性操作为变革取向、公民权、消费、效能、家庭大小限制、信息、大众传播媒介、宗教、

---

① [美]威廉·奥格本:《社会变迁:关于文化和先天的本质》,浙江人民出版社1989年版,第106页。

新经验、工作信念、老年化和年长者、期望、可依赖性、尊严、计划、意见的增多、社会阶层分层、时间、了解生产、妇女权利、与国家的认同、亲属义务、专门技能、积极参与公共事务等24个主题也即24个维度,又在24个主题之上进一步分解产生了35个亚主题,其中城市生活经历、工厂工作、大众传播媒介、教育等对一个人的现代性影响更为直接,会直接或间接影响一个人的心理和观念。

(2) 基本概念的界定

①回族流动人口

本文的回族流动人口主要是指从西部传统回族地区流入东部城市,没有取得所在城市户籍,但又在该城长期居住(通常是六个月以上)并从事各种经济、文化等活动的人群。

根据南京理工大学季芳桐教授2006—2007年对东部四城市流动穆斯林的研究成果:"流动穆斯林群体中回族占主体(89.8%);从地域结构上讲,主要指来自西北地区(89.8%)",笔者将研究对象定位在南京市从事餐饮等特色行业的并来自西北地区的回族流动人口。由于宏观城市大环境对该城市的所有流动人口的作用是平等的,所以本文的研究对象不仅仅包含婚姻的主体——青年回族流动人口,还包括少年回族流动人口。因为青年尤其是少年回族流动人口暂时不会有结婚的打算,他们心中的婚姻观是对未来的理想化的婚姻模型,因此更能反映流动因素对他们的影响。因此,本文将把年轻的回族流动人口作为分析的重点。(变量测量:家庭所在地、年龄。)

②族际通婚观念

本文的族际通婚观念是一个广义的概念,是指个体关于族际婚姻一系列问题或现象的认知、期望、态度和评价。(变量测量:对族际通婚的主观认知;对婚域范围、择偶标准、族际交往的期望;对未来子女、同族其他成员族际通婚的态度;对族际通婚的评价等。)

③族际通婚观的影响因素

指那些影响人们族际通婚观念的制度或其他结构环境,更笼统地说,即影响个体族际通婚观念的全部社会环境。这些环境包括家庭、社区、大众传播媒介、宗教、人口规模、职业类型、政策和风俗习惯等。在本文中,主要讨论与特定研究对象有着密切关联的家庭、社区、宗教、风俗习惯、政策以及职业类型。(变量测量:详见后面的扩展框架。)

④婚域范围

指某一婚姻个体在择偶时可能选择的对方的群体及地域范围，也叫族际通婚圈，通俗地讲就是个体在择偶时可能选择的对方的所有个人背景。本文所讲的婚域范围仅指择偶时可能选择的族际和地域背景。（变量测量：在选择对象时首要考虑的因素。）

2. 研究设想与理论分析框架

（1）研究设想

设想一：从总体上看，相对于城市背景、年龄等因素，在家庭、社区环境下形成的传统因素对城市回族流动人口族际通婚观念的影响依然相当大。

基本依据：这一假设主要是基于西方文化多元主义的视角以及文化的"乘数效应"和"文化滞后效应"的观点。按照这些观点，即便在更大的社会环境中与其他族群交往，族群也能够长期保持它的特殊传统，表现在族际通婚方面，则是相当低的婚姻同化，族外婚姻的障碍很大，婚姻选择几乎局限于族内进行。文化的"乘数效应"是指文化会产生一种阻滞人们的行为和心理变化的效应。农村地区，传统的文化会产生一种"文化滞后效应"，表现为逆市场性、保守性、乡土性，这些特性使得这些地区的人们难于摆脱文化的羁绊，在市场化进程中缺乏主动性和积极性，不接受新鲜事物与时尚精神。

设想二：制度、文化的重要标志传统观念因素对城市回族流动人口族际通婚观念的影响相当大。

基本依据：这一假设主要基于西方学者约翰森和德雷斯等的发现。约翰森认为，宗教群体内在的族内婚倾向，是影响配偶选择的关键原因之一；德雷斯发现，族群内的宗教团结已成为一个民族族外通婚的一个最主要障碍。另有许多学者发现，具有某种宗教信仰的人往往倾向于族内通婚，而且宗教信仰越激烈，族外通婚的可能性越小。

设想三：年龄因素对城市回族流动人口族际通婚观念的影响和作用更直接、更重大。

基本依据：这一假设主要基于西方学者和中国国内现有的研究结果。这些研究者发现，家庭中年龄最小的子女往往比年龄较大的子女更倾向与族外通婚，族外通婚者结婚时的年龄也倾向于比族内通婚者大。

设想四：城市回族流动人口族际通婚观念也与"流动的背景因素"

相关,而且"流动的因素"对城市少数民族流动人口族际通婚观念的影响是通过"年龄因素"这一变量而间接建立的,"年龄因素"是"流动因素"发挥作用的着力点。

基本依据:这一假设主要基于前三个设想,是前三个设想的推理,属于第二层次的设想,间接地通过前三个设想演绎而来。

设想五:居住格局对城市回族流动人口族际通婚观念的影响更直接。

基本依据:这一设想基于布劳的宏观结构理论。该理论认为,族际通婚不仅与各族群的社会距离有关,而且更可能和他们与其他族群接触的机会多寡有关。当两个民族缺乏接触的机会,地理上的距离处于相对隔离的状态时,那么通婚的可能性不大。所以说族群在空间中的不同分布会影响族际之间的交往。

(2)理论分析框架

各种族际通婚的影响因素和城市回族流动人口的族际通婚观念,是本文基本因果关系的两端。由于影响城市回族流动人口族际通婚观念的外部因素很多,而一项具体的研究很难包揽无遗,因此,本文根据研究的总体目标,结合本次研究的特定对象,从各种影响因素中综合出"家庭、社区等传统生活背景因素"、"制度、文化和习俗背景因素"和"流动的背景因素"三项影响回族流动人口族际通婚观念的主要因素,将其作为自变量进行研究,其中"流动的背景因素"是本次研究的重点,对于"流动的背景因素"与城市回族流动人口族际通婚观念的相关性探讨是本次研究的主体与目的。而对于因变量——城市回族流动人口的族际通婚观念,则将之操作化为"认知"、"期望"、"态度"和"评价"四个侧面进行探讨,具体的变量测量如前所述。

课题在此基础上,在马戎教授族际研究模型的启发下,针对具体的研究对象,建立了以下基本的理论框架(见图2)和扩展的理论框架(见图3),用以指导具体的经验研究,指导调查资料的收集和分析。

3. 研究方法与调研地的选择

(1)研究方法

①研究类型

本文研究目的看侧重描述性研究;从调查对象的范围看为抽样调查和个案调查。

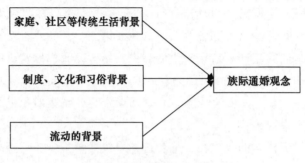

图2　基本的理论框架

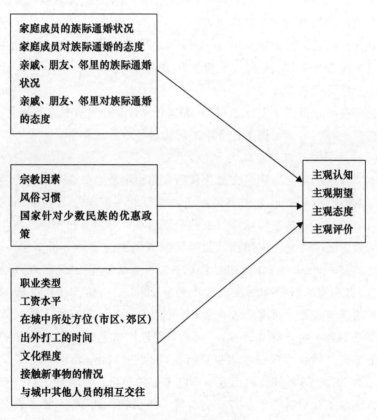

图3　扩展的理论框架

②收集资料的方法

本文在资料的收集方法上采用了问卷法和个案访谈法相结合。由于"大城市回族社区和流动人口的互动场域主要有两个:清真寺和清真餐饮店"（白友涛、陈赟畅，2007），因此，在南京，我们将调查地定为南京的净觉寺、吉兆营清真寺和各兰州清真拉面馆。

清真寺是回族流动人口宗教生活的主要场所，我们以清真寺为调查地点。笔者选择在周五（主麻日）以及开斋节、古尔邦节几个大型宗教节日，在清真寺收集了一部分问卷资料和访谈资料，调查对象涉及回族流动人口和南京本地回族。

为了能保证样本的代表性，笔者选择以拉面馆为主要调查地点。针对兰州拉面馆，笔者在吉兆营清真寺薛阿訇的帮助下获取到"西北联络组"组员①名单，根据组员名单（主要由拉面馆老板组成）编成抽样框随机抽样。对抽中的拉面馆一一进行调查。

另外，在辅助性的调查地点甘肃张家川做调研时，笔者主要通过立意抽样研究调查对象，收集了问卷资料和访谈资料。

③分析资料的方法

在资料的分析方法上，运用 SPSS13.0 统计软件对资料进行定量分析，同时在分析时，笔者运用了社会学的理论进行定性的解释。

（2）调研地的选择及说明

本文为了能勾画出隐藏在文化背后人们族际通婚观念变迁的全貌，选择了以东部沿海南京市为主要调查点，以西北回族聚居区为辅助调查地点，以从西北流入到东部城市打工的回族流动人口为分析单位，以南京市本地回族居民和西北张家川回族聚居区回族居民为辅助分析单位。因为：第一，据我国 2005 年 1% 人口抽样调查结果显示，我国流动人口已超过1.4 亿，其中有宗教信仰的流动人口约有 2000 万，信仰伊斯兰教的流动穆斯林约有 200 万，而南京市到 2005 年也有了 2 万左右的少数民族流动人口（李晓雨、白友涛，2009）。南京是回族"文艺复兴"的发源地，历史上王岱舆、刘智等先贤在南京进行的"以儒诠经"活动产生了重要影响，如南京七家湾回族社区已经有 600 多年的历史，第五次人口普查资料也显示南京亦有穆斯林 7 万多（白友涛、陈赟畅，2007）。甘肃省张家川回族自治县是一个传统的回族聚居区，传统的民族习俗和宗教信仰形成了本地区独特的人文环境。第二，城市化带来的社会流动造成了社会结构

---

① 全称为"南京市伊斯兰教协会联络组委员会——西北穆斯林联络组"，是由官方牵头，由清真寺阿訇主持所成立的穆斯林群众团体组织。成员主要由甘肃籍的兰州拉面馆老板组成。

的新变化,新的社会环境使得族群内部的成员必须重构新的认同。由于社会流动的影响,现代社会的婚姻家庭正突破传统的限制,业缘成为实现族际通婚的新的推动力。南京市和张家川回族自治县分处东部沿海和西部内陆,处于现代化水平的不同层次,通过对两个地区少数民族新移民群体的考察,我们能够掌握现代化条件下一些因素对他们族际通婚观念的影响。

4. 分析单位和研究内容

(1) 分析单位

本文分析单位为南京市回族流动人口。辅助性的分析单位是传统回族社区居民以及南京市本地回族居民。

(2) 研究内容

本文在现代化的社会背景之下,以"人的现代化"为视阈,以"城市化"为切入点,以城市回族流动人口作为研究对象,以族际通婚观念为研究主题,对南京市回族流动人口"族际通婚观念"进行考察——本文以"流动"为纽带,通过西部传统回族社区居民、南京市本地回族和南京市回族流动人口族际通婚观念横向比照后,以期在对比分析中大体勾勒出一幅从传统到现代的族际通婚观念变化的纵向路线。并依据相关理论,对影响族际通婚观念变化的因素作出解释。

二 传统:甘肃张家川传统回族社区 居民族际通婚观念现状

为了有效说明城市回族流动人口际通婚观念的变化趋势,笔者选取了一个西部传统回族社区——甘肃省天水市张家川回族自治县做比照分析,以期在对比分析中大体勾勒出一幅从传统到现代的族际通婚观念变化的画面。

(一) 张家川回族社区基本状况

张家川回族自治县位于甘肃省东南部,东接陕西省陇县,南临甘肃省清水县,西接秦安县,北与华亭县接壤,全县总面积 1311.8 平方公里,全县人口 30.6 万,其中回族人口 20.2 万,占总人口的 66.1%,现辖 2 镇 17 乡、266 个村民委员会、1294 个村民小组、4 个居委会,县人民政府驻地张家川镇。

从 2013 年 7 月 8 日至 12 日,笔者在张家川做了调查。期间走访了 10 多户家庭,同时访谈了 56 个调查对象,调查范围遍及一个市区和几个乡镇。

(二) 传统回族地区:穆斯林族际通婚观念的现状

1. 总体而言,传统地区的回族穆斯林族际通婚的意愿低

西北的回族聚居地区,在男女择偶的条件中,宗教信仰或民族成分是最先考虑的因素。访问的结果显示,在各项择偶标准中,宗教信仰的被重视度最高,被选的频率为 50%,其次是民族成分,被选频率为 16.2%,两项因素被选的频率的总和在 66.2% (如表 1 所示)。

表 1　　　　　　　　　　择偶标准频次分析

	选答情况		占样本总体百分比 (%)
	有效选答	占有效选答百分比 (%)	
家庭经济状况	10	13.5	21.3
宗教信仰	37	50.0	78.7
赡养负担	6	8.1	12.8
兄弟姐妹数	3	4.1	6.4
民族成分	12	16.2	25.5
未考虑	6	8.1	12.8
总计	74	100.0	157.4

在宗教信仰和传统文化的影响下,该地区回族与汉族通婚的比例很低。统计结果,如表 2 所示:虽然在被访者中,表示愿意与其他民族通婚的有 37.5%,但在进一步的访谈中笔者了解到,这部分人即使主观上同意有条件接受其他民族做配偶,但在具体的婚姻实践中,又很少有人去真正地选择族际通婚的方式。

表 2　　　　　　　　是否愿意其他民族的成员做你的配偶

	频次	百分比 (%)	有效百分比 (%)	累计百分比 (%)
愿意	21	37.5	37.5	37.5
不愿意	35	62.5	62.5	100.0
总计	56	100.00	100.00	

总的来讲,传统地区回族穆斯林对待族际通婚的态度是谨慎的。调研的结果显示,在表达是否愿意同其他民族的成员交朋友、做邻居、同一村、做配偶等社会交往距离的问题上,做朋友的要求最低,同村或做邻居就存有顾虑,结婚显得最为谨慎。

表3   **距离态度频次分析**

		选答情况		占样本总
		被选频次	被选比例(%)	体百分比(%)
社会距离测量[a]	是否愿意与其他民族成员同一村	38	25.7	67.9
	是否愿意与其他民族的成员做邻居	40	27.0	71.4
	是否愿意与其他民族的成员做朋友	53	35.8	94.6
	是否愿意其他民族的成员做你的配偶	17	11.5	30.4
总体		148	100.0	264.3

a. 二分法组的列表值为1。

2. 族际通婚主要表现在回族男子娶其他民族的女子,极少有回族女子外嫁

传统社区的回族,严格恪守族内婚制度。仅就张家川镇 W 村而言,该村有 103 户家庭,总人口 465 人,村里一直没有族际通婚的现象,最近几年随着外出打工的增多,族际通婚的现象增加,已有四对族际通婚的配偶。但在四个族际通婚的实例中,均为男子娶汉族的女子,并没有回族女子外嫁的现象,村中的老人讲村里之前也一直没有出现过女子外嫁的现象。另外,族际通婚的家庭矛盾较多,主要集中于宗教信仰的问题上。

个案1:马先生,木河乡人,以前在陕西做生意认识了邻县秦安县的小燕,是汉族,两个人相识相爱。后来他们又做皮毛生意到了宁夏,在宁夏,小燕正式入了伊斯兰教,结婚也是在宁夏结的,然后才带回家。入教后,小燕很少做礼拜,还经常回娘家,回到娘家的时候也不忌口。由此公婆和媳妇之间的关系很不好,邻居们也不大接受小燕。

3. 低年龄、高学历群体依然难以冲破传统因素的束缚

吉登斯认为,人们出于需要创造了文化,但文化一旦形成,就又产生了一种结构性的力量,反过来制约人们的行为,这就是结构的二重性。文

化随着人类社会实践活动的变化同时变化，但前者相比较于后者呈现出一种滞后性，其结果就是客观的社会现实变化了，但传统文化的作用力还在。而且奥格本的"文化堕距"理论认为，在社会变迁过程中，文化中的物质首先变迁，其次是文化的精神部分，物质文化的变迁速度快于非物质文化，两者不同步，就会产生差距，比如人们价值观念的变迁赶不上社会制度和风俗的变迁。一般认为，新一代人们在各方面的观念会比老一代的人们开放，学历也是促使一个人观念转变的重要因素。但在传统的社区，由于文化的滞后性特点，传统文化对人们行为的制约性依然强大。尽管这并不能表明年轻或学历较高的一代在族际通婚的看法上没有松动，但至少说明在具体的行为上，他们暂时冲不破传统因素的束缚。表现在族际通婚方面，则是相当低的婚姻同化，教外通婚的障碍很大，婚姻选择几乎局限于族内进行。

个案2：访问地点：张家川县城　被访者：杨女士

杨女士是张家川县城×中学英语教师，2002年大学毕业。她转述了她大学同宿舍女孩恋爱的故事。女孩姓马，回族，女孩的男友姓李，汉族。两个人大二上学期确立恋爱关系，男孩加入伊斯兰教。但当临近毕业，女孩向家人表明二人的意愿，并说明男孩作出的努力时，还是遭到了女方父母的反对。后来迫于家人及周围的压力，二人最终以分手告终。

在表达是否愿意同其他民族的成员交朋友、做邻居、同一村、做配偶等社会交往距离的问题时，60%的大专以上学历的被访者明确表示不愿意做配偶，有40%的受访者包含有条件的接受（表4）。

表4　　　　　　　　　是否愿意其他民族的成员做你的配偶

	频次	百分比（%）	有效百分比（%）	累计百分比（%）
愿意	6	40.0	40.0	40.0
不愿意	9	60.0	60.0	100.0
总体	15	100.0	100.0	

4. 随着流动的增加，传统地区回族青年人的族际通婚态度有所松动

即使传统文化对人们行为的制约作用依然强大，在行为上，他们还暂时冲不出传统因素的樊篱，但随着时代的变迁，流动的加强，一些回族青

年人在对待族际通婚的态度上依然表现出了松动的迹象。还以张家川镇W村为例,该村七八年前一直没有族际通婚的现象。然而,随着最近几年外出打工现象的增多,该村族际通婚的现象明显增加,在一定程度上反映了族际通婚观念松动的一个表现。

分析结果显示,在没有打工经历的未婚青年中,77.8%的人明确表示,在遇到其他民族合适的结婚对象时不会考虑,有22.2%的人视情况而定;而有过打工经历的未婚青年人,46.2%的人表示会考虑,53.8%的人有条件接受(表5)。

表5　　　　　你本人有无出外打工的经历 * 假如你遇到合适的异族结婚对象,你会考虑吗? 交叉列表分析

			假如你遇到合适的异族结婚对象你会考虑吗?			总计
			会	看情况	不会	
你本人有无出外打工的经历	有	计数	6	7	0	13
		所占比例(%)	46.2	53.8	0	100.0
	没有	计数	0	4	14	18
		所占比例(%)	0	22.2	77.8	100.0
总计		计数	6	11	14	31
		所占比例(%)	19.4	35.5	45.2	100.0

笔者调查了解到,从西部传统地区来南京市打工的回族流动人口,当在城市生活一段时间后,他们的通婚观念有相当大的变化,有的甚至表现出族际通婚的行为。具体可以详见本文第四章内容。另外笔者在张家川收集到的一些个案资料也能证实流动会促使族际通婚观念的转变。出于访谈真实性的考虑,笔者没有直接对族际通婚的当事人进行访谈,而是选择对其邻居进行了访问。

个案3:访谈地点:张家川木河乡坪王村　被访者:马大婶

笔者通过与马大婶交谈得知,马大婶的侄女刘某(回族)中专毕业

后，在南京某私立医院工作四五年，护士职业。刘某长相漂亮，穿着时尚。她在南京工作时认识了一个当地的汉族小伙，相处不久后，两人谈起了恋爱，打算结婚。刘某父母听说女儿找了个汉族，坚决不同意这门婚事。为此父母硬是将刘某从南京拉回老家，张罗着在当地帮其介绍回族对象。女方终究妥协，将南京工作辞掉后，回了老家。在父母的安排下，在老家找了一个本地回族男子结婚。不久便生了一对双胞胎。然而，在孩子不到三岁时，因夫妻双方情感不和、价值观念以及生活习惯不同而离婚。两个孩子归女方所养。

三　现代：南京本地回族族内通婚的困境与最终的选择

（一）南京回族的渊源与文化

1. 南京回族渊源

伊斯兰教从唐代开始传入中国，在南京附近的扬州、镇江，历史上都有众多"蕃商""胡人"的记载，他们信奉伊斯兰教，因此，伍贻业、朱继严、郑自强等研究认为，由于南京距离扬州、镇江两个城市很近，所以估计南京在此时也出现了只能算外籍的穆斯林人口。[①] 到了元代，随着民族人口的大迁移大流动，南京地区出现了大量的回族人口，在南京的集庆路、建康路等区域也有了关于回族人口的明确记载，是后来形成的南京"回族"的先民。

另外，根据伍贻业、朱继严、郑自强等人的研究，南京回族的来源主要分为四个：一是西域"蕃商"。这部分蕃商自唐宋来到南京并定居，久居不归后在南京娶妻育儿，嫁娶相通，最后在南京落地生根。二是元代的色目人和明初建国后集中在南京（当时的京都）的故元色目官吏士卒及广大部众。这部分人是明初就集中居住于南京的回回人，但只有其中的少数得以长期定居，并成为南京的回族世家，其他绝大多数的回回在滞留金陵三年、五年、十年（永乐十六年）后，分别被遣往云贵、湖南、甘肃临洮、青海化隆等地，他们也都愿意以南京为籍贯，以从"龙地"来为荣耀。三是跟随朱元璋参加反元斗争的淮西农民起义军中的回族。后来这

[①]　伍贻业、朱继严、郑自强：《南京回族伊斯兰教史稿》，南京市伊斯兰教协会编印，1999年，第18页。

一部分回族也大都因征伐、戍守、护藩、擢升、分遣、致仕等原因离开京城遍布各地。这部分回族也大都自称南京籍。四是明初征召而来的西域学者和滞留京师的西域贡使、商人。①

2. 南京的清真寺

南京的回族，在清朝初期形成了以清真寺为核心的教坊结构。南京最早的一座清真寺是宋代在大丰富巷修建的，因该寺内有一棵六朝松，故称"一棵松清真寺"，该寺目前已不存在。

明代南京官修的清真寺有三所，分别是南京的三山街净觉寺、中华门外回回营和六合县南门清真寺；民修的清真寺有八所，分别是南京旱西门、登隆巷、卢妃巷、鸡鹅巷、花牌楼、下关、象房、江宁湖熟镇清真寺。清代不同时期都修建有清真寺，到了清乾隆年间，南京仅城区就有36个清真寺，一个城市一时期有如此多的清真寺是不多见的。以每个清真寺为核心分别形成了36个教坊。教坊内的宗教事务、生活礼俗（如婚、丧、忌、辰、宰牲）等都由本坊阿訇领导和处理。

太平天国占领南京后，由于太平天国信奉上帝教，三山街净觉寺、中华门外回回营大礼拜寺等被拆毁，各寺的阿訇、教职人员纷纷逃离，宗教活动停止。同治三年（1864）六月曾国荃率领湘军攻破天京，大肆杀掠，焚烧数月，全城36座清真寺所剩无几，各寺明代以来的档案、文献、经籍、译书刻板等均化为灰烬。

今天，南京城区遗有清真寺三座，分别是三山街的净觉寺、吉兆营清真寺和草桥清真寺。三山街净觉寺礼拜的穆斯林多为外国来宁经商、留学的穆斯林，吉兆营清真寺主要服务城北地区的回民，草桥清真寺主要服务城西片区。吉兆营清真寺已在2009年年底开始重建，建成后的吉兆营清真寺分四层，一层将作为清真餐饮门面房对外出租，二到四层为大殿、水房、经堂、邦克楼、望月楼、教长室等，届时吉兆营清真寺的宗教服务功能将大大加强。三所清真寺如今也是广大西北地区来南京的回族流动人口主要节庆的活动场所。

3. 南京历史上的回族名人与回族文化

马克思主义历史论认为，人民群众是历史的创造者。其中，人民英

① 伍贻业、朱继严、郑自强：《南京回族伊斯兰教史稿》，南京市伊斯兰教协会编印，1999年，第18页。

雄又是历史的推动者。南京有着悠久的建城、建都史，加上独特的地理区位——它地处长江下游和长江三角洲的西部边缘，与京杭大运河的沿途城市扬州、镇江毗邻，能够沟通南北东西，成为海上和陆路丝绸之路的交汇点，所以南京自唐宋以来就成为西域蕃商们重要的商贸活动点和定居点。因此，我们可以说，自唐宋西域蕃商们在南京定居以来，出现了很多有识之士，其中明清时期，很多伊斯兰名人对南京伊斯兰文化的发展起着一个推动性的作用。以下主要介绍郑和、王岱舆和刘智三位回族名人：

（1）郑和（1371—1433）

本姓马，小字三保，云南昆阳（今晋宁昆阳镇）宝山乡知代村人，回族。郑和六世先祖赛典赤·瞻思丁是元初来自中亚的色目贵族，是布哈拉国王穆罕默德的后裔，世奉伊斯兰教，曾任云南行省平章，追封为咸阳王；曾祖父伯颜在元大德十一年（1307）任中书平章，祖父米的纳哈只。父马哈只（原名米里金）封滇阳侯，母温氏。其父亲和祖父均曾去过麦加朝觐。由于信仰伊斯兰教的原因，幼年时的郑和已开始学习伊斯兰教的教义和教规。郑和是中国明代的航海家、外交家，曾七次远航西亚和非洲。在航海时也曾派遣一支船队进入麦加朝觐。

（2）王岱舆（约 1570—1660）

名涯，以字行，自署"真回老人"，江苏南京人，祖先是明初奉召随郑阿里来南京钦天监任职的西域回回，出身伊斯兰教世家，熟悉阿拉伯文、波斯文和伊斯兰教经典，系经堂大师胡登洲五传弟子，青少年时即研读中国儒家经典，熟谙"性理史鉴之书，旁及百家诸子"以及佛道理论，遂成情通四教——儒、佛、道、伊斯兰教的回族学者，他长期定居南京，借住著名敕建的清真寺——净觉寺，其重要的著述有《正教真诠》、《清真大学》和《希真正答》等。明亡以后，王岱舆辗转到北京，病故于北京正阳门外大栅栏，后葬于北京三里河清真寺内。

（3）刘智（1660—1730）

字介廉，自号一斋，江苏南京人。出身伊斯兰世家，父亲刘三杰也是清初著名伊斯兰教学者。刘智曾用 18 年时间阅读大量伊斯兰教经典，儒家经史子集和佛藏、道藏以及"西洋书一百三十七种"，是清初少有的精通阿拉伯文、波斯文和拉丁文的学者和最负盛名的回儒。晚年隐居金陵城清凉山扫叶楼。自称译述数百卷，刊行约五十卷，重要作品有

《天方性理》、《天方典礼》、《天方至圣实录》、《真境昭微》和《五功释义》等。雍正八年（1730）病殁，葬于南京中华门外花神庙，墓今犹存。

文化是人类社会活动的全部成果，自然界本无文化，自从有了人类，凡经人"耕耘"的一切，包括物质的和非物质的东西，均为文化。[①] 因此，当大量的穆斯林在南京长期生活过程中，创造出了南京伊斯兰文化。与上述历史上产生的名人相应，南京产生了郑和文化和"金陵学派"等回族文化符号。

（1）郑和文化

由于郑和在明清永乐、宣德年间的南京回族中的特殊地位和身份，郑和的远航推动了南京地区回族商业的发展、回族青花瓷工艺的进步以及南京独特的回族清真饮食文化的形成，这些可以统称之"郑和文化"。

首先，由于所到的东南亚、南亚多是伊斯兰教国家，制品要适应当地的需要，这就给了南京回族一个展示他们传统才能的历史机会，客观上推动了回族手工业的发展。回族商业的发展也使以宗教为主的文化活动繁荣起来，政府对南京伊斯兰教事业持保护态度，这是南京回民和伊斯兰教发展史上最好的时期。

其次，郑和下西洋还促使了青花瓷工艺的独特品种——回回青花瓷工艺的形成。为了适应伊斯兰国家的需要，回回青花瓷有经文"太思米"瓷盘、赞圣词的香炉和抱月壶（汤瓶壶）等新品种，具有浓厚的西亚地区伊斯兰风格。这些制品的烧造过程中，聘请阿訇或翰林院四译馆学回回文字的教习生员参加，均文字优美，行文秀丽。这是郑和下西洋产生的文化技术交流的果实。

再次，在郑和下西洋的推动下，明代的中国同亚洲伊斯兰教国家的交往频繁，对穆斯林外宾的接待，客观上促成了南京清真饮食独具一格，主要体现在清真鸭类各种馔肴。南方多湖塘适宜养鸭，南京的鸭馔有桂花鸭、料烧鸭、盐水鸭、酱鸭、板鸭等，是清真饮食的重要内容。清真食品不但影响了当地居民的饮食习惯，更影响了有名的北京烤鸭的制作，北京烤鸭的烤制方法就是永乐北迁后自南京带去再经发展而形成的。在郑和下西洋的推动下，南京形成了独特的回回饮食文化。

---

① 郑杭生：《社会学概论新修》，中国人民大学出版社 2003 年版，第 67 页。

（2）金陵学派（伊斯兰文化复兴运动）

17世纪，以王岱舆、刘智等为代表的、接受过良好的儒家文化教育的回族穆斯林，即"回儒"，认识到避免伊斯兰教衰微，乃至走向消失的唯一出路，就是使伊斯兰教同中国传统的儒家文化有机结合起来。

这些回儒精通中世纪伊斯兰哲学，又对中国先秦诸子和宋儒理学有很深的造诣。他们首先用汉文阐述伊斯兰教义，继而寻找"回""儒"的结合点，巧妙地将儒家思想与伊斯兰教义联系起来，以"儒"诠"回"，又借"回"释"儒"。他们领导了一场伊斯兰文化复兴的运动，实质上也是伊斯兰教传入中国之后，一次真正的启蒙宣传运动。他们以《古兰经》为经线，中国传统文化为纬线，编织成了独具中国特色的伊斯兰哲学[①]，为伊斯兰思想在中国的传播、儒学思想和伊斯兰思想的融合提供了一个光辉典范，对以后伊斯兰教在中国的发展和兴旺以及民族共同体的强化和巩固产生了不可估量的意义，他们也因此被尊为"金陵学派"。

（二）现代化的浸入：七家湾回族社区的变迁

1. 七家湾回族社区的由来和范围

明代初年，朱元璋将有功的七位回族将领安置在秦淮河沿岸，以这七姓为基础，建立了回民街——七家湾，这七姓分别是哈、麻、达、沈、率、金、沙，后来，朱元璋又安置常遇春到大常巷，世代安居繁衍，至今这七姓仍是七家湾的回族大姓。[②] 关于七家湾的地名沿革还有其他说法，南京民俗学者扎西刘介绍，明朝永乐十一年，南京户部主事张班奉圣旨到宁夏镇压当地叛乱，战胜后，他将同民等贵族带回南京，安置在现在水西门一带，"七家湾"中所提到的七家是指当时的七大姓：陶、马、丁、姚、哈、莫、白。

南京的回族长期呈现一种较为集中分布的格局，在七家湾一带聚居，形成了典型的回族社区。人们对七家湾回族社区范围的认定有三种说法：一是广义上的七家湾社区，指的是老城南东至太平路、西到水西门的整个回民相对集中的区域；二是狭义上的七家湾社区，是指位于南京市白下区

---

① 伍贻业、朱继严、郑自强:《南京回族伊斯兰教史稿》，南京市伊斯兰教协会编印，1999年12月，第18页。

② 张鸿雁、白友涛:《大城市回族社区的社会文化功能——南京市七家湾回族社区研究》，《民族研究》2004年第4期。

止马营，街道，东到鼎新路、西到仓巷、南到安品街、北至建邺路，有明确地域范围的行政建制社区；三是传统的七家湾地区，主要指以草桥清真寺和大辉复巷女学为中心的教坊，以及朝天宫东南侧的七家湾巷、仓巷至红土桥，安品街巷等连接的一带区域。

2. 昔日的七家湾回族社区

昔日的七家湾地处南京老城南的中心，与夫子庙仅几条街之隔，热闹而繁华，这里有不少有名的清真老店，"牛肉汤"、"锅贴"、"对开"、"熏牛肉"等清真小吃非常出名，盐水鸭也是从七家湾发源的。一些迁居外地的回民，只要到南京，一般还会去七家湾吃锅贴、喝牛肉汤。七家湾的清真饮食特色，影响了七家湾乃至整个南京的饮食文化。

在传统的七家湾社区，回民是人口结构的主体，社区内有草桥清真寺、登隆巷清真寺两座礼拜寺，距离三山街的净觉寺也不远，还有大常巷义学、大辉复巷女学、回民中学、回民小学、回民幼儿园、回民医院、回民敬老院等。七家湾社区还是伊斯兰文化复兴的发祥地，"金陵学派"的王岱舆、伍遵契、马注、刘智等回儒先贤就是在这里研讨伊斯兰教的教理，阐述伊斯兰的"微言大义"。

因此，南京回民对它有着强烈的归属感和认同感。

3. 今日的七家湾回族社区

从 1996 年开始，七家湾地区被相继整体拆迁、分散安置。1999 年红土桥、仓巷的拓宽，将七家湾巷劈成两半，保存不足三分之一。如今的七家湾社区，高楼大厦林立，只剩下七家湾巷南边甘雨巷附近的一段地区。

随着周围建筑的拆除，不少老字号的清真饮食店陆续搬离了原址，有的在附近"另起炉灶"，有的则已不知踪影，回民小吃特色街不复存在。人口结构也发生了重大变化。1990 年以来，七家湾回民规模持续显著减少，回汉比例由 1∶2 大幅度降至 1∶15。[①] 另据 2003 年的统计，七家湾社区总户数为 2343 户，其中回民 443 户，而在这 443 户回民中，已经有 258 户离开七家湾，只是户籍仍在七家湾。这部分人被称为"空挂户"，实际在七家湾社区居住的回民只有 185 户。[②] 几年过去，我们可以推知，今天

---

① 马戎、周星:《中华民族凝聚力形成与发展》，北京大学出版社 1999 年版。

② 张鸿雁、白友涛:《大城市回族社区的社会文化功能——南京市七家湾回族社区研究》，《民族研究》2004 年第 4 期。

实际居住在七家湾社区的回民户不足 100 户。

由此,我们可以看到在历史与现实因素的纵横交错下,南京市本地回族居民族际通婚观念的现状。

(三) 南京市本地回族的族际通婚观念

1. 困境:现代化对南京回族族内婚姻的冲击

在现代化的冲击下,南京回族聚居的居住格局被打破、传统社区回汉人口的构成发生变化、家庭结构变迁。首先,七家湾社区的被拆迁,打破了南京回民原本"大分散,小聚居"的居住格局,原有的七家湾社区回民大多数被分散安置到了集庆门外南苑小区、水西门外茶西里小区和河西积善新寓等外围一带,南京回民将不得不面对"大分散、小也分散"的居住格局。重新规划后的七家湾社区的回汉人口比例发生了很大的变化。其次,在现代化、家庭观念的变迁和国家政策等的作用下,回族家庭规模逐渐减小,呈现小型化趋势,核心家庭成为回族家庭类型的主流。

现代化导致多方面的变迁,南京回族族内婚姻受到一定的改变。

2. 最终的选择:族际通婚已成现实

依据布劳的宏观结构理论,族群在空间中的不同分布影响族际之间的交往,相对规模和异质性是影响族际通婚的两个重要因素。因为受城市化、现代化结构因素的影响,城市拆迁打破了原来小聚居式的居住格局,社区回族人口的相对规模日益缩小,社区的异质性越来越强,回族与回族之间缺乏接触交往的机会,彼此间呈现出一种相对隔离的状态,使得他们原本就面临如何实现族内通婚的难题。有些回族最终选择能尊重自己信仰和习惯的汉族为婚。

个案 4:访问地点:净觉寺　被访对象:洪先生　年龄:38 岁

我们在净觉寺冯阿訇的办公室见到了洪先生,周五来主麻的南京本地的回民不多,因此来的人跟冯阿訇都很熟悉。洪先生说:我自己一直想找一个回族女性做妻子,但通过自谈加上别人介绍前前后后接触过四个回族女孩,最终都因为她们的宗教操守不好,或者连尊重我的信仰习惯都不能做到等原因而告吹。最终我经过别人介绍,认识了一个汉族的女孩,在尊重我们的民族信仰方面,她做得反倒比本民族的女孩都要好,最终我选择了她。像我这样的回民,选择族际通婚的方式,真的是一种无奈,现实里南京的回民都不是真正的回民了,理想选择的圈子太小了。

再次,老一辈回族人对下一代婚姻的影响在减弱,他们对下一代能否坚持族内婚姻的预期日益变低。南京回族的家庭结构在城市化过程中产生了巨大变迁,核心家庭已经成为包括回族家庭在内的广大城市家庭的主流类型。而家庭是社会化的重要场所,在新一代回族的社会化过程中,存在着传统因素的缺位问题。现代"婚姻自由"的思想也使得老一辈无法过多干预年轻一代的婚姻行为。在传统因素的作用缺失和现代因素的作用过强一张一弛的合力作用之下,新一代回族族际通婚的行为变得必然而又自然。老一辈回族人面对这一历史的必然,留下的只有无奈。

个案5:访谈地点:吉兆营清真寺　被访对象:马先生　年龄:58岁

马先生家住鼓楼区虎踞北路,是退休工人,提到族际通婚马先生显得比较敏感,也比较激动,他说:南京现在都很难找到纯正的回族,很多人连基本的饮食禁忌都松懈了,这太不像样了。对下一代我们更管不住了,自己这一代的人都没有做好,拿什么去管他们呢。另外主要的原因就是在南京也找不到合适的回族了,我的儿子已经结婚了,找的汉族,我不同意,但最终只能默认。孙子以后更管不了了,一个是没办法管,另一个是谁也不知道时代发展到他结婚的时候会是个什么样子,干脆由他们去了,我现在只是把自己管好就好了。

个案6:访问地点:吉兆营清真寺　被访对象:马大姐　年龄35岁

马大姐,家住老城南一带,在南京做化妆品销售工作。平时只要一有空,就来寺里礼拜。马大姐人很随和也很热心,通过她的叙述,得知她早些年组建过"南京穆斯林婚姻介绍所"。只是很少介绍成功。"我在清真寺,也接触了不少南京老乡。家长们很着急子女的婚事,想找个回民媳妇或者女婿。这些家长一方面,想让自己的子女找个回民以方便以后的生活;可是另一方面,又看不起外来回民。所以现在的很多南京本地回族宁愿找个南京本地的条件好的汉族,也不愿意找个外来的回族。他们在择偶过程中受现代性因素的影响,思想上早已突破了教内通婚的限制,选择和汉族通婚。婚后,考虑到政府对少数民族的优惠政策,他们又将子女民族类型,报为'回族',实质上,只是个有名无实的回族,都汉化了。这些都不是什么稀奇的事情。所以,做家长的,现在都是睁一只眼,闭一只眼了,随他们去吧!"

如今在南京,回族的族际通婚已经成为一个普遍的事实,其实这一事实早在20世纪90年代就已经有所显现,马戎教授认为:在我国东部地区,"回族的情况则比较引人注目。回族在 90 年代普查结果反映出来的如此高程度的与汉族通婚的情况,说明自 50 年代后回族在与汉族通婚的观念上发生了重大变化,即在坚持通婚者要皈依伊斯兰教这一传统要求方面,已经有了相当大的改变。这从另一个角度反映出部分回族群众自身的宗教观念有所减弱,在北京、上海这样的大城市中和江苏这样城市化水平高的省份尤为如此。在江苏,这一比例高达 3.43%,少数民族人口的79.3% 是回族,如果我们假定该省其他少数民族在与汉族通婚方面水平相似的话,江苏平均每 11 个已婚回族人口中,就有 7 个与汉族联姻,只有4 人属族内通婚"①。南京的回族又占整个江苏回族的一半,由此可推知,20 世纪 90 年代的南京回族中,至少有接近半数的人属于族际通婚,而十多年后的今天,南京回族族际通婚的普遍性便可见一斑。

四 徘徊于传统与现代之间:回族
流动人口的族际通婚观念

(一) 南京回族流动人口的来源

改革开放后,尤其是在取消了单位制的限制以后,人们在城乡之间、区域之间流动的阻力大大减小,近几年户籍制度对人们的限制逐步降低,人们流动变得更加顺畅,就业渠道和就业去向也变得日益多样化,具有生意头脑的回族较早地加入到了流动的行列。南京属于东部发达城市,又是有着悠久的传统文化的城市,所以对回族有着很强的吸引力。

在全国性人口流动出现的初期,就有大量的西北回族人来到南京,随着前两年全国性人口流动高潮的到来,南京也迎来了回族流动人口的流入高峰。由于对流动人口进行统计的难度较大,所以官方和学者一直没有发布过一个准确的统计数据。南京理工大学的季芳桐教授一直对东部城市少数民族流动人口有着深入的研究,在 2006—2007 年间他以上海、南京、天津、深圳四个东部发达城市为考察点对少数民族流动人口进行了全面的调查。他认为,四个城市的少数民族流动人口规模平均在 10 万人以上,其中回族最多,所占比例为 89.8%,其次是维吾尔族占 4.8%,撒拉族、东乡族、保安族共占 3.9% 排第三,其余 1.5% 的人为汉族;从户籍上看大部

---

① 马戎、周星:《中华民族凝聚力形成与发展》,北京大学出版社 1999 年版。

分来源于西北,源于西南的较少,按流动人数多少及所占比例进行排序,其次序依次为:甘肃(54.9%)、青海(17.2%)、新疆(4.8%)、宁夏(4.4%)、河南(2.0%)、陕西(0.1%);从职业角度讲,少数民族流动人口主要以带有西北风味的餐饮为业,工作场所主要为拉面馆,只有个别在企业或其他行业,据青海化隆县住沪办同志介绍,该县在深圳有 600 家拉面馆,在上海有 1000 家拉面馆①。因此,我们可以通过统计南京市内拉面馆的数量来间接获取南京市回族流动人口的大概数量。

2003 年,南京市六个主城区共有兰州拉面馆 500 家②,根据笔者走访统计,每个拉面馆平均有成员 5.34 人③,一般的分工是一个老板负责收钱和管理、一个师傅负责拉面和炒面、一个师傅负责煮面、一个师傅负责打杂和服务——端饭、收拾桌面和地板。事实上一个店里的平均成员还不止这些,因为笔者调研时正处暑期,由于天热而牛肉面又属热食,所以来吃的顾客较少,生意较为冷清,加之西北来的师傅受不了南京的湿热气候,所以很多都回老家度夏了,进入秋冬季会出现生意的季节性高峰,届时很多师傅会重返南京,有些面馆会出于生意的需要新增一些师傅,如果加上这部分人,那么在正常营业状态下每个拉面馆里平均的店员数在 7 人左右。

同时,来南京的西北籍回族流动人口以甘肃籍的为多,而且在相互介绍和传帮带的影响下,呈增多的趋势,亲缘和地缘关系的特点日益明显。调研中笔者了解到,西北的回民有按省籍分别分布于不同大城市的特点,比如南京的外来回族主要以甘肃为主,上海的外来回族主要是青海的回族,也以经营兰州拉面馆为主要职业,这与季芳桐教授的研究是大体吻合的。笔者认为,主要的原因还在于,面对陌生的大城市,人地两生,外来回族的个体力量太显单薄,于是相互帮助就显得十分必要,最后在传帮带的作用下,以地缘关系为纽带就在某一个城市聚集了具有共同省级的回民。所以,同一省级回民在同一城市的较集中分布是自发的结果。据笔者

---

① 季芳桐:《东部城市流动穆斯林人口的结构特征与就业状况研究——以天津、上海、南京、深圳四城市为考察点》,《西北第二民族学院学报》(哲学社会科学版)2008 年第 4 期。

② 白友涛:《盘根草:城市现代化背景下的回族社区》,宁夏人民出版社 2004 年版。

③ 181 份问卷中除去 5 份在吉兆营清真寺随机访谈的问卷和 21 份学生问卷,其余的 155 份均是笔者实地去各个兰州拉面馆结构访谈后的样本数据,笔者共随机去了 29 家兰州拉面馆,155/29 = 5.34,即为每个拉面馆里的平均成员数。

对南京少数民族流动人口长期接触和了解，南京市的甘肃籍回族又以甘肃的临夏市和平凉市为主体。

依据净觉寺冯阿訇、一些拉面馆老板，尤其是鼓楼区四条巷送牛羊肉的马师傅①的粗略统计，截至今年7月，南京13个区县大概有兰州拉面馆1100家，主城区大概有700家。由此，我们可以粗略估算，在南京的从事餐饮服务业的西北回族流动人口的总数量：经营淡季（暑期）为6408人左右，其中主城区有3738人左右；正常经营状态下为7700人左右。

不同地域的回族在全国人口流动的初期，先期来的流动人口曾与当地人发生过一些摩擦，这一事件使得后来的流动人口认识到维护自己权益和处理好与当地人的关系的必要性。2004年，在南京市伊斯兰教协会的支持下，由草桥清真寺的金贤友阿訇主持，成立了主要由兰州拉面馆老板组成的"南京市伊斯兰教协会联络委员会——西北穆斯林联络组"，简称"西北联络组"，联络组又具体分了五个片区：临夏市榆林、合家磨组成的第一片区，临夏市涧上、麻莲滩组成的第二片区，临夏市尹集村、咀头村、磨路村组成的第三片区，临夏市新集、韩集、马集组成的第四片区，甘肃平凉等其他地区组成的第五片区。这是一个民间组织，主要为来南京的西北少数民族流动人口提供工作、生活等方面的服务和支持。由于西北籍的少数民族流动人口以甘肃人居多，所以"西北联络组"的成员主要由甘肃人组成。

他们也是南京市29家拉面馆的老板。笔者走访了这29家拉面馆，对在面馆的每一个工作人员进行了问卷调查，并有选择性地进行了个案访谈，收集了有效问卷155份。

（二）南京回族流动人口的结构特征

1. 性别结构

南京的少数民族流动人口以西北的回族为主，其中又以甘肃的居多。

---

① 马师傅来南京已有近六年的时间了，说他对南京了如指掌一点都不过分。由于他主要向鼓楼、下关和建邺三个城西主城区的拉面馆送牛羊肉，同时眼下正打算开一家自己的拉面馆（访谈的前几分钟，他和朋友刚刚踩点回来，已经考察有半个多月了，但一直还没有找到一个合适的门面），所以对在南京的兰州拉面馆的数量等市场情况了解得充分。

西部传统地区的人们在对待男女分工的问题上,"男主外,女主内"的观点更为强烈,不大主张女子出外打工。随着全国性人口流动的常态化,西部传统地区的回民在对待女子能否外出的问题上有所松动,回族流动人口中的女性数量有所增加。

在南京的西北回族流动人口中,有82.9%的成员为男性,女性的比例为17.1%,男女的性别比为4.8:1(表6)。在31名女性流动人口中,20人已婚,是结婚后由丈夫带来的,这样的夫妇一般有自己的面馆,自己做老板。未婚的女性主要是学生,拉面馆里未婚的女孩很少,实地调研中只在一家面馆发现了这样的案例,这个女孩是和父母一起来到南京的,父母在南京经营了一家饭馆(表7)。

表6   **性别**

		频次	百分比(%)	有效百分比(%)	累计百分比(%)
有效值	男	150	82.9	82.9	82.9
	女	31	17.1	17.1	100.0
	有效总体	181	100.0	100.0	

表7   **回族女性流动人口婚姻状况、职业类型交差分析**

			职业类型			总计
			餐饮服务业	事业单位职员	学生	
婚姻状况	已婚	计数	18	2	0	20
		所占比例(%)	90.0	10.0	0	100.0
	未婚	计数	1	1	9	11
		所占比例(%)	9.1	9.1	81.8	100.0
总计		计数	19	3	9	31
		所占比例(%)	61.3	9.7	29.0	100.0

2. 学历结构

受教育程度是影响一个人婚姻观念的重要因素。南京的回族流动人口整体的受教育程度不高,55.6%的人的学历水平在"小学及以下",过了有效被访对象的半数,其中很多人没有上过学或者只上了一两年学;27.5%的人是

"初中"或初中肄业，"初中及以下"学历的人共占了有效被访对象的83.1%；"高中或中专学历"或者上过高中但未毕业的只有3.9%的人（如表8）。在西北农村地区，劳动力人群的学历水平较低，笔者认为，原因主要有三个：第一，教育投资的回报周期太长，时间成本过大，而欠发达的西北农村家庭经济来源少，需要学生尽早成为家庭新的劳动力，增加收入来源；第二，教育投资的经济成本过大，超出了偏贫困的西北农村家庭的经济承担能力；第三，同村家庭间的相互示范作用。有几家的学生辍学外出打工，就对后来的家庭产生了示范影响。至于当前大学生就业难这一原因，笔者调研发现，西北农村家庭并没有考虑那么远，因此这一因素对他们的影响有限。

12.9%的"大专及以上"的有效对象全部分布在学生中，其他职业领域的成员中并没有这么高的学历。

表8　　　　　　　　　　　受教育程度

		频次	百分比（%）	有效百分比（%）	累计百分比（%）
有效值	小学及以下	99	54.7	55.6	55.6
	初中	49	27.1	27.5	83.1
	高中或中专	7	3.9	3.9	87.1
	大专及以上	23	12.7	12.9	100.0
	有效总体	178	98.3	100.0	
缺失值		3	1.7		
总体		181	100.0		

3. 年龄结构

年龄与婚姻观念的相关性也很大，一般而言，年纪越轻的人对婚姻的自由度要求较高，在流动的过程中也较易受到外界的影响而冲破传统。在南京的西北回族流动人口的整体年龄较小。统计显示，他们的平均年龄（均值）在23岁，单个年龄的众值为15岁（结果如表9所示）。

结合表10、表11，我们可以看出，从年龄结构来讲，16—20岁的流动人口最多，占有效总体的33.1%；其次为21—25岁的年龄段，占

26.5%；再次为 15 岁（含 15 岁）以下的年龄群体，占 12.7%；26—30 岁的有 9.9%的人，31—35 岁的有 10.5%的人。35 岁（含 35 岁）以下的人占了回族流动人口的 93.3%，是西北回族流动人口的主体。36—40 岁的回族流动人口有 5%；41—45 岁间的回族流动人口有 1.7%。也即是说，流动的回族人口年轻是一大特点，兰州拉面馆里 35 岁以上的人在南京的生活经历平均都有 6 年了，他们起初从普通的店员做起，后来攒钱盘店自己做老板；在普通的店员中，25 岁左右的师傅也算作"老南京"了，在南京的生活经历平均在 4 年以上，相比较于同龄的其他青年（比如学生群体），他们显得很成熟，有主见，在社会上已经可以独当一面。年龄在 15 岁以下的师傅来南京的时间平均不到 1 年，笔者了解到，他们大多是在今年暑期面馆生意较淡且原有的一些师傅回家时，才来到南京的。

表 9　　　　　　　　　　　　统计分析

总体	有效值	181
	缺失值	0
均值		22.9890
众值		15.00

表 10　　　　　　　　　　外来回族流动人口来宁时间

年龄段	平均来宁时长（年）
≤15 岁	0.98
16—20 岁	1.91
21—25 岁	4.73
26—30 岁	4.38
31—35 岁	7.12
36—40 岁	6
≥41 岁	6.5

表 11   **年龄结构**

		频次	百分比（%）	有效百分比（%）	累计百分比（%）
有效值	≤15 岁	23	12.7	12.7	12.7
	≥46 岁	1	0.6	0.6	13.3
	16—20 岁	60	33.1	33.1	46.4
	21—25 岁	48	26.5	26.5	72.9
	26—30 岁	18	9.9	9.9	82.8
	31—35 岁	19	10.5	10.5	93.3
	36—40 岁	9	5.0	5.0	98.3
	41—45 岁	3	1.7	1.7	100.0
	总计	181	100.0	100.0	

4. 职业结构

笔者在实地调研前的试调查阶段了解到，西北来南京的回族流动人口的职业类型主要为餐饮服务业，经营兰州拉面馆，其他的就业形式一般与拉面馆相关，比如给拉面馆送牛羊肉，这也是为何"南京市伊斯兰教协会联络委员会——西北穆斯林联络组"的成员主要为各兰州拉面馆老板的原因，也是笔者之所以选择兰州拉面馆作为调查总体的原因。

样本最终的职业结构如下，84.5%的是餐饮服务业，学生占 12.7%，其他职业的有 2 个人，事业单位职员有 3 人，主要是三个在南京师范大学参加培训的新疆籍中学教师（结果如表 12 所示）。

表 12   **职业类型**

		频次	百分比（%）	有效百分比（%）	累计百分比（%）
有效值	餐饮服务业	153	84.5	84.5	84.5
	事业单位职员	3	1.7	1.7	86.2
	其他	2	1.1	1.1	87.3
	学生	23	12.7	12.7	100.0
	有效总体	181	100.0	100.0	

做皮毛生意也是回族流动人口的特长。20 世纪 90 年代，在南京有一些做皮毛生意的西北回民，数量并不多。由于南方城市对皮毛的需求不

大，加上南京对流动摊贩进行规范管理使得经营的成本加大，现在在南京做皮毛生意的西北回民比较少。不过每逢开斋节和古尔邦节，在净觉寺周围还是能看到一些烤羊肉串、卖牛羊肉、馕、干果以及葡糖干等商品的西北回族或维吾尔族流动人口。

5. 收入水平

调查显示，回族流动人口来南京的最大动机是"挣钱养家"（表13）。经过调研，笔者了解到，大部分流动人口的月工资在1000元以下，占到了总体的48.5%，月工资在1000—2000元的人占总体的比例为32.1%，两个工资段的人共占总体的80.6%；月工资在2000—3000元的有9.1%的人，在3000元以上的有10.3%的人（表14）。

就拉面馆的师傅而言，月工资在1000元以下的师傅多为店里跑堂的"小工"，具体的工资在800元左右；月工资在1000—2000元的师傅多属于店老板请来的"大师傅"，负责在后厨拉面和炒菜；拉面馆老板的月工资一般会在两千元以上，其中一些老板在高校食堂承包穆斯林餐馆，这些餐馆相比较于临街经营的面馆，顾客相对稳定，效益也相对更好些。事实上，在综合考虑大城市的生活成本后我们会发现，拉面馆师傅的工资水平还是较高的。首先从住房成本上考虑，在南京的租房市场，一套主城区50多平方米的两居室月租一般在1600元，出租的形式除了常见的整套租和单间合租外，由于房租太高还催生了床位出租的形式。在南京租一张床位的价钱一般在260元/月，加上平摊的水电费，一张床位每月的租金在300元左右；另外，在餐饮支出方面，普通的上班族节省着花每天的饮食支出至少也要15元，一个月要450元。

拿店里工资最低的"小工"师傅的情况来说。拉面馆的老板与员工之间大多沾亲带故，关系至少是老乡，所以老板给店员的待遇均是包吃包住，其中住的条件以床位为主，还有的直接住在店里。如果按床位房租计算，每月仅吃住两项开支，老板至少已经替"小工"师傅省下了750元的开支，加上800—1000元的工资待遇，拉面馆"小工"师傅的月工资应该在1550—1750元之间，超过了南京市政府1200元的月工资最低标准，达到了在宁一般大学毕业生的工资水平。按照这一算法，拉面馆"大师傅"的月工资则应在1750—2250元之间。所以总的来讲，兰州拉面馆里师傅的工资水平还是较高的，重要的是他们的开支很少，最终能够把这些钱真正地存起来，达到"挣钱养家"的目的。

表 13 打工动机频次分析

		被选情况		占总体
		被选频次	被选频率（％）	比例（％）
打工动机	挣钱养家	90	34.2	49.7
	出来看看外面的世界	53	20.2	29.3
	因为很多人都出来打工	13	4.9	7.2
	学习新的知识和技能	89	33.8	49.2
	希望到富裕的地方安家	7	2.7	3.9
	其他	11	4.2	6.1
总计		263	100.0	145.3

表 14 月工资

		频次	百分比（％）	有效百分比（％）	累计百分比（％）
有效值	1000 元以下	80	44.2	48.5	48.5
	1000—2000 元	53	29.3	32.1	80.6
	2000—3000 元	15	8.3	9.1	89.7
	3000 元以上	17	9.4	10.3	100.0
	有效总体	165	91.2	100.0	
缺失值		16	8.8	8.8	
总体		181	100.0	100.0	

6. 婚姻状况

如前所述，来南京的回族流动人口偏年轻，年龄在 20 岁以下的人占了总体的 45.8％，因此，回族流动人口的婚姻状况以未婚为主，未婚的人共占总体的 61.9％。另外，已婚的人占 37％，离婚后单身的有 2 人（表 15）。在 67 名已婚的被访者中，有两人分别属于回藏和回汉通婚，前者的具体情况为男方回族，女方藏族，而且女方已经入教；后者具体为男方回族，女方汉族，但女方并没有入教，这对夫妇在南京师范大学东区十食堂承包了一家穆斯林餐馆，丈夫是甘肃人，妻子是安徽人，已经有一个两岁的儿子，男方的父母在餐馆帮忙，对这一桩婚事持反对意见，这是一例典型的流动造成族际通婚的案例，笔者在第六部分的讨论中将会详加叙述。

进入 21 世纪以后，随着全国性人口流动现象的出现，辍学的青年男女更多地选择外出打工而不再待在家里。外出打工的经历改变了他们早婚的观念，子女常年不在家也使得家长无法有效地干预子女的婚姻，这在客观上推延了青年男女的结婚年龄，并在一定程度上使得农村早婚早育的现象有所缓解。此次调研笔者发现，回族流动人口男青年的结婚年龄也有所推后，如表 16 所示，16—20 岁年龄段里结婚的只有 5% 的人；21—25 岁年龄段里未婚的人占该年龄段群体的 58.3%，其中 21 岁、22 岁、23 岁、24 岁未婚的人占各自总体的比例分别为 58.3%、44.4%、77.8% 和 66.7%，未婚成为主流，到 25 岁已婚的比例才大于未婚。所以说，打工也同样使得回族流动人口的结婚年龄有所推迟。

表 15 　　　　　　　　　　　　　　婚姻状况

		频次	百分比（%）	有效百分比（%）	累计百分比（%）
有效值	已婚	67	37.0	37.0	37.0
	未婚	112	61.9	61.9	98.9
	离婚后单身	2	1.1	1.1	100.0
	总计	181	100.0	100.0	

表 16 　　　　　　　　　　年龄、婚姻状况交差分析列表

			婚姻状况			总计
			已婚	未婚	离婚后单身	
年龄结构	≤15 岁	计数	0	23	0	23
		所占比例（%）	0	100.0	0	100.0
	16—20 岁	计数	3	57	0	60
		所占比例（%）	5.0	95.0	0	100.0
	21—25 岁	计数	20	28	0	48
		所占比例（%）	41.7	58.3	0	100.0
	26—30 岁	计数	17	1	0	18
		所占比例（%）	94.4	5.6	0	100.0
总计		计数	40	109	0	149
		所占比例（%）	26.8	73.2	0	100.0

续表

			婚姻状况		总计
			已婚	未婚	
年龄	21 岁	计数 所占比例（%）	5 41.7	7 58.3	12 100.0
	22 岁	计数 所占比例（%）	5 55.6	4 44.4	9 100.0
	23 岁	计数 所占比例（%）	2 22.2	7 77.8	9 100.0
	24 岁	计数 所占比例（%）	4 33.3	8 66.7	12 100.0
	25 岁	计数 所占比例（%）	4 66.7	2 33.3	6 100.0
总计		计数 所占比例（%）	20 41.7	28 58.3	48 100.0

7. 来南京的时长

英克尔斯在探讨个人从传统到现代性的转变过程中，将城市经历作为一个重要的因素加以考虑，并从城市经历的量和质两个方面进行分析，分析的结论是城市经历本身的量和质同人的现代性之间并没有直接的相关性，但却通过大众传播媒介、工厂经历、正式的学校教育等变量对现代性产生着很强的间接影响："把其他主要影响控制之后，城市经历本身的量和一个城市本身的相对世界性质，对于现代性量度并没有显著的一贯的贡献。换句话说，城市经历本身对于综合现代性量度只有很少的直接影响。然而，我们有理由相信，城市经历对于现代性量度有很强的间接影响。我们用间接影响指的是那些通过同其他变量——如大众传播媒介、正式的学校教育、工厂经历等关联之间产生的影响。"虽然只是间接影响，但这一间接影响的效果也是显著的，"从发展中国家得到的人口调查资料和其他调查数据，很明显地表示城市区域一般大众传播媒介、工厂和学校的较大集中而同其他地方区分开来……这些力量对于个人有直接的影响，也使他更为现代化……城市地区提供一些重要的、直接的现代化经历的机会也较多。同这些较多的机会接触使城市居民比乡村居民更容易处在促成现代化的影响之中。因而，城市居民往往比乡村居民更现代"①。

因此，城市经历是考查流动人口现代性的一个必不可少的方面。英克尔斯在考查城市经历对现代性的作用时，分别从城市经历的量和质两个方面加以分析，前者是指个人在城市生活的年限，后者主要从城市的区域性（或世界性）和中心性两个维度衡量——区域性（或世界性）和中心性越强的城市，大众传播媒介、工厂和学校等越集中，对现代性的间接作用越明显，反之越不明显。针对城市生活的年限，英克尔斯研究发现，5 年是一个显著值，"我们找到了这样一组人，一般说来他们在城市中生活的时间比那些在所有重要特征上同他们配对的人至少多五年"，而且这一显著值并非人为统计的结果，而是客观真实的值："这些配比是高质量的……在配对中根据在城市中居住的五年差异把人们分为两组不是统计上的人为结果，而是真实的差异"。也即是说，一个人在区域性（或世界性）较强的城市生活五年以上，就会对其现代性产生比较显著的影响，推动其由传统人到现代人的转变。②

回族流动人口来到南京的平均年限为 3.23 年（表 17）。从不同的年龄段来看，年龄越大的人，来南京的年限一般较长，如前所述，15 岁以下的拉面馆店员多是在暑期生意冷淡时来南京的，时间大都不到一年，16—20 岁年龄段店员来宁的平均年限为 1.91 年；21 岁以上店员在宁生活的平均年限都在 4 年以上，其中 31 岁以上的人在南京生活的年限在 6 年或 7 年（表 19）。在来南京的具体时长上，少数民族流动人口在南京生活的时限 1 年至 5 年的人居多，占 45.9%；待 1 年内时限的人占 35.9%；待 5 年至 10 年的人占 14.9%；待 10 年以上的人只占 3.3%（表 18）。由此可见，在南京的少数民族流动人口以短期打工为主，虽然被访者中很多人都有一直在南京工作下去的打算，但不会在南京安家，等到年龄大了就回老家过安闲的日子。从城市经历的质的方面讲，南京属于东部发达城市和长江三角洲的中心城市之一，是世界知名城市，区域性和世界性都较强，广大在宁的兰州拉面馆又多地处主城区，大众传播媒介、工

① ［美］阿列克斯·英克尔斯:《从传统人到现代人——六个发展中国家中的个人变化》，顾昕译，中国人民大学出版社 1992 年版，第 333 页。

② 同上。

厂和学校等要素发达。因此,从城市生活的量和质两方面而言,在南京的生活经历势必会对在宁的 21 岁以上的回族流动人口的现代性产生较为显著的影响。

表 17 统计分析

总体	有效值	181
	缺失值	0
均值		3.23

表 18 来南京时长

		频次	百分比(%)	有效百分比(%)	累计百分比(%)
有效值	≤1 年	65	35.9	35.9	35.9
	≥10 年	6	3.3	3.3	39.2
	1—5 年	83	45.9	45.9	85.1
	5—10 年	27	14.9	14.9	100.0
	总计	181	100.0	100.0	

表 19

年龄段	平均来南京时长(年)
≤15 岁	0.98
16—20 岁	1.91
21—25 岁	4.73
26—30 岁	4.38
31—35 岁	7.12
36—40 岁	6
≥41 岁	6.5

8. 城市适应

从家乡来到一个新的环境,必然存在适应问题,笔者主要从语言、饮食、工作、社会交往以及城市交通等方面考察回族流动人口的城市适应状况。调查的结果如表 20 所示,在上述几个方面,最不好适应的是宗教生活,被选的频率为 25.6% 。原因主要在于工作太忙,无暇顾及宗教生活,另外南京清真寺较少。

饮食方面,被选的频率为 20.6% 。除了一日三餐即在店里解决的拉面馆师傅外,其他在南京的回族流动人口最能切身感受饮食的不便,虽然眼下主城区的清真面馆已有六七百家,清真饮食难的问题有所改观,但拉面馆的绝对数量依然较少,同时出于经营成本(店面租金)的考虑这些面馆又多分布于偏僻的小巷,即使熟悉南京的人找到它们也不容易。

语言方面被选的比率为 19.3% ,排第三位;其后分别为交友困难、城里人不好交往以及工作不好找,被选的比率分别为 7.6% 、7.6% 和 2.9% ;其他这一选项被选的比率为 13% ,多为表示来到南京后没有什么不适应的人所做的选答。

表 20   **不适应状况频次分析**

		选答情况	
		被选频次	被选频率(%)
不适 应状况	城市太大交通拥挤	8	3.4
	饮食不便	49	20.6
	工作不好找	7	2.9
	城里人不好交往	18	7.6
	宗教生活不方便	61	25.6
	交友困难	18	7.6
	语言不通	46	19.3
	其他	31	13.0
总计		238	100.0

9. 社会关系网络

在南京的回族流动人口的社会交往对象以家乡的亲戚和老乡为主,但有扩大的意愿和倾向。首选择老乡为交往的主要对象,以地缘或亲缘关系为认同纽带的心理习惯是一致的。其次，回族流动人口的人际交往圈较小，以拉面馆的师傅为例，他们从早到晚的活动范围只在店里，接触的多是流动的客人，老顾客并不多，唯一有机会接触较多人的机会是每年去清真寺参加开斋节和古尔邦节。

调查显示，在来南京的方式上，73.5%的人是别人介绍来的，这部分人均是自己的老乡，其中亲人占47.4%，老乡占28.6%，朋友占15%（表21、22）。在需要帮助时，75.7%的人会首先选择求助家乡的亲戚朋友，而后会求助伊协西北联络组占11%，也有6.4%的被访者表示必要时自己也会求助南京的本地人（表23）。来到南京后，虽然圈子小、工作忙，接触的主要是自己人，但依然有17.7%和39.2%的人分别称自己结识了很多或者结识了几个其他民族的朋友，在没有结识其他民族朋友的43.1%的被访者中，明确表示不打算结识的人有37.9%，有62.1%的人表示打算结识，表现出了扩大社会关系网络的意愿和倾向（表24、25）。

表21　　　　　　　　　　你是怎么到南京的？

		频次	百分比（%）	有效百分比（%）	累计百分比（%）
有效值	自己来的	48	26.5	26.5	26.5
	别人介绍的	133	73.5	73.5	100.0
	总体	181	100.0	100.0	

表22　　　　　　　　　　这个人和你什么关系

		频次	百分比（%）	有效百分比（%）	累计百分比（%）
有效值	亲人	63	47.4	47.4	47.4
	老乡	38	28.6	28.6	75.9
	朋友	20	15.0	15.0	91.0
	其他	12	9.0	9.0	100.0
	有效总体	133	100.0	100.0	

表 23　　　　　　　　　　　　需要帮助时求助谁

		频次	百分比（%）	有效百分比（%）	累计百分比（%）
有效值	老家的亲戚朋友	131	72.4	75.7	75.7
	伊协西北联络组	19	10.5	11.0	86.7
	本地人	11	6.1	6.4	93.1
	其他	12	6.6	6.9	100.0
	有效值总计	173	95.6	100.0	
	缺失值	8	4.4		
总计		181	100.0		

表 24　　　　　　　　　　在南京结识其他民族朋友的情况

	频次	百分比（%）	有效百分比（%）	累积百分比（%）
结识了很多朋友	32	17.7	17.7	17.7
结识几个朋友	71	39.2	39.2	56.9
还没有结识朋友	78	43.1	43.1	100.0
合计	181	100.0	100.0	

表 25　　　　　　　　还未交其他民族的朋友，你如何结交

	有效百分比（%）	累积百分比（%）
打算	62.1	62.1
不打算	37.9	100
合计	100.0	

（三）南京回族流动人口的族际婚姻观念

在研究设计的操作化阶段，笔者将族际通婚观念操作定义为：个体关于族际婚姻一系列问题或现象的认知、期望、态度和评价，在此基础上将其操作为认知、期望、态度和评价四个维度，具体用于对族际通婚的主观认知，对婚域范围、择偶标准、族际交往的期望，对同族其他成员、未来子女族际通婚的态度，对族际通婚现象的评价等变量来测量。

1. 对族际通婚的认知

对于族际通婚的行为，回族流动人口都有认识，也能识别，但若撇开

行为表象直接询问他们学理层次的"族际通婚"概念时，181 位调查对象中，52.5%的人表示"完全不知道"，"听说过但不知道具体意思"的人有 27.6%，"听说过也知道具体意思"的人占 19.9%。也就是说大部分的回族流动人口对族际通婚的认识还停留在感性认识的水平。

在调研中笔者还发现，一些回族流动人口认识上混淆了"族内婚"和"教内婚"，将"族内婚"等同于了"教内婚"看待。

2. 族际通婚意愿

族际通婚意愿是族际通婚观念的重要组成部分，由于涉及的是自身的态度和行为，因此在面对面进行的访谈中，族际通婚这一问题对被访的回族流动人口来讲就显得更为敏感，使得他们在回答时大都持一种谨慎的态度。统计结果如表 26、27 显示，在回答"假如遇到一个合适的其他民族的结婚对象，您会考虑吗"这一问题时，60.9%的人明确表示不会考虑，另外 39.1%的人回答会考虑。虽然这 39.1%的人可能都坚持"教内婚"，即内心表示会感化对象入教，但通过前面的研究分析我们知道，传统地区的回族更倾向于"族内婚"，"教内婚"虽然没有逾越教规的原则，但也已超越了村民们"族内婚"这一更为严格的习俗原则，变得相对宽松，而个体从一个更为严格的原则过渡到一个较为宽松的原则时需要很大的勇气的。从年龄结构与意愿的交互分析来看，表示"会考虑"的人群里，大部分是 20 岁以下的人（占 59.1%），其次是 21—30 岁年龄的人（占 34.8%），31—40 岁和 41 岁以上的人很少，分别只有 3 个人和 1 个人。从各个年龄段来讲，20 岁以下的 83 人中有 47%的人表示会考虑，21—30 岁间的 61 人中有 37.7%的人表示会考虑，31—40 岁间的 22 人中有 13.6%的人表示愿意考虑，41 岁以上的 3 人里有 33.3%的人表示愿意考虑，大致呈现一种年龄越小越容易愿意接受族际通婚方式，也即是说年龄与族际通婚的意愿大致呈一种负相关的关系。

另外，在被询问到是希望回老家找对象还是希望在打工的过程中找这一问题时，42.9%的人表示希望回老家找，35%人则希望在打工的过程中找到（表 28）。打工过程中接触到合适的异性很少，族际通婚的概率也会更大，所以 35%的希望在打工时找到对象的人对族际通婚应该是有一定的思想准备的。

总的来讲，大部分回族流动人口的族际通婚态度比较谨慎，但仍有三分之一的人对族际通婚表现出了一定的意愿，有一定的思想准备，并且在这部分人中族际通婚的意愿同年龄大体呈现一种负相关的关系,年纪越轻族际通婚的可能性越大。

表 26   假如遇到一个合适的其他民族的结婚对象,您会考虑吗

		频次	百分比(%)	有效百分比(%)	累计百分比(%)
有效值	会的	66	36.5	39.1	39.1
	不会	103	56.9	60.9	100.0
	有效值总计	169	93.4	100.0	
	缺失值总计	12	6.6		
总计		181	100.0		

表 27   假如遇到一个合适的其他民族的结婚对象,您会考虑吗
交互分析

			年龄结构				总计
			≤20	≥41	21—30	31—40	
意愿	会的	计数	39	1	23	3	66
		所占比例(%)	59.1	1.5	34.8	4.5	100.0
	不会	计数	44	2	38	19	103
		所占比例(%)	42.7	1.9	36.9	18.4	100.0
总计		计数	83	3	61	22	169
		所占比例(%)	49.1	1.8	36.1	13.0	100.0

表 28   自己对在打工中找到结婚对象的希望度

		频次	百分比(%)	有效百分比(%)	累计百分比(%)
有效值	希望	49	27.1	35.0	35.0
	不希望,希望回家找	60	33.1	42.9	77.9
	其他	31	17.1	22.1	100.0
	有效值总计	140	77.3	100.0	
	缺失值	41	22.7		
总计		181	100.0		

3. 对择偶标准和婚域范围的期望

我们可以将择偶标准理解为:个人在选择结婚对象时,关于对方某些标志值或特征如职业类型、家庭背景、经济收入、外貌长相、地理远近、民族类别等的期望,其实质就是对配偶在上述各方面的限制。可以将婚域范围定义为:个体在择偶时对配偶某些标志值或特征的可接受程度的最低或最高要求,是对彼此的职业类型、家庭背景、经济收入、外貌长相、地理远近、民族类别等特征的同质程度的期待和衡量,其实质也是一种限制。因此,择偶标准和婚域范围内涵相近,一个人对择偶标准和婚域范围的期望是一致的,可以相互印证,我们可以将两者放在一起考查。

经过统计,结果如表29所示,我们发现,在外表、社会地位、民族成分、经济收入、宗教信仰、两人感情、生活习惯、个人品质、家庭背景、户口类型、地理远近等11项被选项中,按照被考虑的先后次序各项的排序分别为:两人感情(26.3%)、宗教信仰(24.2%)、个人品质(16.4%)、民族成分(10.8%)、生活习惯(6.8%)、外表(5.9%)、家庭背景(4.9%)、地理远近(1.5%)、经济收入(1.3%)、社会地位(0.9%)、户口类型(0.6%)。两人感情和个人品质两个因素也被放在了优先考虑的位置予以重视。地理远近、家庭背景、社会地位、户口类型、外表等传统意义上的因素并没有被太多重视。由此我们可以得出结论:在南京的回族流动人口在考虑择偶条件时,最先考虑的是信仰或民族成分,其次考虑的是两个人的感情,再其次考虑的是个人的品质。这也反映了大部分回族流动人口在婚域范围的期望上是同民族或同信仰,户籍类型、地域远近等并不影响对婚姻对象的选择,婚域范围有所扩大。相比较于传统地区仍有遗留的门当户对、父母之命、媒妁之言等现象,大部分回族流动人口的择偶观念显得比较理性和自主。

表 29 择偶标准频次分析

		选答情况	
		被选频次	被选频率(%)
择偶标准	外表	31	5.9
	社会地位	5	0.9

续表

		选答情况	
		被选频次	被选频率（%）
择偶标准	民族成分	57	10.8
	经济收入	7	1.3
	宗教信仰	128	24.2
	两人感情	139	26.3
	生活习惯	36	6.8
	个人品质	87	16.4
	家庭背景	26	4.9
	户口类型	3	0.6
	地理远近	8	1.5
	其他	2	0.4
总计		529	100.0

4. 对族际交往的期望

与不同民族的成员进行交往是实现族际通婚的基本前提，族际交往为族际通婚的实现提供了可能。一般情况下，族际通婚观念较强的人对族际交往的期望会更大。调查结果显示，回族流动人口同其他民族成员进行交往的意愿很强，77.9%的人表示喜欢同其他民族的成员交往（表30），22.1%的人出于信仰、生活习俗不太方便的原因而不愿意同其他民族的成员交往。37.7%和37.1%的人分别在老家有很多或有几个其他民族的朋友，25.1%的人没有（表31）。

同时，笔者通过让被访者选答"是否愿意同汉民做邻居"、"是否愿意同汉民做朋友""是否愿意同汉民做配偶"三个问题来测量他们同汉民交往的社会距离。测量的结果表明，大部分回族流动人口很愿意让汉民与自己做朋友（48.6%），也愿意同汉民互做邻居（39.6%），但做配偶则显得比较谨慎（11.8%）。总的来讲，大部分回族流动人口有着较强的族际交往的期望（表32）。

表 30 同其他民族交往意愿度

喜欢	141	77.9	77.9
不喜欢	40	22.1	100.0
总计	181	100.0	

表 31 在老家,结识其他民族朋友的情况

		频次	百分比(%)	有效百分比(%)	累计百分比(%)
有效值	有很多	66	36.5	37.7	37.7
	有几个	65	35.9	37.1	74.8
	没有	44	24.3	25.1	100.0
	有效值总计	175	96.7	100.0	
	缺失值	6	3.3		
总计		181	100.0		

表 32 族际交往距离频次分析

		选答情况	
		被选频次	被选频率
族际交往距离	和汉民做邻居	127	39.6%
	和汉民做朋友	156	48.6%
	让汉民做配偶	38	11.8%
合计		321	100.0%

5. 对未来子女族际通婚的态度

在被问及是否会同意未来子女选择族际通婚的方式时,15.5%的人表示同意,19.9%的人中立,64.6%的人表示不会同意(表33)。从每个年龄段内部结构分析,分别有19.3%和24.1%的20岁以下的人表示对子女将来选择族际通婚的行为采取同意或中立的态度,而持这两个态度的21—30岁之间的人分别占该年龄段的16.7%和37.9%,31—40岁之间持中立态度的人占32.1%。因此,仅从"中立"这一态度讲,40岁以下的人随着年龄的增长人数在增加,明确表示同意的人数在减小(表34)。

在反对子女族际通婚的原因方面，教规不允许是最大的原因，这一原因被选的比率为29.7%，其次为信仰不同可能会影响他们的感情，被选比率为27.4%，其后按被选比率从高到低依次为家里人不会同意（15.6%）、子女自己也不会愿意（10.3%）、其他人会说闲话（6.5%）和很少有人这样（6.1%）。主要影响因素为宗教信仰，而家庭环境和其他人的影响也是很主要的原因（表35）。持同意态度的15.5%的部分人和持中立态度的19.9%的人（表33）原因主要是，时代变化很快，以后的事情一时很难把握，只能以后的事情以后再讲了，从侧面表达出了他们对族际通婚事实化、扩大化的隐忧。

表33　　　　假如将来您的子女选择了族际通婚方式，您会同意吗?

	频次	有效百分比（%）	累计百分比（%）
会的	28	15.5	15.5
中立	36	19.9	35.4
不会	117	64.6	100.0
总计	181	100.0	

表34　　　　　　　对子女族际通婚行为态度交差分析列表

			态度			总计
			会的	中立	不会	
年龄结构	≤20	计数	16	20	47	83
		所占比例（%）	19.3	24.1	56.6	100.0
	≥41	计数	1	1	2	4
		所占比例（%）	25.0	25.0	50.0	100.0
	21—30	计数	11	25	30	66
		所占比例（%）	16.7	37.9	45.4	100.0
	31—40	计数	0	9	19	28
		所占比例（%）	0	32.1	67.9	100.0
总计		计数	28	55	98	181
		所占比例（%）	15.5	30.4	54.1	100.0

表 35   反对子女族际通婚原因频次分析

		选答情况	
		被选频次	被选频率（%）
反对子女族际通婚原因	很少有人这样	16	6.1
	家里人不会同意	41	15.6
	其他人会说闲话	17	6.5
	子女自己不愿意	27	10.3
	教规不允许	78	29.7
	信仰不同会影响他们的感情	72	27.4
	其他	12	4.6
总计		263	100.0

6. 对族际通婚现象的客观评价

我们主要通过让被访者回答族际通婚现象对社会、本民族和个人的影响来考察他们对这一现象的评价，统计的结果显示，38.7%的人认为族际通婚现象有助于民族关系的融合，最终有利于社会和谐，31.5%的人认为族际通婚现象对于社会来讲是坏大于好，29.8%的人认为没有影响；对本民族的影响方面，38.7%的人认为好大于坏，34.8%的人认为坏大于好，26.5%的人认为没有什么影响；对于个人的影响而言，40.9%的人认为好大于坏，22.7%的人认为坏大于好，36.5%的人认为没有影响。将三个变量合并以后，对于族际通婚对社会、本民族和个人的影响的总的评价是，39.4%的选答认为好大于坏，29.7%的选答是坏大于好，30.9%的选答是没有影响（表36至表39）。不难看出，对于族际通婚的评价呈现仁者见仁智者见智的特点。

表36 族际通婚现象对于社会和谐

	频次	有效百分比（%）	累计百分比（%）
好大于坏	70	38.7	38.7
没有影响	54	29.8	68.5
坏大于好	57	31.5	100.0
总计	181	100.0	

表37 族际通婚现象对于本民族

	频次	有效百分比（%）	累计百分比（%）
好大于坏	70	38.7	38.7
没有影响	48	26.5	65.2
坏大于好	63	34.8	100.0
总计	181	100.0	

表38 族际通婚现象对于自己

	频次	有效百分比（%）	累计百分比（%）
好大于坏	74	40.9	40.9
没有影响	66	36.5	77.3
坏大于好	41	22.7	100.0
总计	181	100.0	

表39 评价频次分析

		被选情况	
		被选频次	被选频率（%）
评价	好大于坏	214	39.4
	没有影响	168	30.9
	坏大于好	161	29.7
总计		543	100.0

　　总的来讲，在南京的回族流动人口的族际通婚观念大致是：对于族际通婚现象的认知还处在感性阶段。在族际通婚意愿方面，大部分人比较谨

慎，但在年龄上呈现出一种年纪越轻，对族际通婚方式的接受度越大的现象。对择偶标准和婚域范围的期望上，大部分人表现得比较理性，有自己的主见。族际交往方面，有着较强的族际交往的期望，很愿意同其他民族的人交朋友，也愿意互做邻居，但在做配偶方面仍显得比较谨慎。对于未来子女的族际通婚问题，大部分人体现出了宽松、宽容的态度，不再过多关注他人和以后的行为，而只关注自己现在的行为。在对族际通婚现象的评价方面，则呈现一种见仁见智、观念多元化的特点。

五　南京市回族流动人口族际通婚观念的影响因素分析

（一）传统社会里家庭和社区的影响

费孝通在《乡土中国》一书中指出，传统社会（乡土社会）里，人的存在首先是属于家族的、世系的、村落的、社区的，然后才属于国家和整个社会。在传统社会里，首先，负责个体教化的是家庭，教育孩子既是家庭的义务和责任，也是权利。其次，个体属于家族、世系和整个社区，因此本家族、世系的人乃至社区内的人也可以干涉孩子的教育。传统社会教化的内容首先是伦理道德观念，其次是习俗，同时这一教化是经验性的，通过大人的言传身教，在潜移默化中被下一代习得并内化，因此教化的效果明显，时效也会更长。另外，家庭、家族、邻里、村落、社区、亲属是传统社会进行社会教化的单位，人在由这些单位构成的社会共同体内形成了家庭关系、邻里关系、亲属关系。在这些关系中，人们各有自己的角色承担，也有他人对自己的角色期待。

在家乡习得和内化的道德、习俗、宗教信仰等是规范回族流动人口的内在力量，而各种关系中形成的角色以及角色期待则形成了一种外部监督，是规范回族流动人口的外在力量。在内外因素的综合作用下，家庭环境和社区环境以及态度对回族流动人口的影响根深蒂固，很大程度上影响着彼此的族际通婚观念。调查过程中，笔者分别询问了被访者"假如选择一个其他民族的人做配偶，他的亲人、邻居和老家朋友的态度会怎样"的问题，而后将三个变量合并为"亲朋邻居态度"这一个变量进行统计，统计的结果显示，亲朋好友的态度越反对，被访者对族际通婚接受的程度越低，显示了传统社会里家庭和社区对被访者态度的影响。具体数据见表40所示。

表40   亲朋邻里态度、自己态度交差分析列表（%）

| | | 假如遇到一个合适的其他民族的结婚对象，您会考虑吗 | | 总计 |
		会的	不会	
亲朋 邻里态度	赞成	69.5	30.5	100
	无所谓	52.7	47.3	100
	反对	24.5	75.5	100

（二）宗教、风俗习惯等文化因素的影响

宗教、风俗习惯等文化因素一旦被个体内化就反过来对个体形成了一种结构性的力量。同时根据马克思关于社会意识具有相对独立性的理论和文化滞后效应理论，文化虽然受社会存在和环境的决定但也有自身的相对独立性，表现为与社会存在变化的不同步性，即有时社会存在已经发生变化，但社会意识或文化并没有同步发生变化，最终导致文化的变化显得相对缓慢和滞后。社会文化的相对独立性和滞后效应的存在，使得文化对个体结构性影响的变迁也是缓慢的，表现在回族流动人口身上即是，随着从传统社会流动到现代化的大城市环境，虽然回族流动人口生活的环境变了，但在传统社会里内化的宗教和习俗等文化因素依然对他们的行为和观念产生着较强的影响，如前文所述，在分析被访者对择偶标准的期望、族际交往距离的期望以及未来子女选择族际通婚等的问题时，我们发现，宗教和生活习惯等是大部分回族流动人口首要考虑的因素，他们的观念并没有因为环境的改变而随机得到改变。正如王俊敏所讲的，"从回族受伊斯兰教影响而族际婚率较低的情况来看，其通婚基本没有超越宗教界限。可见，阻碍民族通婚最持久、最顽强的因素是宗教"[①]。

（三）流动因素的影响

英克尔斯认为个人人格改变程度的大小，主要取决于其生活环境改变到何种程度。[②] 马克思主义历史唯物主义认为，社会存在决定社会意识，

① 王俊敏：《蒙、满、回、汉四族通婚研究》，《西北民族研究》1999 年第 1 期。

② ［美］英克尔斯：《人的现代化》，殷陆君编译，四川人民出版社 1985 年版，第 97 页。

社会存在的变化必然引起社会意识的变化。回族流动人口从封闭的传统社会流动到开放现代的城市社会，环境发生了巨大的变化。封闭性社会的文化结构比较严密，文化风格、文化模式及其价值观念比较固定，而开放性的城市社会则不然，其文化结构相对松散，文化价值也比较富于弹性。回族流动人口在传统社会里接受了初级社会化，到城市以后进入再社会化阶段。不同的社会文化环境有不同的行为规范，因此，再社会化并不只是初级社会化的规范加上新的规范，而往往是要求人们放弃原来的规范，接受新的规范。这样再社会化就必然要求人们做出感情、心理和性格上的改变。这种改变有时是很痛苦的。再社会化再造人的心理、性格、行为，这样就产生了人的性格和心理的多层次结构，人的心理、性格更为复杂、更为丰富、更为多样、更为多变，心理不像在传统社会那样单纯了，其性格和行为也不像在传统社会那样简单了，而是出现了多层次的心理、性格结构和复杂的行为取向。这是社会发展的结果，也是人们不断接受社会文化再教化的结果。① 英克尔斯也认为，一个在传统模式中形塑性格的人，当他进入城市和工业环境之后，他就会主动或不得不在学习过程中改变其早年形成的传统性格。因此，对他来说，后期社会化的经验更重要。总之，人能够学习现代化。② 因此进入新的环境后，回族流动人口的观念和行为在环境的决定下会或多或少发生变化，具体可以从以下几个方面分析。

1. 族际交往

马克思主义历史唯物主义认为，物质文化与精神文化的发展是不平衡的，精神文化的发展，观念的发展，并不是那些看来是合乎自然次序或符合历史发展次序的东西所决定的，恰好相反，它们往往是由社会中的相互关系决定的。另外，社会学家布劳的宏观结构理论还认为，族际通婚也与各族群与其他族群接触的机会多寡相关，接触的机会越多，族群族外婚的可能性越大。回族流动人口进入到城市以后，虽然工作、生活活动的范围一般在拉面馆，但日常通过工作和媒体接触的人和事都是不同群体的，接触的机会很多。随着接触的频繁，族际之间的了解越来越深戒备随之减小，族际交往的可能性增大，逐渐地双方会相互认可对方的信仰和习惯，最终

---

① 司马云杰:《文化社会学》，中国社会科学出版社 2001 年版，第 388—389 页。
② ［美］英克尔斯:《人的现代化》，殷陆君编译，四川人民出版社 1985 年版，第 165 页。

会导致回族流动人口族际通婚观念的变化。

2. 工作

对于回族流动人口而言,工作构成了他们生活中最主要的部分和最重要的因素。工作时他们和不同的人广泛接触交往,这种交往可以提供很多获得新知识的机会,可以听到不同的观点见解,也需要有表达意见的能力和推断能力,工作培育了他们改变自然的信心和效率感,通过示范来鼓励人乐意接受新的东西和经验。正如英克尔斯所说,"必须承认,在发展中国家,在现代性方面具有影响的主要是职业而不是工厂工作。……无论他的职业是什么,他也能较快的变得现代化起来"①。工作对于回族流动人口来讲,除了能够使他们听到不同的观点和见解、获得获取新知识的途径以外,也打乱了他们的宗教生活规律。据笔者访谈得知,拉面馆师傅每天一般六点起床晚上十点才休息,繁忙劳累的工作使他们没有太多的时间和精力去关注宗教生活,拉面馆除了老板之外,其他成员只能逢开斋节和古尔邦节才能去清真寺,其他时间根本没有可能去。这样在内外两种因素的作用之下,族际通婚观念的变化变得必然。

3. 居住格局

出于生意的需要,在南京的回族流动人口一般租住在自己所在的拉面馆附近,有的直接住在拉面馆内,拉面馆的分散布局使得回族流动人口无法集中居住,人们只能每逢开斋节和古尔邦节以清真寺为依托得以互动。分散居住的格局(表41),分散的不仅仅是人们彼此的共同行动,还分散或淡化着人们的传统观念。清真寺的功能在衰退,加之平日工作忙碌,回族流动人口正面临着互动缺失的危机。而如前文所述,在南京的回族流动人口流动在外并非一朝一夕,少则会在城市生活五六年多则十几年,在如此长的时间内缺少互动,势必会影响个体尤其是那些在传统社会里初级社会化不完全的年轻个体对传统观念的坚持,回族流动人口置身于城市,传统社会的规范鞭长莫及,与城市规范的接触又日渐频繁和全面,多方面的原因最终会导致他们族际通婚观念的变迁。

---

① [美] 英克尔斯:《人的现代化》,殷陆君编译,四川人民出版社1985年版,第97页。

表41　　　　　　　　　　　　居住小区中回族人所占比例

	频次	百分比（%）	有效百分比（%）	累计百分比（%）
很小	152	84.0	84.0	84.0
一般	25	13.8	13.8	97.8
很大	4	2.2	2.2	100.0
总计	181	100.0	100.0	

4. 大众传播媒介

英克尔斯在分析大众传播媒介对人的现代性的影响时，认为大众传播媒介同时会对人们的观念和行为产生影响，同时刺激和加强对教育和流动的期望，他在分析中说："在大多数地方，大众传播媒介给人们带来有关现代生活诸多方面的信息；给人们打开了输入新观念的大门；向人们显示新的行事方式；显示有助于增进效能感的技能；启迪并探讨纷呈多样的意见；刺激并加强对教育与流动性的期望……所有这一切在能够接受外来影响的人那里将会导致更大的现代性。"这一论述同样适用于对回族流动人口的现代性分析，因为如前文所述，回族流动人口与城市中的不同群体有着交往互动，存在外部因素的影响。同时，为了方便顾客也为了自己，绝大部分兰州拉面馆里都有电视，看电视是他们工作之余主要的消遣途径。虽然文化程度不高，但是，经常看或偶尔看报纸的人有73.9%，没有看过报纸的人占26.1%（表42）。另外有42.1%和7.9%的人偶尔或经常上网（表43）。通过电视、报纸和网络三种大众传播媒介，回族流动人口会接触到新的观念和新的生活方式，同时还加强了对教育和流动的期望，76.8%的有进行再学习提高自己的打算（表44），很多人在南京会待上五六年甚至七八年，这也验证了英克尔斯对人的现代性形成的观点。

表42　　　　　　　　　　　　看报纸情况

		频次	百分比（%）	有效百分比（%）	累计百分比（%）
有效值	没去过	47	26.0	26.1	26.1
	偶尔看	82	45.3	45.6	71.7
	经常看	51	28.2	28.3	100.0
	有效总计	180	99.5	100.0	
	缺失值	1	0.6		
总计		181	100.0		

表43　　　　　　　　　　　　　　上网情况

		频次	百分比（%）	有效百分比（%）	累计百分比（%）
有效值	没去过	89	49.2	50.0	50.0
	偶尔去	75	41.4	42.1	92.1
	经常去	14	7.7	7.9	100.0
	有效总计	178	98.3	100.0	
	缺失值	3	1.7		
总计		181	100.0		

表44　　　　　　　是否有进行再学习提高知识和能力的打算

	频次	百分比（%）	有效百分比（%）	累计百分比（%）
有	139	76.8	76.8	76.8
没有	42	23.2	23.2	100.0
总计	181	100.0	100.0	

观念是行动的先导。回族流动人口族际通婚观念逐渐偏离传统，趋于现代，自身婚姻行为也发生变化，表现为族际通婚现象的不断增多。我们必须要认识到，族际通婚观念的变化，对于个体（通婚当事人）、所属群体（男女双方家庭）、社会将产生重要的影响。具体内容，将在"结论与理论上的讨论"加以论述。

六　结论与理论上的讨论

（一）结论

伴随我国城市化进程的加速，越来越多的少数民族流动人口从西部传统社区走出来进城务工经商。在现代化和城市化背景下，少数民族流动人口的通婚观念正在发生或多或少的改变。

本文正是基于以上社会背景，将理论研究与实证研究相结合，以社会学的宏观结构理论、文化堕距等理论为依据，综合运用文献研究、实地研究等研究方法，以"人的现代性"为视阈，以西部传统回族社区居民、南京市本地回族居民为参照群体，从族际通婚认知、期望、态度和评价四个方面对南京市回族流动人口"族际通婚观念"进行考察,呈现出回族流动人口族际通婚观念由传统向现代变迁的一个纵向路线。

首先,就传统回族社区居民而言,由于受"妇女外嫁禁忌"的婚俗、传统观念对族际通婚的限制、历史上形成的民族内婚的民族心理等传统因素和聚居式的居住格局影响,这一部分群体族际通婚观念较为保守,族际通婚的意愿低。实际通婚主要表现在回族男子娶其他民族的女子,极少有女子外嫁。另外伴随流动频次的增加,有外出打工经历的回族青年人族际通婚的态度有所松动。

其次,就南京本地回族而言,在现代化的冲击下,七家湾回族社区逐渐解体,原先聚居的居住格局被打破、社区回汉人口比例发生变化、家庭结构变迁(回族家庭结构呈小型化趋势,核心家庭成为主流)、清真寺功能的衰退,导致回族青年人族际通婚成为最终的选择。

最后,南京市回族流动人口正处于传统与现代之间,他们正在传统和现代两个结构性因素双重作用下发生着观念和行为上的改变。总的来讲,在南京的回族流动人口族际通婚观念大致是:对于族际通婚现象的认知还处在感性阶段。在族际通婚意愿方面,大部分人比较谨慎,但在年龄上呈现出一种年纪越轻,对族际通婚方式的接受可能性越大的现象。对择偶标准和婚域范围的期望上,大部分人表现得比较理性,有自己的主见。族际交往方面,有着较强的族际交往的期望,很愿意同其他群体的人交朋友,也愿意互做邻居,但在做配偶方面仍显得比较谨慎。对于未来子女的族际通婚问题,大部分人体现出了宽松、宽容的态度,不再过多关注他人和以后的行为,而只关注自己现在的行为。在对族际通婚现象的评价方面,则呈现一种见仁见智、观念多元化的特点。那么,是什么因素致使这一群体族际通婚观念呈现如此态势?究其原因主要有三个方面:第一,传统观念是影响族际通婚观的传统因素,但不是不可变因素;第二,居住格局是传统因素作用力维系的关键;第三,流动将冲击传统的聚居格局,变聚居为散居,最终削弱传统因素的作用力。

随着流动的进一步深入,回族流动人口对传统生活的依赖正在减少,居住上无法达到聚居状态,传统因素对成员的作用更加找不到着力点,个体的观念更易受到外界环境的"侵入"。因此我们可以说,城市回族流动人口的族际通婚观念将逐渐常态化,而趋向于现代。

（二）理论上的讨论

马克思的社会存在决定论认为，社会存在决定社会意识。物质生活的社会存在制约着人们的精神生活过程，是社会意识的客观内容和来源。换句话说，任何社会意识都能在社会存在中找到它的根源，同时社会意识对社会存在具有能动的反作用。那么我们可以肯定，民族文化形成、发展建立在民族成员的社会生产活动之中。民族文化是民族的重要特征，是维系一个民族的生存、延续的灵魂，是民族发展繁荣的动力和源泉。[①] 新时期，在现代化浪潮的冲击下，社会流动越来越强。西部传统社会的回族流动人口纷纷进入东部发达城市务工经商。为了节约生存资本，原有聚居式的居住格局已经被打破，他们不得不散居在城市的角落。

威廉奥格本的"文化堕距"理论认为，在文化的变迁过程中，社会中的物质文化变化速度快于精神文化。常常表现为两者不同步性，发生文化堕距现象。传统因素对社会发展具有一定的制约性。当回族流动人口进入城市接触新鲜事物以后，虽然他们的物质文化发生了明显的改变，但是其思想观念很长一段时间内仍然会打上传统的烙印。随着这一群体在城市居住时间的延长，现代性因素对他们思想观念、社会行为的影响却日益明显，他们正在传统和现代两个结构性因素双重作用下发生着观念和行为上的改变。当今的城市回族流动人口族际通婚观念逐渐常态化，趋于现代。随着城镇化进程的加快，不久的将来，生活在城市中"离土又离乡"的农民，必将开始反流，转为"离土不离乡"，在城市长时间生活的回族流动人口重新返回到传统社会以后，受城市现代因素影响所形成的新型族际通婚观念对传统地区人们的婚姻观念的形成造成怎样的影响？族际通婚观念的变化由此引发何种社会行为？是值得深思的问题。

参考文献

专著类:

［1］伍贻业、朱继严、郑自强:《南京回族伊斯兰教史稿》，南京市伊斯兰教协会编印，1999 年。

［2］马戎、周星:《中华民族凝聚力形成与发展》，北京大学出版社 1999 年版。

---

① 吴仕民:《民族问题概论》，四川人民出版社 2007 年第 3 版，第 59 页。

［3］马绍周、隋玉梅:《回族传统道德概论》,宁夏人民出版社1998年版。

［4］［美］阿列克斯·英克尔斯:《从传统人到现代人——六个发展中国家中的个人变化》,顾昕译,中国人民大学出版社1992年版。

［5］司马云杰:《文化社会学》,中国社会科学出版社2001年版。

［6］杨文炯:《传统与现代性的殊相——人类学视阈下的西北少数民族历史与文化》,民族出版社2002年版。

［7］白友涛:《盘根草:城市现代化背景下的回族社区》,宁夏人民出版社2004年版。

［8］郑杭生:《社会学概论新修》,中国人民大学出版社2003年版。

［9］高永久:《西北少数民族文化专题研究》,民族出版社2003年版。

［10］吴仕民:《民族问题概论》,四川人民出版社2007年版。

［11］马强:《流动的精神社区——人类学视野下的广州穆斯林哲玛提研究》,中国社会科学出版社2006年版。

［12］风笑天:《社会学研究方法》,中国人民大学出版社2005年版。

［13］邓伟志:《家庭社会学》,中国社会科学出版社2001年版。

［14］马戎:《民族社会学》,北京大学出版社2004年版。

［15］周晓红:《传统与变迁——江浙农民的社会心理及其近代一代的嬗变》,生活·读书·新知三联书店1998年版。

［16］吉登斯:《社会学》,北京大学出版社2003年版。

［17］费孝通:《乡土中国与生育制度》,北京大学出版社1998年版。

论文类:

［1］吴晓、吴珏、王慧、陈海明、夏茂华:《现代化浪潮中少数民族聚居区的变迁实考——以南京市七家湾回族社区为例》,《规划师》2008年第9期。

［2］张鸿雁、白友涛:《大城市回族社区的社会文化功能——南京市七家湾回族社区研究》,《民族研究》2004年第4期。

［3］季芳桐:《东部城市流动穆斯林人口的结构特征与就业状况研究——以天津、上海、南京、深圳四城市为考察点》,《西北第二民族学院学报》(哲学社会科学版)2008年第4期。

［4］季芳桐、邹姗姗:《城市化进程中的和谐社会建设——和谐社会视野下的流动穆斯林城市管理研究》,《南京理工大学学报》(社会科学版)2008年第2期。

［5］王俊敏:《蒙、满、回、汉四族通婚研究》,《西北民族研究》1999年第1期,第169页。

［6］张征:《流动人口:留在城里,还是返回农村?》,《中国社会科学院报》2008年第12期。

［7］马戎:《2007年西方社会学重要刊物发表论文综述》,《社会》2009年第2期。

［8］王希恩:《当代族际人口流牵与民族过程》,《西南民族大学学报》(社会科学版) 2005 年第 5 期。

［9］张秀明:《国际移民体系中的中国大陆移民——也谈新移民问题》,《华侨华人历史研究》2001 年第 1 期。

［10］张善余:《西部地区人口迁移形势及其影响分析》,《内蒙古社会科学》2006 年第 1 期。

［11］郭志刚、李睿:《从人口普查数据看族际通婚夫妇的婚龄、生育数及其子女的民族选择》,《社会学研究》2008 年第 5 期。

［12］王汉生、杨圣敏:《大城市中少数民族流动人口聚居区的形成与演变——北京新疆村调查之二》,《西北民族研究》2008 年第 3 期。

［13］周晓虹:《流动与城市体验对中国农民现代性的影响——北京"浙江村"与温州一个农村社区的考查》,《社会》1998 年第 5 期。

［14］张海波、童星:《被动城市化群体适应性与现代性获得中的自我认同——基于南京市 561 位失地农民的实证研究》,《社会学研究》2006 年第 2 期。

［15］王卫东:《人的现代化与人的全面发展》,《现代教育论丛》1998 年第 1 期。

［16］徐黎丽:《张家川回汉民族关系现状及相关因素分析——以恭门镇为例》,《烟台大学学报》2008 年第 7 期。

［17］马平:《回族婚姻择偶中的"妇女外嫁禁忌"》,《西北民族研究》2008 年第 2 期。

［18］周建新:《回族形成发展过程中的族际族内通婚》,《中央民族大学学报》2001 年第 3 期。

［19］苏日娜:《王俊敏:流动人口素质与城市化和民族现代化——以蒙古族流动人口为例》,《中央民族大学学报》2004 年第 4 期。

［20］杨志娟:《宁夏城市回族通婚现状调查研究——以银川、吴忠、灵武为例》,《回族研究》2002 年第 1 期。

［21］杨琰、王红蕾:《甘肃少数民族人口分布的特点及其成因》,《西北人口》1999 年第 2 期。

［22］陈慧、车宏生:《跨文化适应影响因素研究述评》,《心理科学进展》2003 年第 6 期。

［23］唐家龙、马忠东:《中国人口迁移的选择性:基于五普数据的分析》,《人口研究》2007 年第 5 期。

［24］张文新、朱良:《近十年来中国人口迁移研究及其评价》,《人文地理》2004 年第 2 期。

［25］周皓:《中国人口迁移的家庭化趋势及影响因素分析》,《人口研究》2004 年第 6 期。

［26］韩言：《城市化进程中的民族关系问题》，《内蒙古统战理论研究》2005 年第 1 期。

［27］郭星华、储卉娟：《从乡村到都市：融入与隔离——关于民工与城市居民社会距离的实证研究》，《江海学刊》2004 年第 3 期。

［28］蔡志海：《流动民工现代性的探讨》，《华中师范大学学报》2004 年第 5 期。

［29］史清华、黎东升：《民族间农民婚嫁行为变迁的比较研究——来自湖北 432 户农户家庭的调查》，《浙江大学学报》2004 年第 7 期。

［30］张素绮：《浅谈影响族际通婚的因素——吐鲁番族际通婚调查报告》，《昌吉学院学报》2005 年第 1 期。

［31］麻国庆：《全球化：文化的生产与文化认同——族群、地方社会与跨国文化圈》，《北京大学学报》2000 年第 4 期。

［32］王曲：《社会转型与婚姻观念的变化——吴江社会的个案研究》，《学海》2002 年第 4 期。

［33］李晓雨、白友涛：《我国城市流动穆斯林社会适应问题研究——以南京和西安为例》，《青海民族学院学报》2009 年第 1 期。

［34］马艳玲：《城区回族婚姻制度的比较研究》，硕士学位论文，中央民族大学，2005 年。

［35］罗仁潮：《高速城市化背景下城市流动人口现状及对策研究——以南京、苏州、无锡为例》，硕士学位论文，东南大学，2004 年。

［36］陈海平：《城市新移民问题研究——一个社会网络的分析视角》，硕士学位论文，湖南师范大学，2006 年。

［37］孙颖贤：《赫哲族的族际通婚研究——关于四排赫哲族村的典型调查》，硕士学位论文，中央民族大学，2005 年。

［38］刘斐：《宗教背景下穆斯林经济活动研究——以当代河南南阳地区回商为考察点》，硕士学位论文，南京理工大学，2007 年。

［39］萨仁娜：《德令哈市蒙藏回汉族际通婚调查研究》，硕士学位论文，陕西师范大学，2007 年。

闽西农村返乡农民工社会关系重构研究

蓝朝阳[*]

一　绪论

（一）研究缘起

在现代化、都市化浪潮中，大量农民工涌入城市成为了我国市场经济与国际接轨中最为显著的特征。"农民工"作为学术研究对象并成为中国改革开放问题研究的关键词，有着极其特殊的背景。近年来，学术界对"农民工"的关注和研究形成一种热潮趋势。其研究主要有：政策信息、维权保障、生活状况、就业培训、身份认同、子女教育、社会关注等。但从关注和研究的重点看，涉及到农民工不愿或者不再留在城市而返回家乡的问题却未受到学术界的足够关注。然而伴随 2010 年全球金融危机的凸显，珠三角企业的大量倒闭，农民工大量的返乡已经成为一股新的社会潮流，而作为闽西农村（靠近珠三角地区）大量劳务输出的地方政府更因此面临极大的考验和压力，主要问题有返乡农民工从城市中带回了什么，回来后怎样重新融入家乡，怎样看待家乡甚至改变家乡，会给当前的农村发展带来怎样的影响，他们的社会关系将发生什么样的变化，这些都是当前返乡农民工所面临的现实而紧迫的社会问题。可以说当前的农村社会关系问题是集合了农村本身具备的传统性与市场经济发展的现代性于一身的，特别是返乡农民工这一群体更为农村社会关系发展注入了新的活力，使得当前农村的社会关系发展不仅具有传统性，更具有现代性，甚至后现

---

* 蓝朝阳,西北民族大学社会学专业硕士研究生毕业。

代性，由此我们认为农村社会关系问题是一个值得探讨并极具开放性的问题，同时也是社会主义农村现代化发展必须重视和解决的问题。正是基于此，我选择了农村社会关系结构变化作为研究的切入点，对闽西农村返乡农民工及其"互动者"所寄予的空间进行切身体验和田野调查，希望能够通过对返乡农民工社会关系重构研究，进一步检验和完善国内外关于实践社会学的相关理论，进而建构本土化的解释模型；通过对返乡农民工社会关系重构研究，更好地理解返乡农民工经过现代化洗礼后，是否真能简单地作为家乡的归客？通过对返乡农民工社会关系重构研究，了解重回农村空间生活，他们将采取什么样的行动与策略来应对曾经熟悉的生活环境？从而更好地还原闽西农村返乡农民工的社会生活图景，以及对构建新农村有所启发。

（二）研究目的与意义

1. 研究目的

本文在立足前人研究的基础上，吸收和借鉴当前返乡农民工社会关系研究的相关理论及其成果，结合布迪厄的场域实践理论及其空间视角，通过闽西农村返乡农民工社会关系重构状况的实地考察并进行理论研究分析，借以了解农村社会关系结构的变化；探讨闽西农村返乡农民工社会关系重构的生活事实过程，从而阐述当前返乡农民工社会关系变化状况及其发展趋势。

2. 研究意义

社会关系在中国人眼中占据非常特殊的意义，同时在中国人生活中也发挥着无可替代的重要意义，其在乡土社会中主要体现为"关系取向"，而现实生活中最具表现特征的是"关系中心"或者"关系决定论"，在社会关系互动过程中，双方之间的关系将决定相互间的对待方式、内容以及其他事项。因此，关系成为中国社会结构的关键性社会文化概念，社会关系结构也成为透视中国社会结构的一个重要窗口与指标。本文立足闽西返乡农民工为个案研究，不仅是因为其发生在当前金融危机压力的特殊背景下，更因为这一返乡现象主要是我国市场经济机制发展下产生的新的社会问题。以闽西返乡农民工社会关系为个案研究，不仅能够透视当前返乡农民工社会关系的变化及发展趋势，更能从中启发构建新农村的新见解。所以，研究返乡农民工社会关系的生成条件、重构过程及其实践逻辑具有重要的理论意义和现实意义。

（三）研究现状述评

近年来我国对返乡农民工问题从社会学角度的研究主要集中在返乡农民工流动行为研究、返乡农民工内部的分化或分层状况、返乡农民工群体与社会的关系、返乡农民工的推动力、返乡创业、返乡农民工对农村社会的影响、返乡农民工适应程度等方面，也有从返乡农民工社会关系网络、返乡农民工的社会心理、思想观念、价值取向等微观和隐性角度的专门研究，这些研究可以从社会结构和社会分层、社会网络和社会行动以及社会变迁和社会文化心理等层面加以回顾和概述。

1. 社会结构和社会分层范式

社会结构和社会分层是人口流动的社会结构性理论视角。结构的传统观点一般认为：结构是深层秩序的规则总体，是隐藏的逻辑关系，结构构成了体系的潜在逻辑和深层秩序，结构决定了栖居其上物体的位置和功能，行动者在结构上具有被动含义。该范式的论证逻辑迷思于社会结构的层级关系，关注行动主体在社会结构中的位置属性以及他们在其所属社会结构层级中的资源配置情况，倚仗地位、身份、角色等概念的层级关系确定自己的研究对象在特定社会结构中的位置，并阐述行为主体在这一宰制性结构安排下所受到的限制。

社会结构范式一般将返乡农民工的社会流动置于社会结构中考察，探讨返乡农民工返乡的结构性原因、对现有结构的冲击，整合农村社会结构的程度和这一群体的趋势，认为农民工返乡与传统的乡土观念、资源结构是有关联的，是对特定结构的回应，其结果将满足结构的某种潜在需求；主要探讨返乡农民工作为独立群体在社会结构和社会结构变迁中的地位和作用，侧重于宏观层面的社会学分析，关注于宏观的结构性、制度性因素的制约作用，认为个人不过是具有整体意义的社会关系和社会结构的载体和体现，社会关系和社会结构是解释返乡农民工行为的关键因素或决定性力量。但是此解释主要用地位结构或城乡二元结构的观点将返乡农民工界定为同处一定结构位置上的社会群体，并倾向于将其还原为具有内在属性和本质特征的个体单位，通过他们的内在属性和本质特征来解释他们的社会行为，主要还停留在静态的描述（如年龄、性别、文化程度、职业状况和生活状况等描述）。

国内很多学者在研究农民工或者返乡农民工问题上,秉承了社会结构的分析范式。李春玲指出,由于制度安排,进城的农民工不得不踏上返乡之路,个人无法突破该限制。① 王汉生等人认为,农民工流动是特定背景下发生的过程,农民工流动的限制受工业化、城市化、城乡二元结构、户籍制度等影响,是在特定制度结构中发生并同时改变这种制度结构的过程。② 王春光认为,农民工作为一个特殊群体进入城市返回农村,主要是功能依赖性整合为主,制度性整合薄弱,认同性整合畸形状况出现,形成了"分割化"社会或者"二元性"社会。③ 有学者认为,返乡农民工也会作为过渡性边缘群体,他们经过现代化洗礼后,并与边缘群体身份创造一个新的结构层次,并通过这个新的结构层次来扩大或者推延实现社会相对平稳的重组。④

从社会分层的角度看,户籍制度是一种"社会屏蔽"(social closure)制度,即它将社会上一部分人屏蔽在分享城市的社会资源之外。社会屏蔽制度的核心,是为人与人之间,以及人与资源之间的关系建立起秩序。对于这套以户籍制度为核心的社会分层制度体系,我们可以称为"身份制"。李强认为,从主观上看,其受到自身教育水平的约束,受到自身技能的约束,很难获得地位上升;从客观上看,户籍身份制度限制农民工社会关系网的隔绝,这些都促使了进城农民工返乡。

由于户籍制度的限制,我国的很多农民虽然进入城市,但是他们的户口却在家乡。这样就出现了特殊的社会阶层:城市农民工阶层。有学者认为,农民工经济地位虽有提高,但是社会地位仍没有明显变化或提升。这种经济地位和社会地位不一致是制度化安排的惯性,农民工仍是底层阶层。农民工在城市里属于底层阶层,在农村属于中偏上阶层,这种地位的反差极大的促使农民工返乡行为的出现。

2. 社会网络和社会行动范式

社会网络分析范式与社会结构分析范式所设定的结构框架是以结构主

---

① "农民工外出务工女性"课题组:《农民流动与性别》,中原农民出版社 2000 年版。

② 王汉生等:《"浙江村":中国农民进入城市的一种独特方式》,《社会学研究》1997 年第 1 期。

③ 王春光:《社会流动或者社会重构——京城"浙江村"研究》,浙江人民出版社 1995 年版,第 231 页。

④ 周大鸣:《外来工与"二元社区"——珠江三角洲的考察》,《中山大学学报》2000 年第 2 期。

体为起点的研究不同，社会网络研究的对象是主体建构的社会网络及其大小、规模等特点，网络分析认为社会个体或群体的存在是社会互动所形成的纽带关系。社会网络理论重点将个体的流动过程看成是其通过建立社会网络来实现的。这方面的研究和社会结构分析范式的最大不同就在于：社会结构分析范式强调的是个人在社会结构中所处的位置属性以及所属社会结构中层级资源配置，比如性别、年龄、角色、身份、地位等；社会网络分析范式则强调个体在其社会关系网络中所处的相对优越位置、主体从具体的社会网络中摄取资源的能力、主体间关系展现的结构化过程及这种过程对主体性行为的影响，[1] 是一种个体行为的微观解读。

从关系网络的视角出发来研究返乡农民工生活世界及其行动链是一种重要而且有效的研究范式。李培林指出，返乡农民工在其信息来源、找工作的方式以及交往方式主要依赖了其传统的亲缘的社会网络；返乡农民工在生活场发生的变化，并没有从根本上改变他们以血缘亲缘关系为纽带的社会网络的边界；返乡农民工在社会位置变化中对血缘亲缘关系的依赖，并非是一种传统的"农民习惯"，而是一定社会结构安排下的节约成本的理性选择，而这种选择在影响和改变着制度化结构的安排。李汉林等人通过对农民工社会关系网的调查分析，提出了"虚拟社区"（virtual community）的概念，提出它在社区内，农民工依照差序格局和工具理性构造出来的社会关系网络，相互之间的非制度化信任是构造这种虚拟社区的基础，而关系强度则是这种社区组织和构造的重要方式。[2]

渠敬东从社会网络的角度切入这一群体的互动关系及其结成的社会纽带，通过新经济社会学所提出的网络分析范式，从关系强度的角度来考察农民工生活世界的建构过程、他们的行为方式、意义脉络和价值取向。从某种意义上说，农民工社会关系建构是以人口本身以及他们的社会网络乃至社区，都是社会网络及其运动的效果。[3] 返乡农民工面临着一个情境复合体（complexity），在跨情境互动的过程中，返乡农民工在生活世界中不

---

① 边燕杰：《社会网络与求职过程》，载涂肇庆、林益民主编《改革开放与中国社会：西方社会学文献述评》，牛津出版社 1999 年版，第 110—138 页。

② 李汉林、王琦：《关系强度作为一种社区组织方式：农民工研究的一种视角》，载柯兰君、李汉林《都市里的村民：中国大城市的流动人口》，中央编译出版社 2001 年版，第 15 页。

③ 渠敬东：《生活世界中的关系强度——农村外来人口的生活轨迹》，载柯兰君、李汉林主编《都市里的村民——中国大城市的流动人口》，中央编译出版社 2001 年版，第 44 页。

可能是均质和单一的，而是不同意义域（province of meaning）相互渗透的结果，同时返乡农民工作为一个行动主体的能动性建构自我的过程，存在一种生存意义上的（genetic）策略，即他们会不断学会制度化的方式构建行动，或者跳出初级关系之外来寻求其他信息和资源，这种策略改变了农村人传统式的社会行动、意义脉络、动机构成及其知识库存（stock of knowledge），触及了越来越多的异质的、制度化的社会关系。笔者认为正是上述建构自身生活世界的过程中，工具理性在社会行动中占据主导地位，建立了目的和动机相统一的完全的行动架构，返乡农民工生活轨迹的这一变化，构成了当代社会转型的又一个"伟大转变"。①

3. 社会文化和社会变迁的分析范式

该分析范式关注以现代化、城市化、工业化或者全球化为标志的社会变迁的具体过程和历史效果，是一种对社会流动的过程性关注，关注城市或农村社会深层"价值秩序"的位移和重构，关注返乡农民工在社会变迁过程中的社会文化、社会心理及社会行为的变迁特征（身份地位、个体行为、婚姻家庭等），关注返乡农民工在社会文化心理及现代精神气质的形成。社会心理学取向的学者注意到返乡农民工个人和群体在生活方式、价值观念等方面的转变，这一转变使得他们以"他者"为参照群体不断调整自己的行为方式的过程，是主体心理体验结构变化和觉醒的过程，是传统性的减弱和现代性的生长，或者说是一个获得现代性的过程或二次社会化的过程。简言之，是社会变迁过程中返乡农民工群体和城市现代化或社会不断凿通和整合的过程。

"现代化是指一个传统的前工业社会在经济成长过程中所发生的内在的社会变迁"。② 一个社会由传统社会像现代社会的转变过程中契合着两个方面：外在的现代性和内在的现代性。外在现代性就是发生在生活环境中影响我们生活自身状况的各种外在社会变化；内在现代性就是个人在改变传统的生活方式，进入复杂的、技术先进的和不断变化的生活方式的过程。③ 周晓虹认为，返乡农民工体验过现代化，都是个体完成从传统向现

---

① 渠敬东：《生活世界中的关系强度——农村外来人口的生活轨迹》，载柯兰君、李汉林主编《都市里的村民——中国大城市的流动人口》，中央编译出版社 2001 年版，第 44 页。

② ［美］戴维·波普尔：《社会学》，李强等译，中国人民大学出版社 1999 年版，第 634页。

③ ［美］罗吉斯：《乡村社会变迁》，浙江人民出版社 1988 年版，第 309 页。

代转变这一完整过程的两个不可或缺的方面，但农民工并未把城市作为久留之地，其获得的现代性有待质疑。朱力①等认为，农民工很难在城市中融合，阻碍和适应的因素主要有"经济地位低下"、"以赚钱为目标的动机"、"初级群体为基础的社会网络（交往限制）"等。这些都促使了农民工返乡动力机制。

4. 农村社会关系分析范式

纵观当前对于中国农村社会关系大量经验事实的研究，大部分研究者主要通过中国人的人际关系结构构建来引申探讨中国农村社会关系，如金耀基提出的"关系、人情、面子"观，② 翟学伟提出的中国人际关系"人缘、人情、人伦"三位一体模式，③ 吉普尼斯强调的"关系"生产的主观性和情感性④以及杨宜音的人情消费在人际关系的建立与保持中的社会心理含义。⑤ 这些从文化传统与心理行为角度进行的中国人际关系的研究理论虽然不少是建立在当前中国农村实证调研基础上的，然而仍是带着十分浓厚的人文主义色彩，并且中国人际社会关系与农村社会关系实际仍是存在许多实际差距，无法真正支撑当前农村社会关系的实际构建。

伴随着改革开放的步伐以及市场经济体制的确立，原有的以血缘关系、伦理关系为核心的农村关系格局受到市场经济利益导向影响，农村社会成员的利益观念和行为得以展现，农村人际关系格局的亲疏远近转变为利益关系的远近。原本的"血缘、伦理关系"仍是固定不变，但维持、扩展和延续这种既定关系的关键在于关系双方之间存在的彼此占有的稀缺资源的交换和利益的交换。这也使得农村社会成员之间的关系演变得愈加理性化。徐勇、邓伟才认为，被高度社会化、将货币收入量大化行为与动

---

① 朱力：《群体性偏见与歧视：农民工与市民的摩擦性互动》，《江海学刊》2001 年第 6 期。

② 金耀基：《关系和网络的建构———一个社会学的诠释》，《金耀基自选集》，上海教育出版社 2002 年版。

③ 翟学伟：《社会流动与关系信任———也论关系强度与农民工的求职策略》，《社会学研究》2003 年第 1 期。

④ Kipnis, A. B., *Producing Guanxi: Sectiment, Self, and Subculture in a North China Village*, Durham: Duke University Press 1997.

⑤ 杨宜音：《人际关系的建立与保持：农村人情消费分析》，《社会心理研究》1998 年第 4 期。

机的社会化小农已毫不犹豫地将利益作为自己社会关系行动的主要标准。① 可以说"利益"已经成为众多学术研究者解析农村社会关系结构变迁的重要角色。

对于农村社会关系结构变迁中的利益导向研究，较早的是关于农村工业化进程的研究，王思斌通过对河北农村的调查，发现副业生产更宜于非亲属家庭之间的联合。在商品生产过程中，亲属之间的联合被生产合作关系取代，并呈现非亲属化。而经济利益更是成为亲属家庭之间联系和沟通的纽带，可以说经济上的互利成为亲属家庭之间活动的主题和目的，更成为亲属关系亲疏远近的关键。王思斌还断言，只要农村仍执行现行政策，农村经济、社会政策不发生重大改变，这种亲族性社会关系还会继续存在下去，但会呈现弱化的趋势。② 侯红蕊则认为在中国农村家族文化的背景下，"利益与情感"的双重整合使企业主与管理人员之间产生了"拟似家族关系"，这种关系的发展必然会导致"差序格局"包容范围的扩大并波及日常生活领域，虽然这样一种格局已经被深深打上"利益"的印记。同时折晓叶还提出了"权、利、情"秩序的新观点，所谓利益秩序，"是合作者处于获利目的而结成的合作格局，它以合作时支付的'本钱'，如土地和资金为依据，具有强烈的排他性，不允许合作利益圈子以外的任何人分沾。"并且认为利益原则已经成为日常生活中人与人交往的一个重要砝码。③

在农村工业化发展愈演愈烈的社会进程中，返乡农民工成为备受关注的热点和焦点。返乡农民工社会关系网络功能和工具性应用更是受到了高度关注。然而随着市场经济的快速发展以及市场机制的渗透，返乡农民工社会关系与利益之间呈现更为尖锐的关系，利益成为返乡农民工社会关系缔结的捆绑绳，而社会关系则成为农民工获取利益的一种手段，刘林平对此曾提出，社会关系的实质就是利益交换。④

在农村社会关系中，利益已经占据了举足轻重的重要地位，并且成为

---

① 徐勇、邓大才:《社会化小农:解释当前农户的一种视角》,《学术月刊》2006 年第 7 期。

② 王思斌:《经济体制改革对农村社会关系的影响》,《北京大学学报》1987 年第 3 期。

③ 折晓叶:《村庄的再造》,中国社会科学出版社 1997 年版。

④ 刘林平:《关系、关系资本与社会转型——深圳"平江村研究"》,中国社会科学出版社 2002 年版。

我们前面提到的"差序格局"修补的重要内容之一，利益同时决定了一方与另一方之间关系的亲疏远近。杨善华、侯红蕊认为"农村社会关系是'差序格局理性化'"。徐晓军从农村社会交换变迁的角度，提出农村社会中"网络性交换的非网络化与非网络性交换的网络化"，使看似"传统"的人情原则与看似"现代"的商业原则实现了整合，其直接后果就是通过"人情与利益"的机制整合在了一起。[①] 同时一些研究者也通过实地调查，发现农村社会中差序格局的变化，在差序格局中的血缘和地缘作用在淡化，特别是在一般情感交流中的信息传递方面，而对于涉及利益特别是直接经济利益其作用是明显适用的、显著的。

由于现代市场经济体制的高度渗透以及利益在市场经济中实际体现，对于与利益相关命题的研究成为学术界研究的焦点。王晓霞、乐国安认为由于现代因素的注入，人际关系的契约化、功利化越来越明显，体现在人际关系的等级原则弱化，契约化的人际关系开始冲击以人伦为本的人际关系、功利性的人际关系正在淡化"人情"关系，逐渐抬头的家庭势力毕竟抵挡不住现代开放性人际关系的诱惑。[②] 而社会关系网络的质量更是决定了个人获取利益和财富的多寡，因此社会关系网络的建立便成了人们夺取社会资本的捷径，从而带动了社会关系的资本化。随着中国社会的转型和社会结构的变化，基于社会动因和利益驱动，人际关系中的理性因素在逐渐增长，使得人际关系从情感型转为理性型的蜕变加剧。

与"利益"相一致的"工具主义"也因为社会关系倾向而受到中国社会关系学者的关注，高德提出的从"朋友关系"到"同志关系"、从"特殊关系"到"普遍关系"的观点，通过对"文化大革命"之后中国人际关系的考察指出，中国人际关系的突出特点是工具主义，在社会中普遍盛行的"关系学"就表明了这一点；魏昂德通过对中国"庇护关系"的研究，提出"中国的社会关系是工具主义"的论断；雅可布通过对台湾的研究，强调华人社会中的"关系"是一种"特殊主义的纽带"；杨美慧通过对中国礼物交换与私人关系的研究指出，"关系艺术"是人们获取利益的一种行动策略，是一种正式的社会力量；同时李沛良提出了"工具性差序格局"的概念。在学者研究人员的各项研究成果中，我们不难

---

① 徐晓军：《转型期中国乡村社会交换的变迁》，《浙江学刊》2001 年第 4 期。

② 王晓霞、乐国安：《当代中国人及关系的文化嬗变》，《社会科学研究》2001 年第 2 期。

发现人们将传统的亲情关系和非亲情关系都纳入其差序格局,在竞争激烈的现代社会中,是否有利可图成了关系建立的关键,而格局中的工具性关系则是通过关系是否可以创造或者转化为某种利益目标,从而体现关系的亲密程度,或者说是工具性价值的真实体现。

从上面的众多研究可以看出,建立在分析传统中国社会的这种以血缘、亲缘关系为框架的分析范式,是否能够逻辑地解释一个进入"陌生人世界",本身值得商榷,更何况这种研究范式被扩大化和泛化。社会不是完全被"结构的"(structured)而是不断"建构的"(structuring),从关系、人情、面子等概念去建构人的行为模式在认识中国人的行为逻辑中具有有效性,尤其是解释传统中国的那种"乡土社会"。强调社会关系,为理解中国人的生活事实,找到了一个方便的切入点,也开了一剂可以解释中国人行为的"良药",激发了更多的中国学者,尤其是社会学学者,通过社会关系发生作用的由来、过程、方法等一整套逻辑过程进行发掘和提炼,来有效解释中国社会。但这容易陷入"拉关系、讲人情"的概念系统和框架中,因此,只有从传统"人情、面子或者拉关系"的乡土社会规律中解脱出来,才能还原返乡农民工社会关系的重构事实。

5. 小结

纵观学术界有关返乡农民工问题的研究成果,有从宏观的社会结构范式对返乡农民工进行静态式的分析,也有从微观的社会关系网络探讨农民工的生活轨迹,还有从"关系、人情、面子"等关系学角度来解读返乡农民工的行为模式,并试图借此构建返乡农民工社会关系。笔者认为不管是宏观的社会结构范式,还是微观的社会关系网络都只是从单方面反映返乡农民工的社会关系,而"关系、人情、面子"等概念更是将返乡农民工的社会关系解读带入了另一个框架中,并不是从返乡农民工本身生活轨迹出发,只能够说明返乡农民工的一些行为模式,但并不能很好的阐述返乡农民工社会关系状况以及发展趋势。所以笔者认为只有从宏观上正视返乡农民工的形成原因,从微观上对农民工的生活轨迹进行田野调查,结合"工具主义"、"差序格局"、"理性化"和"空间视角"等理论阐述返乡农民工的社会行为,才能进一步解读返乡农民工的社会关系重构事实过程及其发展趋势。

(四) 理论依据与分析框架

1. 理论架构

理论发展和社会实践应保持一种对话关系，寻求分析性抽象与社会实践领域之间的"适合性"，在返乡农民工研究范式上，需要一种新的血液，需要一种对返乡农民工日常生活处境重新进行概念化和重新讨论其因由和症候的新方法。在理解返乡农民工社会关系的知识反应中，应建立一种全新的方法标准和符合他们具体的情境的现代知识的权威范式，超越传统的方法论视阈，为理解返乡农民工社会关系注入新的血液。无疑，主体—实践范式或者转向返乡农民工的日常生活实践和对具体情境的关注是一种很好的研究方法和解释模型。

关注日常生活的主体—实践范式源自结构主义和社会网络主义的弱点，源自结构主义的策略性缺场和沉默，强调社会结构的历史变异性，强调由"自在的"对象化领域所提供的规范和规划的内涵的历史变化性，强调实践的一般"构成性活动"和"作为人类感性的活动"，也强调"自为的对象化"和"再生产日常生活。"[1] 主体—实践范式是与社会结构相对应的社会学分析范式，采取的是个人主义的理论视角，关注的行动者主体及其日常生活实践中凭借对资源的占有情况和市场的了解程度而做出理性选择。"主体—实践"（agent—practice）范式强调了返乡农民工也是一个能动的社会主体和政治主体，是现有文化意义的（结构的、网络的）实践者，又是新意义（新社会空间）的"生产者"，作为意义的"载体和传播者"而行动的，是不断跨越"边界"和结构的宰制、为自己创造出一种属于自己崭新的生活方式以及支撑该生活方式的社会空间的行动者。他们用实践来构建自己的社会关系，但是也不完全为结构行动的实践者。主体—实践范式认为，返乡农民工并非是一套先于他们存在的社会系统进入另一套先于他们存在的社会体系，即新的空间出现，描述了其形成的过程；在描述中，不从结构、角色、规则这些概念出发，而比较"彻底地"通过对日常生活中返乡农民工的具体行为本身的观察，总结出返乡农民工社会关系的结构特点和行为策略，并与现有理论和概念对话和辨析。

---

① ［匈］阿格妮丝·赫勒：《日常生活》，衣俊卿译，重庆出版社 1990 年版，第 255 页。

关注日常生活实践是吉登斯、布迪厄、福柯等社会学者的理论旨趣和关注视角,"主体—实践"范式是随吉登斯、布迪厄、福柯等人的社会学理论兴起后的一种新的社会学研究范式。布迪厄通过在实践空间中引入"场域、习惯和策略"等概念来完成其实践理论的社会学建构。布迪厄认为,客观主义或结构主义将社会看做一种客观的结构,可以从外部加以把握……客观主义的立场主要危险在于未能考虑这些规律生成方面的原则……将自己构建的各种结构看作自主实体,赋予它像真实的行动者那样"行为"的能力,从而使抽象的结构概念物化展开他们自在逻辑的那些力量。布迪厄对"主体—实践"范式的社会学贡献体现在他的"场域"概念的提出。笔者认为,场域由附着于某种权利形式的各种位置间的一系列客观的关系所构成……是诸种客观力量被调整定型的一个体系,是某种被赋予了特定引力的关系构型……场域是一个冲突和竞争的空间。场域就是各种位置之间存在客观关系的一个网络(Network),或一个构型(Config-uration),正是这些位置的存在和他们强加于占据位置的行动者或机构之上的决定性因素之中,这些位置得到客观的界定,其根据是这些位置在不同类型的权利分配结构中实际或潜在的处境,以及他们与其他位置之间的客观关系。① 从布迪厄的场域定义和诠释可以看出,场域是一种在实践中运作的空间,在那里有一种主体性构成性差异和生成性能力,通过主体性的策略性行为或策略系统,完成了社会关系的再生产、差异性的社会构建、各种力量构型的变化。因此,把返乡农民工寄寓空间理解为场域,就渗透了一种主体—实践的方法内涵,即一种全新的关注方式,一种社会学的眼光。通过场域可以呈现返乡农民工社会关系网络、意义空间、行为策略的动态特征,即呈现返乡农民工与场域之间如何通过社会关系共同打造入场的规则,搭建在场的优势和行为策略。

基于以上研究理论,本文以闽西农村返乡农民工社会关系的日常生活实践为经验研究,以社会空间为取向,以现代性逻辑、现代性体验、现代化历程为进路,从他们的背景知识和体验背景中,运用社会学的想象力和社会学的修辞来管窥其话语背后的叙事逻辑和现代性知识的生成。只有这样,我们才能真正地理解:日常生活实践中,闽西农村返乡农民工是如何

---

① [法]布迪厄:《实践与反思——反思社会学导引》,中央编译出版社 1998 年版,第 71、134 页。

在社会实践中进行社会关系建构的。

同时闽西农村返乡农民工社会关系的实践受到乡村空间、观念空间、城市空间和实践空间的交互作用的影响，其闽西农村返乡农民工社会关系的实践形态和逻辑策略不断被四个空间（场域）形塑。作为客观世界和宏观层次的范畴的乡村空间和城市空间与作为微观层次的闽西农村返乡农民工观念空间和实践空间相互关联、相互作用（详见图1）。因此空间场域的介入，对我们准确把握闽西农村返乡农民工社会关系的生成具有重要的理论依据。

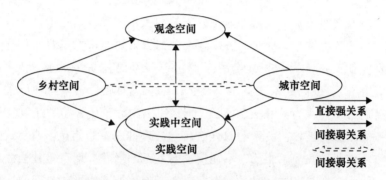

图1　返乡农民工社会关系应考查的社会空间

2. 核心概念

（1）返乡农民工

农民工这一词汇是随着社会主义市场经济城镇化发展带动下产生的一个从农村走入城市务工的特殊群体演变而来的，它的出现具有历史建构性和演进性，然而迄今为止"农民工"在学界还没有统一固定的概念界定。陈安民、刘晓霞把农民工定义为即"拥有农业户口，被他人雇佣去从事非农活动的农村人口"[1]。国务院发展研究中心"农民流动与乡村发展"课题组在其报告中认为回乡民工指改革前后曾从本村出县务工经商半年以上，又返回县（包括县城、乡镇和村），从事各类职业的人员。[2] 张跃进、蒋祖华将"农民工"与农民、进城务工人员等概念进行了比较与区别，

---

① 陈安民、刘晓霞：《农民工——历史与现实的思考》，华龄出版社 2006 年版，第 22 页。
② 国务院发展研究中心"农民流动与乡村发展"课题组：《农民工回流与乡村发展——对山东桓台县 10 村 737 名同乡农民工调查》，《中国农村经济》1999 年第 10 期。

认为农民工是指在城市或乡镇企业工作、拿工资、户籍在农村的农民。[①]
陈映芳认为，作为一个不堪与"农民"、"城市居民"并存的一个身份类
别，"农民工"在 80 年代依赖的中国社会中，是由制度和文化共同建构
的第三种身份。[②] 鉴于学界前辈们对农民工概念的不同界定，本文将返乡
农民工界定为拥有农村户口、以务工为目的进入城市尔后又返回原农村户
籍地的社会群体。

（2）社会关系

一些经典社会学家对社会关系作过不少的论述。德国社会学家、形式
社会学创始人齐美尔认为，社会关系作为人们相互作用的概念，不是用来
研究人与人之间的具体关系，而是研究某种关系的形式，也就是不研究人
与人之间的聚散离合，而是研究以什么样的方式进行聚散离合。从这个观
点出发，齐美尔认为一切社会关系都可以分为结合关系（接近、适应、
同化、合一）、分离关系（竞争、对立、斗争）和混合关系三种形式。德
国社会学家韦伯认为，社会关系是行动者在社会行为中对双方地位的确
认。韦伯注重的是社会关系的双方在社会行为过程中的相互影响。结构功
能学派帕森斯与齐美尔相反，不注重社会关系的形式，而注重社会关系的
内容。他认为人与人之间的关系通常以选择价值标准的形式出现的。他的
这种理论在强调关系的客观状态的同时，也强调个人主体的意义，对于动
态地把握社会关系做出了贡献。

根据社会学视角来看，研究社会关系时，应该从这几个方面来考察：
第一，社会关系不仅要研究其形式，也要研究其内容。第二，社会关系不
仅从静态研究，更应从动态研究。第三，社会关系不仅要从社会关系的本
身研究，更应从与社会行动的关系中研究。结合本文研究的内容，采取韦
伯的社会关系的观点来研究闽西农村返乡农民工社会关系重构更能真实的
反映和呈现闽西农村返乡农民工社会关系的图式。因此，社会关系是指在
微观领域范围内的个体实践者之间的关系与联系或者说微观层面上实践主
体之间的事件联系形成的某种社会关系（家庭亲密关系系统与家庭以外
非亲密关系系统）。

---

① 张跃进、蒋祖华:《"农民工" ——的概念及其特点研究初探》,《江南论坛》2007 年第
8 期。

② 陈映芳:《农民工:制度安排与身份认同》,《社会学研究》2005 年第 3 期。

（3）社会空间

社会空间，从广义上理解它包括人类行为直接活动空间，狭义上也包括通过交流的间接认识空间。① 佳克尔（J. A. Juckle）等认为社会空间是全空间环境之间的相互作用及其反映，通过直接的经验与间接的交流人类所了解的空间。麦耶（J. Maier）等则认为社会空间仅限于人类的活动空间。结合本文的研究内容，我们吸收了学者的社会空间观点及其闽西农村返乡农民工社会关系重构的事实，笔者认为社会空间是闽西农村返乡农民工寄予在观念上、思想认识上、行动策略上所表现出来的跟自身日常生活活动发生或进行有关场所的总和。

3. 分析单位和研究内容

（1）分析单位

本文的主要分析单位是闽西返乡农民工，辅助的分析单位为家庭和闽西农村。

（2）研究内容

其一，闽西农村返乡农民工返乡的生成逻辑，主要论述在城市空间中，农民工选择回乡的场域内外的逻辑及策略。

其二，闽西农村返乡农民工社会关系系统的断裂与建构情况。

其三，闽西农村返乡农民工社会关系建构中的实践逻辑及其策略情况。

4. 闽西农村概况

社会关系的研究与相联系的社会结构变革的地点存在必然的关联。闽西农村的发展还离不开当地政府政策的支持和城镇化的发展。

本文调查地处于闽西、广东和江西的交界处，闽西 GZ 是三省交界地，全镇面积 123 平方公里，该镇辖区 18 个行政村，190 个村民小组，7167 户，29694 人，其中山林面积 141765 亩，耕地 17525 亩。镇区道路如织，人勤地沃，物茂粮丰，自古形成了畲汉交汇杂居的多元文化。

改革开放后，该镇立足自身的资源、区位、劳动力等优势和政府的政策引导走出了一条富有地方特色的经济和社会事业发展的新道路。以市场

---

① 张文奎：《行为地理学研究的基本理论问题》，《地理科学》1990 年第 4 期，第 159—166 页。

为导向，积极地调整农业结构，着力做好"山、水、田"的优势，积极发展种植各种收益高、产量大、销路好的经济作物（烟、板栗、油茶、花生、小米椒、芋头、桂花树等），推进了农业化的经营。乡镇企业也快速发展，通过体制创新和政府的服务，积极实施"引"和"改"内外结合的策略使乡镇企业健康运行。到目前为止，该镇企业总数 802 家，其中集体企业 7 家，个体企业 779 家，私营企业 16 家，其中效应非常好的一批龙头骨干企业有敖克尔照明电器厂、勤耕农机制造公司、福荣福利水泥厂等。该镇工农业生产总值达 7.2592 亿元。

该镇为了加快农业调整步伐，形成了区域化经济和一村一品布局，农村经济稳步增长，农民的人均年纯收入 2.4 万元。自 2009 年以来，该镇实施的项目储备 27 项，在建项目 18 项，项目总投资 47 亿元，从业人员 7 650 人。

不难看出 GZ 镇具有相对开放、人口流动比较大、经济上快速发展、社会变迁比较快的乡土农村特征。并随着该镇经济的发展，越来越多的外出农民工返乡，这成为返乡农民工返乡的一个拉力。这种传统乡土的社会格局被打破，使得闽西农村社会变迁中表现地域空间的重组与劳动力的非农性转移。

5. 研究方法

本研究属于描述型研究，材料来源于 2011 年 6—9 月对闽西农村——一个东南三省交界地、经济发展快速、农村变迁急剧变化的 GZ 镇的实地调查。研究采用文献研究和实地调查相结合的方法，首先，查阅以往学者的研究成果，做好了实地调查的理论准备，同时根据自己在调查地生活经验资料来明确研究闽西农村返乡农民工社会关系重构研究的社会背景；其次，通过访谈和被调查者（返乡农民工）的讲述自己在城市务工社会关系和返乡后社会关系的行动策略叙述，收集第一手的访谈材料。

由于本次研究对象主要是文化水平较低的农民工群体，笔者为了提高本次调研数据的稳定性和实际有效性，故采用访谈法进行。所谓的访谈法就是以人为主体的，允许受访者通过身体描述和言语解释来表达其所经历、所见闻的事物的一项调查研究行为。然而访谈并不是有代表性进行的，而是通过一定范围的铺开调查试图了解个人的生活经验和生命意义，过程中主要是受访者以言语叙述方式表达其曾经经历的细节或者即时的思想建构。由于本次访谈对象是返乡农民工群体，单一、持续的交谈较为难以进行，因此一般选择多人在场形式进行，当然也因此造成了话题的跳跃性和个体信息的片段性，但并不妨碍对返乡农民工这一群体社会关系变化的了解。通过跟他们的言语交谈，了解到受访者在城市、农村之间的空间变化以及其社会经历带动的社会关系变化，从中看到了受访者的思考方式及其行为策略模式。

参与观察，主要观察他们的社会生活圈，包括生活方式、社会关系、行动策略；亲身观察他们的日常习惯行为，体验他们的生活方式，寻找出他们社会空间的发生根源以及在异质性中如何建构共同性认同。

叙事研究，所谓叙事研究可以理解为"讲述自己的经历"，闽西农村返乡农民工社会关系重构叙事则指由研究者本人"叙述"自己在研究过程中所发生的一系列社会关系重构事件。这其中包括：所研究的问题是如何提出来的？这个问题提出后"我"在具体事件中又遇到什么问题了，进而又怎么去解决这个问题的和有什么新的策略，或者"我"又遭遇到什么新的问题？

二 闽西农村返乡农民工生成逻辑

（一）"自我"与"他者"的两极联系

在中国，进城农民工作为城市空间书写的"他者"，始终没有融入城市的主流社会；在进城农民工所寄寓的城市社会，始终存在一种根深蒂固的对农村人的偏见和歧视。进城农民工在城市体制外生存和作为城市身份非合法性存在，使他们以不融合主流之内的边缘人群，书写了一种既是表现"他者"优势"自我"呈现的现实景观，在"他者"与"自我"的互为纠缠中凸显城市主流话语体系里进城农民工依存的两难境地。

进城农民工作为城市空间中的"他者"体现在外向的互动关系中，是通过日常生活实践活动或城市发展规划，体现在对进城农民工的社会分类、社会排斥与隔离的过程，体现在现代性发展过程中对进城农民工的有意忽略。进城农民工在城市空间书写的情境中，体现了城市居民和城市管理者，把进城农民工降低到沉默的"他者"地位，并利用一类的眼光和判断标准来表现自身的优越性，实现一种根深蒂固的对进城农民工的偏见和歧视，或者是对城市资源的垄断性控制和分配；也表现在现代化实践和现代性营造过程中，始终把进城农民工作为"他者"对待，把他们视为匆匆的过客。同时在考察进城农民工作为"他者"时，还存在一种"自我"主体性实践的事实，存在一种城市空间中自我的可能性情况。"自我"体现在内向的情感滋养和培育、话语实践中的自我取向、自我认同或自下而上的现代性生成，自我概念或自我界定的逻辑延伸，也体现在自我感和自我人格的形成过程中。返乡农民工不是完全的"沉默的他者"，他们拥有自我构建能力的自主生命。他们在城市中以自我为中心来看待和改造世界、来创造、培育和滋养自己的日常生活实践。进城农民工不断重构自己所依的道德空间，完成一种自我的道德构型。事实上成为他者的过程就是自我这一道德空间被重新构造和重组的过程。因此，进城农民工从乡村到都市世界的自我的主体性关注到空间自我的日常生活实践和生成方式的经验性考察，又从空间自我到空间道德生态的道德追问和道德谋划，讲述进城农民工在城市空间实践中的自我生成之域，实现对他者的关怀。但是都市空间都无法满足进城农民工所依的生活目标和生活憧憬。

（二）返乡农民工生成条件

1. 社会排斥

个体进入空间，就嵌入一个复杂的情境，这个复杂的情境，涵摄各种不断生成的结构性事实，这些结构性事实就是社会对主体进行塑造的一股强大的力量，正是主体者背后的那些不断累积和动态的结构性力量，决定了个人的话语方式、话语位置以及获取资源的能力。空间为理解这些社会因素提供了一个现场、一个话题或者思考返乡农民工行为的一种新的问题意识。正是这种特性，决定了空间中个人的位置和资源的获取，形成不同主体的"存在"。返乡农民工在城市空间实践中遭到不同实践主体的社会排斥，这种排斥是基于一种空间中权力或规训策略，或者是一种基于权力利益诉求或资源的垄断，表现为一种现代化的叙事逻辑。从返乡农民工的空间实践叙述，我们知道较为发达的空间中这种空间资源的垄断更加激烈，这在一定程度上加剧了农民工返乡。

20110810LMJ①（男，37 岁，在重庆务工，返乡 1 年）：我十多岁就到重庆打工，在那里的一个餐馆里做小工，后来我渐渐地学会了做菜的手艺，于是我凭着自己的手艺和积攒的钱到南京开了小餐馆，开在几家工厂旁边，那几家工厂的工人也都是外地打工，我的餐馆小，收费也比较低，这几年的经营效益都是靠这些工人来捧场，但是这几年政府进行的城镇扩张改建拆迁，我所在的那片地区刚好就是被规划区域。厂房被拆迁了，都分散出去了，我难以再找到这样的一个地方继续小本经营。虽然也找了几个地方尝试，但是成本提高了很多，客流也很不稳定，没办法维持我们一家的生活，所以我最后只好咬咬牙决定回老家。

20110719WCH（男，32 岁，在广东务工，返乡 2 年）：我原本是跟随父母亲打工出来的，那时候还小，父母亲都在江苏打工，我上学也是在江苏上的，后来高一的时候我结交了一些社会朋友，就不想上学了，看着人家赚钱我也想赶紧出来赚钱，于是我不顾父母的反对跟着那些朋友到广东去打工，他们说广东那边比较好找活干，到了那以后，我们都找到了活干，而且厂子还离得不远，我在一家拖鞋厂做流水线。我们平时没事总在一起玩，最经常的就是打牌了，但是有一次我们因为怀疑有人在牌里动手脚而打了起来，为了照顾兄弟义气，我也跟着出手了，后来我们把人打成了重伤，为此我在监狱待了两年多才出来。出来后我又赶紧找活，但是城市里面的人比较看重这些，说我们是有前科的，用我这样的人，他们不放心。我后来求助于我的父母亲，但是他们也说在城市里的人，还有请人干活的老板都比较忌讳这个。万般无奈之下我只得回到老家来。我们家离开时间比较长了，在那边监狱的事情村里也没人知道，我想着在自己村子里会比较好隐瞒吧。就算是让人知道了，农村人的思想没有那么复杂，不会对我有太大的排斥。

2. 制度排斥

进城农民工能否在现代化发展战略中，获得制度支持，制度是关系进

---

① 本文将受访者的真实姓名缩写，采取名字首字母表示，编号为访谈日期加上受访者首字母组成。

城农民工能否共享社会发展成果的一个重要层面。进城农民工规模、生存状况好坏、城市人口控制模型、就业政策及就业控制等都是衡量制度排斥的指标。由于从农村向城市流动不是简单的城乡二元现象,而具有许多人为因素的制度扭曲或制度差异,体现在户籍制度、福利制度、工资制度等一系列制度安排来人为的分隔城乡经济联系和要素流动,从而固化城乡二元格局。因此,制度作为一个变量,决定了进城农民工在城市中的身份、地位、发展程度等可能性。这人为的限制了农民工在城市的发展,他们会更加停留在乡村空间的幻想或者实践乡村空间叙述。

20110803LHM(男,45 岁在福建务工,返乡半年):我十八岁就出去外地打工了,干了几年厂里效益跟着好了,我们的待遇也还不错,后来结婚就把老婆孩子都带到外地去了。厂里主要是做外贸的,去年美元跟人民币的汇率变动了,说是人民币贬值了,对于外贸的影响比较大,汇率变低了外贸差额变大,很多单子厂里说是都要赔钱做了。厂里后来很多单子就不愿意接了,慢慢地老板说是不想做了,就结算工资给我们,把厂收起来了,接着我们也都失业了。本来还想找其他的厂干,但是都没有办法维持我们一家在外地的生活开支,所以最后我决定全家一起回老家。

20110812YQN(男,47 岁,在北京务工,返乡 4 个月):我结婚后没多久就带着老婆到北京打工去了,这几年在北京给人当物业管理,不过随着大学生日渐增多,大部分物业要求文化学历,他们都雇那些高学历的大学生,我们就只好下岗了。后来找了其他活干,但是因为家里老人病危就赶回来了,寻思着在北京也找不到比较中意的活干,而且家里二老都病倒也需要人照顾,所以就决定不出去了。

20110724LQY(男,39 岁,在广东务工,返乡 3 年):我读到高中毕业,不甘于在农村种地,所以就想着到城市里看能不能混好点。到了广东那里,刚开始在一家食品厂做流水线,做了两三年我们老板把业务做大并成立了公司,后来我们公司还成为上市公司,而我在那几年奋斗中也混到厂里的管理层了。我们公司上市后我们也买了点股份,但是前年股市动荡,跌落比较厉害,我们厂因为没有外来其他的资金注入,最终只能破产倒闭。看着这些年的心血都没有了,工作也丢了，再找工作都要从基层开始，工资又不高，我不愿意去，于是想着回家能不能有其他可以发展的，听我几个回老家发展的朋友都发展得不错。

20110722WXY（男，36岁，在广东务工，返乡4年）：我初中毕业后就出来找工作了，那时候在农村工作不好找，都是在种地，后来跟着村里人出来广东打工，在广东的一家皮革厂里打工。刚开始我们厂的规模比较小，请来的都是外地人，工资水平都差不多，大家也都能打成一片，后来我们厂规模扩大，请了好多高学历管理人员，他们的实际操作水平没有我们高，但是却管着我们，还拿高工资。我们都不服气找老板说理，但是老板说了现在城市工厂都是聘用高学历的，对于工厂以后的发展比较可靠。而我们的学历都不高，工资没办法跟着涨，只能依靠流水线的过件数。现在物价水平提高了，工资却没办法涨上去。这就产生了回到家乡的念头了。

20110726WYQ（男，27岁，在浙江务工，返乡半年）：我高一暑假那年到我舅舅家（我舅舅在温州打工，在我们家族算是比较有钱的）玩，那时候看着我舅舅每个月可以拿三四千（在我们老家一个月收入八百就很多），我非常羡慕，于是央求舅舅让我跟着进他那个厂，同时放弃了高中的学业。在那家纺织厂有舅舅的帮忙我也混得还算可以，跟厂里老板关系也算融洽。……后来看到新闻报道很多有关农民工权利的新闻，而且经了解也知道了厂里的管理层都有五险一金等福利待遇，但是我跟我舅舅在这个厂干了这么多年，却一直没有给我们办理。我们找到行政经理，他说是我们的户口没有转过来，所以没办法办理。几次争吵下来大家闹得很不愉快，而且厂里坚决不给我们办理五险一金。在一定程度上这决定了我返乡的主要动力。

3. 市场排斥

市场排斥主要体现在经济排斥上，包括劳动力市场排斥、贫困和消费市场排斥等。既表现出从事的不是好工作，而是比较差的工作，缺少职业培训和保护的边缘性工作，从事累、苦、脏的工作；也表现在消费市场排斥，他们没有足够的收入或者有效的能力，且购买力不足，被消费市场排斥，这与社会消费活动和高消费方式直接排斥。进城农民工被市场运作内在逻辑、劳动力市场和消费市场三个层面被排除在城市的边缘,即踏上了返乡的道路。

　　20110710ZHM(女,32 岁,在广东务工,返乡 7 个月):我到广东打工有六七年时间了,当初听人家说出去打工能多挣钱,所以就想着能让家里人日子好过点,就出去了,当时也没想能做什么,到了那边才知道大城市的钱不好赚,但是又不甘心回来,就给人打零工,后来到厂里干流水线。工资收入看起来是比在家干农活收入高,但是在那边也一样要生活,费用很高,那点工资根本做不了什么。这几年省吃俭用的还是没赚到钱,现在那边的很多工厂又关了很多,我干了四年多的那个厂几个月前关闭了。

　　20110713LLP(女,33 岁,在广东务工,返乡 3 年):几年前,听村里人都说去深圳那边打工,工钱比较多,那时候年轻想出去外面多赚钱,就去了。到了那里,很多都是要求文化什么的,咱啥都不会,后来靠着本村的老乡帮忙,在厂里找了份工作干,一干就是五六年。深圳那里租房什么的都很贵,这些年下来都没存什么钱。去年,说是金融危机,厂里说不需要这么多人干活了,我们就被裁掉了。这几年也没学会什么技术啥的,现在的机台很多又是高科技的,在那里找不到合适的活干。

　　20110826WHG(女,42 岁,在北京务工,返乡 3 年):我老公身体不好,为了多赚点钱给小孩上学,同村出去北京打工的老乡给我介绍了一份保姆的工作。吃住都包了,赚的钱都可以剩下来,所以在那里一干就是七八年,但是两年前那户雇主他们移民国外了,我本来打算重新找份保姆的工作,但是现在很多人都是通过家政公司来找保姆的,说是比较有保障。我也尝试到家政公司去,但是那里面要接受很多种类的培训,我年纪大了,学东西比较不行。所以我就一直找不到合适的工作。

4. 社会关系网络排斥

进城农民工,在乡村是基于一种家族纽带和地方情感的邻里社会组织,进入城市后,虽有乡土社会的某些相似性,但实质上乡土社区的组织已解构,只有些职业利益和行业利益的组织。人与人之间只是一种偶然和临时接触关系，无法建立一种稳定的人际关系。他们对地方的依恋情感被破坏，乡村秩序中本有的抑制作用和道德训诫被削弱，进城农民工被城市环境中各个分隔、隔绝的群体道德变化与歧异的排斥，进而促使农民工做出返乡策略。

20110902WYQ（男，35 岁，在江苏务工，返乡半年）：我在南京那边给人送货（陶瓷），我自己有一辆面包车，在那边干了七八年了，那边很多卖陶瓷的都是我们家乡人，所以也经常叫我的车送货。但是这两年好像陶瓷生意不好做，很多老乡都到别的地方去了，虽然现在仍然有很多其他地方的老板过来经营陶瓷店，不过终归不是老乡，都要比对好几家的价格，油价涨了，有时候根本都还不够油钱，我们还得担着"被抓车"的风险。在南京这么多年了，开始感觉这个地方没有"人情味"，不像以前村里的左邻右舍的有个啥事都关照下。我感觉赚不到钱也待不下去了……

5. 闽西农村拉力

由于闽西农村的发展，进城务工的农民工深刻地体会到在城市务工和在乡村务工带来的收益和照顾家庭情况的利弊对比，他们发觉近年来闽西农村所能得到的收益并不会低于进城务工的收入，同时他们在城市空间中所寄予的社会关系观念和闽西农村带有传统性的乡村空间的社会关系观念形成了鲜明的对比。同时，各政府部门出台许多的优惠政策，鼓励和吸收大量的返乡农民工回乡创业、办厂、种植经济作物及其各类收益投资，这些都极大的给返乡农民工增加工作岗位，而城市的大量工厂的倒闭、金融危机的影响等，这些在一定程度上加速了闽西农村返乡农民工返乡。

三 闽西农村返乡农民工社会关系系统的断裂与建构

生活事件是指生活过程中改变或者刺激生活方式且一个人对内存和外在的改变生活方式的反应。当生活事件发生时，各行动主体对生活利益的反应，作为主体的共同机制及其应对生活事件所表现出来的共性与特性，并隐藏主体行为背后的社会结构性原因。因此，本文通过对返乡农民工在回乡后的生活事件中的社会关系取舍行动来归纳乡村的社会关系结构。

返乡农民工社会关系的断裂,是我对闽西农村返乡农民工生活事件中人际关系生活实践中发现的。返乡农民工以前花大半辈子时间建立的社会关系系统在生活情境中流逝,返乡农民工又得迅速的修复及其重构社会关系系统,重构后再次赋予社会关系系统新的生命血液。

(一) 闽西农村返乡农民工初期社会关系的逐渐断裂

返乡农民工在经济上、日常生活上、人际交往上和心理上表现出极大的脆弱性,这些都导致了返乡农民工返乡初期社会关系的断裂。

1. 家庭亲密关系的侵蚀

家庭是返乡农民工关系最为亲密的关系,他们共同生活在一起是与返乡农民工个体距离最近的社会关系群体,也是社会关系最先侵蚀的对象。

20110719CTS(男,45岁,在贵州务工,返乡一年半):走了这么些年,孩子接触得少,回家来了都不跟我亲近。孩子看到我就当陌生人一样,现在孩子都长大成人了,他们跟邻居都比跟我亲近,这几年他们缺失了的父爱使得他们开始排斥我,认为我没有尽到做父亲的责任。家里老婆也总是抱怨盖房子什么的,孩子长大了要成婚了,但是我手上确实没有足够的钱。我觉得现在在家里就是多余的人,老婆孩子都不再是当年的样子了。我在外面打工了这么多年,为了省点路费基本上很少回老家,孩子跟我见面的机会就是每年的暑假,有时去找我了,我也都在忙着上班,没什么时间跟他们一起。为了给家里的三个孩子赚生活费、学费等等,我自己也是起早贪黑的。父母亲这几年身体也不大好,医药费也是不小的数目。……回到家听到孩子嘴上总挂着邻居某某叔叔婶婶什么的,但是没听他们提起过我,我心里很难受,我知道孩子这几年都没有享受到父爱,但是我也是为了这个家在努力着,孩子们跟我一点都不亲近。……今年年初老大开始相亲了,但是好多姑娘嫌我家的房子不是小楼房什么的,结果孩子就抱怨起我来了,老婆也念叨着说是要整个大点的房子,我也想啊,但是手头没啥钱了,弄不了了。看着家里人对我的排斥,我觉得自己在家里真是多余的,老婆孩子都跟我不成一家人了,他们的生活已经不需要我了,在他们心目中我已经不重要了。

20110817DJX(男,39岁,在湖南务工,返乡4年):想着回老家也还可以重操旧业，但是回来后才发现现在村里也有人在搞盖房承包了，我出去了这么些年，村里很多人都觉得我收费高，盖房子什么的也都找别人，不找我。还有以前跟着我一起的几个工人现在也都有活干，我一时间也找不到可靠的人干活，更没有活接。

在这个艰难的时刻，结果又碰到小舅子要结婚，原本我家里经济条件比较好，而我老婆娘家经济又不好，所以这个小舅子结婚操办基本都是我老婆在花钱，原本年前说好了婚宴钱都由我们负责。但是目前这个情况，我实在拿不出钱来，所以我就让我老婆去跟他弟弟商量下能不能先跟人借钱，我以后帮着还钱。

而老婆不但不理解我，反而说是我舍不得那点钱给她娘家人，说什么都不同意去跟小舅子商量，还总因为这些事情在家跟我吵吵闹闹，我一看婚期在即的，怕耽误人了，所以我就自己上小舅子家说了这事，结果小舅子说是我都答应了，怎么能反悔呢。我只好说还是我自己出去借钱吧……但是因为这几年我都没怎么跟姑、姨那些的孩子走动，现在贸然的一过去就要借钱，再又听说我是要借给小舅子结婚用的，反而把我说了一顿，跑了几家亲戚都是差不多的情况，我只好又去找小舅子家商量，让他自己先去借，到时候我来还这些钱。

小舅子勉强答应后，没想到又去找我老婆，说是我不愿意借钱什么的不用这么拐弯抹角的，说是我老婆这个当姐姐的骗他了，想要给她难堪。我老婆有比较好面子而且疼她弟弟，所以就跑来跟我哭闹，怎么都要我去借钱来给她弟弟办喜宴，我也把情况说明了，不是我不愿意帮忙，而是我实在是帮不上忙，经济情况比较好的几个表兄弟都因为没有走动生疏了，其他的就是愿意也帮不上什么忙。可是我老婆不听我这些解释，死活闹着，后来说是如果我不拿钱出来就跟我离婚，而且还要把家产分她一半，到时候她自己去给她弟弟操办。

闹到后来我也实在没有办法，只好离婚了，而原本跟我关系一直很好的小舅子现在见我了也跟见了仇人一样的。由于我们两家是一个村的，我老婆娘家人见我了都跟不跟我说话了。

没想到刚回家来还没解决好新的赚钱路子，自己的老婆就先跟自己闹上了，后来离婚的赔偿给我老婆的钱还都是我父母亲变卖了田地给她的。我想我跟我老婆之间是没有再和好的可能了。

20110817LLX（男，45岁，在河南务工，返乡1.2年）：我是跑建筑材料生意的,这几年都在河南做,但是工地工程材料款这两天拖欠太多了,甚至很多拿不着钱跑了,要不到钱,没办法亏钱了只好回家。

本来答应要重新盖个三层小楼给儿子结婚用,但是没想到亏了挺多钱,结果就没钱给儿子盖房子,儿子呢又说是答应了人家女方的了,死活不肯松口,而且女方也说没房子就不结婚,非让我拿出钱来给他盖房子。这些年我给儿子提供了比其他人更好的生活条件,养成了他衣来伸手、饭来张口的坏习惯,什么都不肯自己想办法。我想着他以后也是要自己独立的,所以就撂下狠话,要他自己想办法,他就跟我说如果我不给他盖房子,他就不给我养老,后来就吵起来,闹得很厉害,但是我实在是拿不出那么多钱来。无奈之下,我只好去跟老婆娘家的兄弟和几个表兄弟借钱,老婆娘家兄弟因为几年前我也帮忙过他们,所以他们没说什么就把能借的钱都先给我了,但是几个表兄弟因为农村里面的表亲都走得不是很亲加上这几年我都在外地忙着赚钱,也没有去跟人好好地走动,所以他们就没借给我了。

跑了几家亲戚,除了几个我以前有帮忙过的,其他的就都不理想了。鉴于这个情况,我就跟儿子说要不先盖几间先用来结婚,其他等情况好转了再盖,但是儿子坚持不肯,说是那样不好看……后来实在没办法了,我老婆看着儿子成天这么闹,就把她这些年攒下来的首饰,还有我前几年给她买的保险都退出来了,凑了钱给儿子盖房子;盖了房子后又装修实在是没有办法只好先放下了,但是就因为装修比较随意,儿子到现在都还不肯跟我说话,见了我也不理我。而儿媳妇从进门后也因为这个事情对我颇有微词,认为是我不想拿钱出来帮忙年轻人。

其实到了我这个年纪,在农村里面都是在带孙子,种点地了,可惜我却因为儿子结婚欠下的钱还得到处奔波,还得不到理解,我现在不知道自己该做什么好。

原本邻居都比较经常来坐,但是一到家里来,儿子儿媳妇都没给人好脸色看,渐渐地朋友也不来我家跟我坐了,我只好出来找他们,但是我儿子还经常因此说是他们要我不拿钱出来什么的,渐渐地大家都为了不惹事上身,渐渐地跟我疏远。

20110826WYP(女,36岁,在福建务工,返乡2年):在外面给人当保姆带孩子这些年了，回到家反而自己的孩子教育不了了，孩子这些年都是跟着他们的爷爷奶奶，跟我的关系都比较生疏，我在家里待着觉得像个外人似的。公婆都对我很客气，老公也不像当初了，孩子总跟我有距离。……我在家做顿饭什么的，婆婆就总说这些活她老人做就好了，说我赚钱挺不容易，饭桌上还老给我夹菜，而照顾老公的时候，他也显得很客气，很不自然。……有一次老师给家里来电话了，说是小孩最近在学校表现不好，成绩下降很厉害，下课后跟着同学出去打架、玩游戏机。我知道后把孩子叫到房间问，起初孩子死活不肯承认，我就很生气，这些年给别人带孩子都没自家孩子这么不听话，于是几句不中听后，我就拿起棍子打孩子了，十几岁再不教育以后就更没法教育了，当然我跟他说了我在外面辛苦赚钱也是为了能让他有出息。打完之后，婆婆就非常的心疼，但是碍于家里的钱都是我赚的，不敢当面指责。不过过后的一周知道我这次回来是打算留在家里的，就在家里唠叨，说我赚不来钱了就拿孩子出气什么的，孩子在他奶奶的影响下也敢跟我顶嘴，说我现在没赚钱养他就没资格说他什么不是了。老公知道后就知道唉声叹气的。我心里真的很难过，这些年我的付出还不够吗，辛辛苦苦赚钱回家，现在在落魄了就让他们都针对我，说真的那天我连寻死的心都有了，自己亲生的孩子都不跟我亲了，我不知道自己活着还有什么意义。我本来想喝农药自杀的，不过刚好我妈妈来家里看到了，给制止了，还苦心劝我，让我断了那样的念头，妈妈的泪水让我明白还是有人在乎我的。

从上面的访谈可知返乡回来的最直接后果就是配偶、孩子对自己的冷漠，这是隐藏在家庭关系背后的危机。返乡初期家庭关系不断地被侵蚀，到后面的最终断裂，形成了自己与孩子、配偶冷战或者出现想不开现象的发生。这在心理上深深地刺痛了返乡农民工自构的尊严和自构的家庭观念。这种冲击，使返乡农民工最终选择了家庭关系的完全断裂或不愿承担家庭的责任。从访谈中折射出"自己是个负担，觉得自己很没用，是个拖累家里的累赘"。他在心里感到自己对家庭没有任何的贡献，自己已有的家庭观念得不到尊重和理解。在生活这么多年的家里，妻儿对自己的不信任、不理解使返乡农民工在亲子关系、夫妻关系和情感道德上得不到安慰。事实也是如此。根据贝克尔的"家庭理性"理论，行动者与家人之间同样遵循"利他主义"原则。为了使自构尊严和自构家庭观念可以得到完整呈现,这就给了实践主体强大的执行力。

2. 家庭以外非亲密社会关系的剥离

在个体双方交往中,人们都在寻求双方的利益对等性。这些利益可以是现实存在的物质条件,也可以是抽象的精神享受。这些对等利益可以是现时的,也可以是永久的,但无论如何必须达到双方的同等期望。在利益对等交往中,往往涉及到了成本—收益的关系,即使这种关系是内心深处或无意识的存在。即便是在中国乡土社会主导的社会个体人际关系的人情法则存在影响,但是成本—利益多半在人情法则的指导和掩饰下进行的,人情法则本身困境促使返乡农民工与家人以外的社会关系置于断裂的危险境地。

20110710ZHN(男,39岁,在广西务工,返乡3年):这些年我的几个儿时的哥们儿搞农副产品生意做得挺红火的,在村里很是出名,我本来以为我回家的消息他们收到后会像以前一样经常来家里串门,但是一个多星期过去了,一个都没来,倒是隔着几家的邻居家他们经常去。原因是那家人有人在县城的农副产品销售公司当职的,我的那些哥们儿都是去找那家人拉业务,而我出门几年了,不用说农副产品的销路了,亲戚走动的都不多。不过人家是做生意的,当然要以赚钱为先了。于是我就自己上他们家里找他们聊天,大家见面说话还都是比较热情的,一开始我也很是高兴,不过聊了一会儿有客户过来找,他就说让我先回家,等得空了再找我,之后一直也都没有来我家了。我主动去找他们聊也都是被上门谈生意的客户给打断掉,渐渐地我也不爱去了,老是被人赶着回家,我的脸上多少挂不住。

20110713LHG(男,40岁,在福建务工,返乡半年):本来以为村里好多人都在搞池塘、家畜等养殖业,都挺赚钱的,就想着也跟村里租些地来发展一下。原本村里的干部也都是本村的,关系原来也不错,而且这些村干部还有好几个也在搞养殖,我盘算着过去拉拉关系跟人学学应该是不难的。寻思过后我就去村长家里了,带了几瓶酒过去打算跟村长先喝喝酒再说事情。刚到人家门口,就发现村长在跟一些搞养殖的村民探讨养殖等方面的问题,我也赶紧凑过去,想多了解一点,哪知道大家看到我过去寒暄了几句就都说要走了。在外面的时间长了，大伙儿连这点共同经验都不愿意跟我分享了。我后来问了村长，他跟我说大家都是互相交流经验，你一个没经验的在那杵着，又没有什么可以跟别人分享的，大家当然不愿意让你白白地占这点便宜，现在村里致富了，但是富了以后就都会算计咯。聊了一会儿后，村长跟我说他要出去外面拉业务，说等过阵子再喝酒。后来我又走访了几个以前的亲戚朋友家，大家也都是在忙着联系收购的，希望自己养殖的能卖个好价钱。我知道大家都在忙着自己的生意，都不愿意分出精力跟与自己的业务不相干的人聊。原本想着找经验的路子，现在都行不通了，我心里十分的着急。但是这几年在外面时间久了，关系冷漠了很多，村里的其他人跟我竞争地皮的租用，结果村干部研究决定给人家不给我，搞得我什么也做不了了，因为地也被别人抢去了，租走了。做事做不起来，活儿也不好找，毕竟都是在农村。

至于邻居还有亲戚朋友也都因为这几年没有联系走动的关系，大家都生疏了很多，想借点钱给孩子结婚，个个都推辞没有钱。其实他们就是怕我现在没有收入了还不起。儿子呢也因为我帮不上忙给他筹钱结婚，所以对我也是很冷淡。至于老婆也是天天抱怨我筹不到钱给孩子结婚。我现在在家里都不敢待了，就怕他们又说我筹不到钱什么的。

20110803WHH（男，33岁，在湖南务工，返乡1.4年）：刚回老家，第一件事情就是给孩子转学，办理入学手续，原本村里的书记村长也都是本村的，想着应该不难。谁知去了以后，总是说不在家，要不就是忙开会什么的，但是同村的一个搞水果批发的就只来找了他一次，他就抽空帮忙人家办妥，还给送到人家家里，我几经周折找村长理论，最后被逼得没有办法了只好给送点东西，这才给办成了。看来几年没回来，一切的形式都变了，现在的农村跟城里的办事风格已经在靠近了。……后来我才知道原来村长家种了一大片的果树，没到果树成熟就希望水果批发商赶紧来收购，所以村长才对同村那个水果批发的这么客气。而我们家没有办法给他提供这方面的方便。

看着村里好多种植果树的收入都还不错，我就寻思也租片地，搞点果树种植。就开始找以前的亲戚朋友借点资金。首先到了几个亲戚家里，刚开始他们以为我是回家探亲的都还比较客气，后来我说这次回来就准备待老家，想自己搞点种植，但是资金不充足想先借点，他们要不就推说刚好有事要出去，之后电话也打不通了，找人也总说没在家；要不就推说不知道这个行业赚不赚钱，劝我不要贸然投资，说现在行业发展不稳定，而且自己现在手上没有闲置的资金可以借我。后来我再去他们家的时候，要不就忙他们自己的不理我，要不就直接不开门或者说不在家。回到家我开始自怨自艾，觉得生活没了盼头，后来同是出去打工回来的朋友告诉我，其实那些亲戚不愿意借给我的原因最主要的还是他们自己本身也是种植果树的，这几年村里很多种植果树，每到了水果收成的季节大家为了赶紧出售手中的水果都搞价格竞争，所以大家都不希望再有人来跟自己来竞争了。听了他这么一讲，我确实隐隐感觉到我找的几个亲戚差不多都是种植果树的，而且我也都说明了是打算借钱租地、买果树种子的。

　　既然都讲到这一层了，我也就差不多明白自己为什么这么久都借不到钱的原因了，所以我转念一想，何不就地取材，整点水果罐头加工呢，于是我开始忙着上网找资料，开始找村里的书记谈租地建厂以及经营执照的办理。我的那些亲戚都说做这个比较有盼头，我去找他们的时候学着以前厂里的业务员先整份计划书，不管他们看不看得懂都给他们弄一份去，劝说他们拿点钱入股，到时候赚钱了大家一起分，这样大家都是老板。我的这个方案得到了好几个亲戚的响应，总的下来凑了八万多块钱……到了第二年果树收成的时候，书记动员大家把水果尽量卖给我，因为村里有些人凑了钱入股了，他们都希望我的水果罐头加工利润高点。我开始奔波于县城的业务和村里之间，找超市、找贸易公司等推销我们的水果罐头，最后在大家的期盼下总算小有成就。

　　20110902YQP（男，38岁，在江苏务工，返乡3年）：从南京回来的时候，我把车子也开回来了，车子已经成为我生活的一部分了。刚开始经常有人叫我的车载农产品到集市上面卖，我也都不管大小都揽过来做，一是都是同村的，捎段路也没什么，二是反正找不到其他活，赚少也是赚；由于我收费都比较随意，大家都说我做人好。由于我们村有条溪，那里可以挖沙卖沙，于是有人介绍我去给人拉沙子比较赚钱，那人说卖沙子的是他亲戚，他帮我介绍，我感受到还是咱们农村人比较有"人情味"，不会因为利益而变得陌生。于是我就开始了载沙子的生活，虽然辛苦，但是收入也算还可以，我的车是面包车，不像其他人都是大车，所以收费就比较低，我总怕我的两车装不了人家一车的货，所以都拼命多装一些，这样一来，卖沙的老板总是喜欢叫我的车，为此也使得同村的其他几个运沙车生意比较少。后来吃饭时间他们就都不跟我一起了，回村里碰面了也都不理我，我知道他们都说是我抢了他们的生意，说我故意排挤他们什么的。我其实没有那个意思，只是不想占人便宜。

从上面实践主体叙述，返乡农民工在经济上的脆弱性和日常生活上的脆弱性从根本上将返乡农民工拖入了交往中的弱势地位，而且这种地位的改变比较难，这就使得因互惠而与之发生的联系的人们不得不面临长期处于无回报或者说低回报的位置。因此，他们必须重新审视、定位甚至取舍这份交往关系，必须在内心深处煎熬着矛盾的冲击。交往惯习已经打破，交往的成本类似于新的交易成本达成一样艰难。于是我们看到返乡农民工原有的社会关系系统在一瞬间全部断裂，与他有社会关系的人都在经历一个痛苦的成本—收益抉择的过程，即便是最亲的亲属也是如此；在人情原则下即使邻居、同乡保持交往，但是这种地缘上具有替代性，他们的社会关系也依次断裂了，至于其他交往习惯，原本较远空间距离更是直接成为他们直接成为断裂的"催化剂"。

（二）闽西农村返乡农民工调整期社会关系的重构：旧关系的修复与新关系的重构

由于返乡农民工长期脱离家乡社会关系，使得返乡农民工返乡初期社会关系全面断裂，然而在其回到家乡后，其社会关系系统依然可以凭借某些客观或者主管因素得到调整以期重构。返乡农民工社会关系的重构主要体现为旧的社会关系系统中，一部分由于断裂张力过大，即原有的情感跟利益关系纽带无法拉回正常状态，从而断定为彻底断裂；另一部分是由于断裂张力较小，加上返乡农民工回乡后的弱势状态可能造成二者情感纽带的加深，从而将原本断裂的社会关系拉回正常范围，使得旧关系得以修复。同时返乡农民工经过现代化的洗礼，他们的生活方式的改变使其部分人群具有吸引力，并在其接近或接受的过程中建立起了一系列新关系。因此，返乡农民工旧关系的修复和新关系的建立，在重构返乡农民工社会关系系统的同时，也更新了返乡农民工原有的社会关系系统。

1. 闽西农村返乡农民工旧关系的修复

基于亲密关系及较强责任意识的家人关系最容易得到修复。从返乡农民工家庭成员的角度来看，如前文所述，亲密关系的行为准则就是"利他性"，当家庭成员之间出现不理解、不信任和矛盾的时候，返乡农民工就觉得自己返乡就是错误的行为或者自己是失败者。但是经过朋友的帮助改变其心态来接受这一事实，使其再次融入到社会中。同时在责任原则和人情原则上，血缘关系的不可替代性，因此家庭亲密关系最先得到修复。

20110812WCC（男，45岁，在福建务工，返乡5年）：因为我的工资之前都有寄回来给父亲看病，这下子回家就没钱了，于是我赶紧找亲戚朋友借钱，可是他们一听说我是在外面丢了工作，想回家借钱给父亲看病，再加上长时间在外面没有回来，亲戚们都不愿意借钱给我，甚至闭门不见。虽然我一直在父亲床前伺候着，但是没有足够的钱给父亲看病，最后父亲病逝了。我们农村里面有老人去世要找人帮忙办理丧事。父亲的丧事让我发现，村里的那些老人还是跟原来一样热心，他们说我是一个孝顺的孩子，他们愿意帮助孝顺的孩子，让我有啥事就张口，只要他们力所能及的。这些老人虽然没有什么钱可以帮我，但是丧葬事宜他们帮了不少忙，很多该拿的红包什么的给我省了不少。这些老人因为这个事都经常来我家还主动帮了不少忙，而中年和年轻人因为这些年没联系生疏了，有些是不认识，帮忙的人少，但是一些宗亲还是极力帮忙，在父亲的这场丧事中，我得到了宗亲的帮忙。在丧葬事宜结束后，因为我是家里的独子，没有什么兄弟可以走动，而且我也认识到自己的孤立无援，因此守丧期一结束，我就赶紧到各宗亲家走动，作为此次帮忙的上门答谢。由于经常走动，各家宗亲堂兄弟之间就变得比较亲密，特别是后来一个堂叔叔也意外过世，因为之前大家都比较帮忙我，故此我尽我所能地帮忙。这个事情后一两个月下来，不仅生疏没有了，而且比以前的关系更近了，几个堂兄弟还帮忙给我介绍新的路子。

在堂兄弟们的介绍和带领下，我不仅开始跟村里的干部熟络了，还成功地租到了村里的一片山，在上面种植树木，卖木头给邻村的家具厂。这一来二往的，跟家具厂的老板也慢慢地从合作关系转为哥们儿了，说实话，这一年多在老家村里的关系也变好了，家里不再是冷冷清清的，老婆也经常出去串门了，孩子也在学校交上朋友了，我觉得生活又回来了。

20110814LHZ（男，32岁，在江西务工，返乡2年）：我在外面犯了错了，服刑了，回家了害怕父母会不要我了，虽然是回老家了，但是我还是很担心别人知道这个事情后会排斥我，会把我当坏人一样看待，甚至像电影里扔石头。我父母亲虽然刚开始很痛心，也经常骂我，说是不如没生过这个儿子。但是看到我因为担心事情被人知道而日渐消瘦，并且不敢出门跟人打交道，他们渐渐地由原来的斥责转化为担心，最后一直想帮着走出心理阴影。

他们说只要我好好做人，好好赚钱生活，人家就算知道了这件事情也不会因此排斥我，再说这个事情除了我们家里人没有其他人知道，只要我们不说出去人家就不会知道的话来安慰我。其实我是希望大家都不要知道的，也怕我父母因此会不理我。在他们的劝解中我慢慢地从阴影中走出来，我开始到地里帮忙干农活，慢慢地跟邻居、村里人打交道，村里人我没认识几个，现在慢慢地开始认识。父母亲还拖亲戚帮忙我问了个县城里的工作，给一个厂里老板当司机，我以前出去玩就喜欢开车，当时赚的钱都乱花了，幸好还考了驾照。于是我就给人当起了私人司机。可以说没有我的父母给我重新树立了信心，我就振作不起来了。

20110803QFZ（男，31岁，在广西务工，返乡3年）：从外面回来后，虽然我有在村里走动，但是我找不到可以做的，之前一直都是在厂里给人打工，农村里又没什么厂，就是有也要找关系才能进去。我每天都忧愁着赚钱的事情，原本想着找我两个哥哥商量，看他们能不能帮忙，两个哥哥都是做蘑菇的，我们村里就我的两个哥哥种植得最好。我一直不敢找他们，怕他们会瞧不起我这个没出息的弟弟。之前出去我在外面打工，回来了也总不愿意去哥哥家，因为以前分家的时候我们兄弟闹了不愉快，我怕哥哥们记仇。硬着头皮去了哥哥家，还站在门口不知道该怎么开口，哥哥就出来了，问我是不遇上难处了，还主动出来把我带进家里，我是硬着头皮说出来的，看哥哥能不能让我过来帮忙做点事情，因为回家后我不知道可以做些什么，暂时也没有找到合适的谋生路子。哥哥说没有问题，自家兄弟说什么帮不帮忙的，直接过来跟着干就是了，只要肯好好努力干，得了好处自然会分给兄弟的。我还问他是不要先跟嫂子说一下，毕竟当初我也是说了很多不得当的话，不知道哥哥不介意，嫂子是否会介意，谁知道哥哥说这个事情他会自己跟嫂子说清楚，让我不用操心。回到家后，我是感慨万千的，没有想过哥哥会这么跟我说，原本准备的一堆话都没有用上。其实说白了还是血浓于水的骨肉亲情最可靠。第二天我就跟着哥哥去了蘑菇种植的那一大片地里，我从采蘑菇、给蘑菇浇水等基本活做起，地里有许多工人帮忙着，我总是利用中午吃饭、休息时间问那些工人哪些是特别需要注意的，回家后也去哥哥家问一些蘑菇采摘后输送渠道以及一些小商贩的洽谈规矩。我在地里干了三个多月，接触了许多种植工人，还有一些哥哥花钱请来的专家，同时还有蘑菇商贩，以及蘑菇商人，在这短短的三个月时间里，我认识了许多人，结交了很多朋友，有特别热心帮忙的，也有我虚心求来的，还有随着接触而慢慢热乎的。

其实不管有多少的朋友，都是有了我哥哥的帮忙才会有后来的这些朋友，我以为我回来后变得十分的无助，然而哥哥让我知道了回来后我还有亲情可以依靠。我想我是幸福的，有哥哥的帮助，蘑菇地里也好、那些卖蘑菇菌的，还有商贩子都主动跟我接近，其实我心里明白，他们都是基于我是我哥哥的弟弟才给予了我第一份信任。主动问我是不是回了找不到谋生的路子了，问我需要什么帮忙不，如果有需要尽管开口。我万万没有想到，他们不仅没有记仇，反而说是要带着我一起种植蘑菇，并且带着我去蘑菇种植场学习，说实话，回家后我就自己后悔自己当初为了分家的事情跟俩哥哥那样闹。……在哥哥们的带领下，我不仅学会了种植蘑菇，也在哥哥们的帮忙下租了地开始种植。不仅如此，就连买家也是哥哥们介绍的，我现在终于明白什么是血浓于水的亲情了。不计前嫌的无私的帮助的亲情。

从返乡农民工实践主体的叙述，我们可以清晰地看出，家庭亲密关系修复程度远远大于宗亲及其邻里关系修复程度，这在一定程度上肯定了传统乡土社会关系的规律性（差序格局）。而在修复的过程中都凸显了经济利益的重要性，经济利益在乡土社会关系的修复中越来越显示出了连接纽带的桥梁，传统乡土社会关系法则在现代乡土结构中不断地被调整或者诠释现代性的乡土结构性变迁。事实证明，返乡农民工社会空间观念在现代

的那种无奈，所以我们还是互相帮忙，我有空会帮他一起看小卖部，他有空也会帮我给学生打饭打菜。找到了一个新的伙伴，一份新的事业，我觉得我的人生又开始亮了。

从返乡农民工实践叙述，我们可以看出返乡农民工社会关系是建立在优势资源的共享来获得新关系的建立，且建立新关系者与自己大致有相同的经历过程。在强化论中强调了这一特性，因此返乡农民工新关系的建立是一个经历轨迹的归集过程。

第二类型的人就是基层管理者，他们为了能够更好地获得人心，在返乡农民工初期困难时候，主动地提供帮助，不仅在物质上和精神上给予帮助，甚至在政策原则下给予积极的帮助，使其尽快地摆脱困境。从而使其自身的名誉得以建立，且加强了基层社会关系。

20110813WLP（女，34 岁，在江西务工，返乡 2 年）：我老公结婚前就在江西打工，结婚后我跟着他去的。看到很多人在种植草莓，自己也跟着做起来了。但是两年前，城镇扩建，郊区都要改建，被规划进市区，我们租的那些地全部都是改建的区域，没办法我们只好放弃租地种植草莓。我们后来找了好几个地方，不是租金不合适，就是离市区太远，草莓不能放久，而且经不起长途运输，容易坏不说，运费成本也高。折腾了两个多月后我们没其他办法。

回到老家以后地里的庄稼也不想种了，就想着在自家地里种些草莓，本来没打算种多少的，就想着种些出来看看家里的市场如何，但是种出后村里书记就来我家，说是我们家里种的草莓很好，有食品厂的人过来看到了想让我们多种些，给他们提供原材料，我们一听十分高兴，立马答应了，但是我们家的地不多，我们跟村书记提出看能不能租用点村里外出务工人员的撂荒地。由于我们村属于县里的贫困村，多年来没有脱贫，我们的村书记每回到乡里、县里开会都要挨批。我们书记想都没想就说尽量给我们争取外出务工人员撂荒地给我们，希望我们能多种草莓，到时候采摘的时候多请本村的人，带动村里的闲置劳动力。

在村书记带领其他村干部合力帮忙下，我们从银行贷了些钱买种子、肥料、农机等等，种了 50 多亩地的草莓，成熟的时候请了好多村里的人采摘、运输，给书记解决了难题，也给村里人带去一点收入，而我们的收入却是比在外面的时候翻了好几倍，我们还给书记分了部分红利。经过这些村书记给返乡农民工商业化种植的帮助，给村民们带来了收入。该事件村书记获得了民心，从而加强了村管理者与村民之间的感情。

第三类人就是返乡农民工精英。他们凭借自己在外边发展的优势，回来创建了自己的工厂及其商业体系，基层干部和返乡农民工不得不关注他们的发展，甚至还不断地接近返乡农民工精英，从而为繁荣乡村经济和改善人民的生活水准做出贡献。

20110814CQY（男，39岁，在广东务工，返乡4年）回老家后一直不知道做什么好，经过一个同在外面打工的朋友介绍养蝎子，听说一年能赚十万左右，于是我也开始电话联系蝎子养殖的。……结果刚养了第一批就因为温度等原因夭折了，这一下把我自己的老本都赔没有了，虽然知道了养殖方法还有之前的经验知道怎么养好来了。可惜没有再进小蝎子的钱了。我开始张罗着借钱再买几千对蝎子回来养，亲戚们都因为怕我再赔没钱还，不愿意借给我。最后我只好通过银行农村小额贷款，但是这个贷款需要三个人一起互相担保，我找了好多人都不愿意跟我一组，后来村里有两个也是从外面打工回来的，他们也想通过贷款搞种植，于是他们找上我家里来问我是否愿意跟他们一组，我当即就答应了。我们在家里喝酒聊了起来，大家有很多相似的经历和同样的感慨，也因为这一次的贷款缘由让我们成了很好的朋友，资金方面现在我们更是相互帮忙周转。……贷款款项拿到了以后我就赶紧又联系专家过来把一些细节都请教好，然后开始等待蝎子的繁殖，经过几个月的努力终于成功培育了第一批蝎子了，在联系了买家并且交易后我赚到了上万块钱。我觉得回老家也并不是就没有出路的，我现在过得比当初在城里打工好多了，村干部也经常来家里找我，说是我们村里就需要我这样有思想有头脑的人，才能带动村里致富。之前我找过几个村干部跟我一组贷款，他们都不愿意，现在看到我赚到钱了又想过来跟我一起，他们是干部，表面上我是不好得罪他们，来我家了我也不好总说不在家或者拒绝他们，只好表面应承着，每次到了村里有公共的要花钱他们总是来我家里问我能不能多出点钱，我一般都是在他们要求的基础上再根据自己的意愿出点钱。可以说现在村干部几个都经常请我去他们家里，也经常来我家里找我，看起来算是比较和谐的，但是我心里对于他们之前的做法仍然是有计较的。

我现在靠着蝎子养殖一年能赚大概十万左右，在村里收入算是比较可以的了，养蝎子也不需要什么大的劳动力，就是要注意蝎子的生活环境和习惯。所以村里很多人都很羡慕我。我的那些亲戚也总想着要跟我一起养蝎子赚钱，老是来家里找我，我总是本着亲戚关系来招待，对于蝎子养殖问题我尽量避开，竞争多了，蝎子肯定也会掉价的，况且明年我还想着自己扩大养殖规模呢。但是大家是亲戚关系，我不想因为赚钱的事情闹得大家不愉快，我都是面上敷衍着过去。跟他们说这个养殖不好搞，要学好经验，可以让他们的小孩到我这里来帮忙照看蝎子，顺便能学点东西。他们之前不理我是因为这几年距离远了生疏了，我回来后是居于利益问题不敢借我钱，但是现在我经济能力提高了，他们就迫切希望跟我一起赚钱，现在的农村人也跟城里人一样咯，都是奔着"钱"来的，就算是村干部也是一样的，老是跟我套近乎也都是钱的关系。

四 闽西农村返乡农民工社会关系建构中的实践逻辑折射

通过对返乡农民工社会关系系统的断裂、修复与新关系的建立这一过程论述，我们可以发现返乡农民工社会关系的结构性表现。

（一）内核与外围：传统乡土社会关系的解构

从返乡农民工社会关系断裂的逻辑来看，在不同领域内，人们社会关系形态是不同的，原有的乡土社会关系形态在悄悄地发生改变，尤其是返乡农民工在经过现代化洗礼后，他们原有"差序格局"的社会关系在开始解构。调查发现，在当前背景下，在涉及经济利益中差序格局仍起一定的作用，返乡农民工仍然按照血缘关系来选择帮助对象。而在情感交流中，差序格局已经开始裂变，返乡农民工会按照自己的经历、兴趣来选择交往对象甚至带有目的性或功利性的交往。在信息传递上呈现多元化的特征，传统的差序格局虽存在，但是不是特别明显。因此，在当前的市场转型下，返乡农民工社会关系已经呈现分裂趋向。原有的人情法则下社会关系的物质、符号、情感现象出现分化，从原有的差序格局中分离出来，由复杂变成了简单，进而导致了乡土社会关系的重新洗牌。总之，闽西农村社会关系呈现出从封闭到开放、从单一到多元、感性到理性的过程趋势。

从返乡农民工社会关系重构的目标与功能来看。返乡农民工认为家庭生活的依赖是强有力的拉力，他可能破坏其他的社会关系的生成。因此返乡农民工在社会关系的重构中，不会太关注未来，较多的注重情感目标的导向，并从亲密关系中慢慢地退出来，对非亲密关系的依赖在不断的增强，并抱有更大的希望在非亲密关系中满足其情感与心理需求。而与传统的乡土社会关系形成对比，返乡农民工社会关系修复旧的家庭亲属关系和建立新的非亲密关系的目的，是为了能够提高自身及家庭的生活水平，建构适合自家发展的策略。由此可见，返乡农民工在重构亲密与非亲密关系的目的是存在差异性。

从返乡农民工社会关系重构的过程与结构来看，返乡农民工返乡初期出现家庭亲密关系的短暂断裂，但是家庭亲密关系的修复愿望最为强烈，修复速度最快且最为全面；从调查中也是发现返乡农民工在家庭亲密关系上的修复能力最强，修复效果最好。这样，返乡农民工社会关系系统重构结果就表现出了整体上的"家庭亲密关系的不变，家庭以外非亲密关系的更新"。我们可以把返乡农民工社会关系作为一个变量来考察，发现返乡农民工在家庭亲密关系上可以稳定乡土生活，同时扩建或者更新家庭亲密关系以外的社会关系，在一定意义或程度上可以活跃和促进乡土社会关系的多元化局面。同时返乡农民工社会关系中的情感与心理理解更为重要，关系和支持决定了他们交往的实践逻辑。

返乡农民工社会关系特征已经分化为两个不同的系统，一个是由家庭亲密关系组成的亲属系统，另一个是由家庭以外非亲密关系系统。这个是以家庭作为边界的两个社会关系子系统，两者间主要以维持机制存在差异为出发点，其中亲属系统是以情感来维持运作的，而非亲密关系系统是以利益来维持运作的。因此我们将这两个系统称为"内核"和"外围"。正是返乡农民工社会关系系统结构的特性，使得返乡农民工社会关系系统在断裂、修复与重构过程中表现复杂化。

表1   返乡农民工社会关系内核与外围比较

系统	亲属关系（内核）	非亲密关系（外围）
关系断裂机制	返乡农民工的主动断裂	返乡农民工的被动断裂
关系发生范围	家庭内	家庭外
关系重构功能	情感、物质、心理	利益获得
关系稳定性	不更新	扩大和更新
关系依赖性	强关系	弱关系
关系持续时间	长久	比较短暂
关系运作	情感	利益
关系法则	需求	公平
替代性	不可替代	可替代

（二）家庭以外非亲密社会关系的中轴利益化

在市场经济的渗透下，原有的亲缘关系和生活共同体在时空编制下社会联系纽带遭到瓦解，促使返乡农民工的信任不得不归属于抽象的体系之中，而以经济利益为标志的现代社会抽象体系不能够提供给人信任的相互关系或者亲密程度，尤其是市场经济体系，改变了传统的友情的亲密性质，因为抽象体系的惯习没有道德标准和处事原则。仅靠传统的道德观念已经无法控制住整个社会关系网络的崩溃，依附在社会关系网络的拐点发生了变化，传统的"孝悌"已被现代社会的个人权利和个人利益占据。尤其是市场经济在资源配置中起主导作用后，那些传统的情感、祖先崇拜和道德维持都无法维系现代乡土社会关系。因此，在家庭亲密关系体系中无法运作时，返乡农民工开始转向家庭亲密关系以外的社会关系体系之中。可以说，传统社会关系体系内的资源优势被剥夺，这无疑给返乡农民工社会关系重构造成极大的杀伤力。

同时，市场经济在乡土社会中普遍适用，使其传统的家庭亲密社会关系系统作用在一定程度上受到弱化，同时返乡农民工个体经济能力的不断加强，在家庭亲密社会关系系统内寻求帮助的可能性在不断下降，而原有的乡土人伦亲密关系退居于二线，作为乡土最基础的社会关系基础，家庭亲密关系系统，在市场经济的渗透下逐渐走向利益合作关系。年轻一代返乡农民工的帮助已经不如老人们之间的帮助了，有时还出现家庭亲密关系系统的窘境。其中还得关注农村实行计划生育的结果，使其返乡农民工家庭亲密关系系统在缩小，从而迫使家庭以外非亲密关系的扩大，乡土的社会关系外围系统更加的简单。

返乡农民工经过现代性的洗礼后，他们的社会心理动机就是利益关系充斥着，使其成为社会关系交往的准则，并成为社会结构中一个重要的据点。从而返乡农民工社会关系呈现出了这样特点：家庭亲密关系系统的松散化，家庭以外非亲密关系系统的中轴化。

（三） 家庭亲密社会关系的中轴情感化

家庭亲密关系的表现主要体现在相互理解、共同分享信息及其情感交流。这种亲密关系已包含了信任，是一种家庭以外非亲密关系中看不出来的。在家庭理性视角下家庭成员的利己主义表现不明显，而是以利他主义起决定作用，从而突破了市场经济利益主导地位的构造。换句话说，在家庭亲密关系系统中，家庭成员之间是遵循"利他主义"法则的，他们之间的关系就是一种家庭亲密关系情感和相互关心为基础的，在此基础建立的社会关系最为稳定和持久。家庭亲密关系系统这一特性，使其返乡农民工的社会关系重构不全是以利益为主，还有家庭亲密关系系统的情感化。

家庭作为返乡农民工心灵的港湾，是集亲情一体的温馨和谐的家庭。能够给返乡农民工强有力的心理支持，促使返乡农民工产生强烈的归依感，以此来维持家庭亲密关系系统的运作。返乡农民工在社会转型的动态中，伴随着乡土社会的发展和社会关系结构的不断调整，尤其是传统乡土社会关系的弱化或其瓦解，使其对社会关系产生不认同与不信任性，进而促使家庭亲密社会关系的增强。返乡农民工情感缺失需要在现代化的社会中获得自我认同，促使返乡农民工从家庭亲密关系系统中获得补偿，在家庭亲密关系系统里得到缓冲，于是家庭亲密关系系统得到强化。因此，家庭亲密关系系统功能的情感化得到加强，其他的转向家庭亲密关系以外的社会来承担。

由此可见，家庭亲密关系系统的形成是系统本身的亲密关系特征的表现，是在社会关系功利化侵蚀的结果，更是家庭非亲密关系系统的利益化主导下张力的结果。乡土社会结构的调整，使得返乡农民工社会关系的内核高度情感化，外围的高度利益化，促使完成了社会关系系统的全面转型。

（四）传统乡土社会关系的萎缩

返乡农民工的社会支持主要是以家庭亲密关系系统来获得。但在传统的家庭亲密关系的利益化后，以情感为维持机制的家庭亲密关系系统就退居二线了，取而代之的就是家庭以外非亲密关系系统来补给。尤其是在涉及自身利益的时候，社会支持体系在不断地缩小，大多提供的就是形式化的帮助或者通过经济利益的方式得到帮助。因此，在没有经济利益作为基础的情况下，家庭以外非亲密关系系统不会发挥原有的社会支持功能，个体的社会支持只能缩小到家庭亲密关系系统内。这使得返乡农民工在家庭以外非亲密关系的非正式组织体系受到了经济利益的影响，例如宗亲关系在交往过程中也极大地增加了经济利益成分，使其原有互帮互助的宗亲关系运行机制萎缩。返乡农民工已经没有任何组织依赖，他们没有传统社会关系系统来维持或利用，也没用现代组织可依附，从而使返乡农民工成为社会关系系统中最为脆弱的人。

20110812QRF（男，39岁，在广东务工，返乡4年）：我是跟着外面宗亲的一个堂哥到广东去打工的，那时候我们家里经济比较困难，宗宗之间都是富的帮忙困难的，我堂哥那会儿在外面打工赚得挺好的，于是就拉上我出来。我到了广东后刚开始跟着那个堂哥做了几年，后来自己找别的活干，这些年就跟这个本家堂哥联系比较多。回老家之前听我家里人说我有几个本家堂叔搞拖鞋厂做得有声有色的，于是想着回老家后可以去依靠一下他们，看能不能在厂里谋份事情来做。

回来后我就去找了那几个本家堂叔，也同时表明了我想在他们厂里谋份工作，可以从底层做起，但是我的几个堂叔都说我对那个行业没有了解，可能做不起来，而且底层收入比较低，说我这几年都是在大城市上班，会看不上那点工资，让我再寻更好的。……但是后来我看到有一个塑料厂的老板的亲戚就到我堂叔的厂里做事，那人能力也没有比我好，做事情还拖拉，我就跟堂叔说我也想跟他一样在厂里做，但是堂叔说那个职位不需要那么多人，又把我劝回家。其实根本不是能力啥的问题或者收入多少的问题，根本原因在于他们之间存在着业务关系，而我给堂叔提供不了任何业务上的帮助，所以他们不想

帮忙我。以前的宗亲之间的团结和共同进退,在我离开的这几年慢慢
消退了。

由此可见,返乡农民工社会关系外围的利益化,家庭亲密关系的内核
高度情感化的在社会支持体系在规模和功能上受到严重的萎缩。这些返乡
农民工非正式组织的萎缩,使得返乡农民工只有在家庭亲密关系系统内获
得支持和满足,而乡土社会结构的调整,家庭关系系统在日常生活实践中
张力的扩大,在此返乡农民工通过社会关系系统扩大来维持或补偿。因
此,返乡农民工应该建立在家庭亲密关系系统为基点的社会交往模式,进
而降低返乡农民工社会关系受社会结构影响程度。

五　结论

**(一) 关于闽西农村返乡农民工社会关系内部情感化和外部利益化的
认识**

由于乡村社会关系在社会学中很难用直接的方式去考察并且效果未必
好,所以本文对闽西农村返乡农民工社会关系重构研究采取了一种间接的
研究方法(叙事性研究、访谈法和参与观察)来洞察返乡农民工社会关
系的日常生活事实。这就是说通过历时的考察,获取闽西农村返乡农民工
返乡后的社会关系的实际情形。

在市场经济渗透下,乡村的个体社会关系系统已经呈现出一定的规
律——内核与外围。乡村外围的社会关系高度利益化,乡村内核社会关
系高度情感化。原有复杂社会关系变得简单了,基于亲缘、地缘、姻缘
关系组成的传统乡土社会关系在不断消失,而乡村各组织形成的共同体
的不足,在国家和市场下赤裸裸的暴露,从而加大乡村生活的风险。

第一,传统乡土为特殊主义取向的社会关系提供了沃土,乡土社会的
高度封闭性、高度价值认同和道德内聚力的传统乡土特征,使得这种特征
在日常的实践中不断得以强化。而返乡农民工完成了职业身份的转变后站
在农村与城市之间的尴尬之地,他们面对商品经济的理性化和传统道义法
则选择中陷入两难的境地,这种选择在叙事事件中随处可见,闽西农村返
乡农民工社会关系也因这种窘境呈现出特殊主义与普遍主义交织状况。

第二,闽西农村返乡农民工对传统乡土认同开始弱化,功利主义不断

侵蚀着家庭亲密关系系统和非亲密关系系统。他们交往法则既受到乡村空间、城市空间、观念空间与实践空间的交织作用，表现出了社会关系系统的复杂性且简单化即内部情感化和外部的利益化。

第三，闽西农村返乡农民工社会关系重构的顺利转型，使得闽西农村返乡农民工能够安心地作为归客。这一定程度上需要传统乡土结构来维持。

第四，闽西农村返乡农民工社会关系系统在扩大，但是交往的质量在降低。由于返乡农民工社会关系法则主要是以利益导向为主，他们在扩大交际范围时，是带有目的性。换句话说就是闽西农村返乡农民工社会关系交往准则具有工具性倾向。

第五，返乡农民工社会关系系统存在多重关系叠加。乡土社会关系受制于传统乡土的社会关系系统影响也受到了现代性社会关系倾向的侵蚀，因此，他们在建构自己社会关系时存在交叉的现象，从而呈现出了返乡农民工社会关系系统的多重叠加。

综合以上认识，闽西农村返乡农民工在经历城市现代化、经济化洗礼之后无法适应原有的以家庭基础生产与核算的传统自卫组织，而将以利益化为导向的社会组织体系带入农村，推动原有的传统乡土情感关系断裂或者重构。这种新的乡村社会关系的形成使得乡村社会关系变得简单化、理性化，在乡村社会变革、重建过程中经济利益地位的凸显、现代"抽象体系"媒介作用的显著发挥，使得传统伦理、情感关系纽带作用降低以及传统社会支持网络依赖减少。

（二）基于闽西农村返乡农民工社会关系重构中空间视角的再认识

时代变迁和社会发展、进步过程必然出现许多形形色色的社会问题，同时引发许多社会话题、争议。对于一个社会问题的研究——闽西农村返乡农民工社会关系重构，主要争议在于是研究问题所指向对象的现实生活状况，还是研究问题主体所进行的行动过程，我们认为两者都是社会问题研究中不可缺席的角色。对前者的研究已成为传统社会问题研究的基本理论，新的理论研究后者的重要意义和价值。作为一种分析策略，我们选择社会问题研究的"事实论"和"建构论"两范式。笔者拟从理论研究、经验研究对比分析中，做一些探讨。

1. 回到空间:一个空间的概念框架

英国社会学家吉登斯把空间纳入了普遍性的社会理论——结构化理论,他认为在人类社会关系中,在场和缺场是至关重要的,所有的社会互动都立足于在场和缺场的呼喝,时间和空间过程在这一考量中具有了核心的意义,从而时空也成为社会学研究必须直接面对的问题。① 闽西农村返乡农民工社会关系在社会大舞台上或许仅仅只是一个小场景,但是我们仍然不能忽略其空间理论,否则将无法解释、探讨其社会意义,更无法评说其存在现实价值。从社会学研究意义来说,研究社会现象、社会问题并不仅仅只是为了解释该现象、问题的产生,而是结合社会学理论将经验现象扩展到新的理论框架、图式中,产生新的社会思考方法。但是对于理论本身或者经验现象本身的探讨是实现社会学研究意义的第一步,在这第一步研究中空间是我们必须直接面对的,也是理论机构化研究不可忽视的。返乡农民工在问题研究中仅仅是一个"现场",是一个可以供我们研究社会问题的一个场景,而闽西农村返乡农民工的经验性事实也仅仅是一个场景话题,但是它的作用仍然是显而易见的,通过它我们才能与空间理论进行对接。通过闽西农村返乡农民工社会关系重构研究,能够更好地理解社会关系本身、社会结构及其运作机制。

闽西农村返乡农民工社会关系重构研究营造了乡村空间中社会生活的经验事实,以及返乡农民工日常生活的观察、体验和了解,在返乡农民工社会关系研究中可能性条件和推论情境,以日常生活实践的诸多生成关系、主体实践为变量,聚焦了闽西农村返乡农民工回乡后的乡村社会关系在日常生活实践中的展现。全面考察了这种场所在乡村空间中的"异质性"共存以及各主体实践的"社会关系方式"和主体性建构事实,分析了闽西农村返乡农民工在日常生活实践中所彰显的群体特征、叙事逻辑和主体感受来认同空间,为空间理论研究提供一个丰盈的话语场域,共同关注的论题。这种空间构成了浓缩和聚焦现代社会问题的符码,提供具有效力解释社会的一种新的观察视角。

2. 社会空间:一种理解社会关系的路径

事实上,在社会学研究的传统知识体系中,文化论作为解释社会的基

---

① 引自中山大学博士生叶涯剑《空间社会学的方法论和基本概念解析》(http://wenku.baidu.com/view/f054b9858762caaedd33d4e5.html)。

点，文化是认识社会起源的，空间只是社会建构中的一点。把空间理解为文化的分类或者工具，但空间本身被化为一种社会文化而没有它的独特性了，这只是文化功能论的研究。文化研究必须把空间作为一种经验性的分类，其目的就是经由空间反映社会组织和社会结构。结构论者则把社会结构分析作为一种理解社会想象的出发点。结构主义者在分析社会想象的共同结构时，也会涉一些支配意义上的空间概念，如内在和外在、中心与边陲、封闭与开放、对称与不对称等。但是在结构主义者看来，空间的分类和空间的结构分析，只是各种分类或结构分析中的一种，他们真正讨论的是各种不同现象或分类中的共同结构，空间只是其研究的对象之一。空间在理论上并没有特殊的意义和地位，这样在研究空间分类上最终要纳入形式分析的途径。空间受到结构的控制和主宰，但空间本质是在文化和结构系统之外的独立存在。

3. 主体—实践：社会关系的一种新解释模型

主体—实践范式作为返乡农民工生活经历层面的表征空间理论，呈现出来的是另一类的生活想象。主体—实践范式通过与其连接的意象和感知被直接生活出来，属于"返乡农民工"的经验空间。它是与实质的空间相互重叠，而倾向于一种非言语式的意指实践。主体—实践范式并不需要遵守一定的法则，是实践与逻辑的元素。这是一个支配的空间，因此是一种被动的经验，而主体—实践范式折射出来的空间是一个想象的探索去做适当的改变，它涵盖着实质的空间，形成这种空间的象征性使用。闽西农村返乡农民工由于流动所带来的多重空间的体验，改变了实践主体者作为行动主体的他们对作为经验空间存在的社会关系逻辑的认识与策略。同时主体—实践范式可以真实的还原返乡农民工社会关系的既定事实逻辑和在逻辑叙事中的策略书写，且在一定程度上是返乡农民工社会关系日常生活的场景的呈现。因此，主体—实践范式可以作为社会关系的一种新解释模型。

总之，在社会科学中，某个范畴、对象或者概念对于其所属的学科中抽象出来，成为学科的普遍性理论的组成部分，空间视角、主体—实践是对传统社会学知识范式的某种修正，提出不同于以往社会学研究的一种新的视角。空间、主体—实践可以提供认识社会关系、理解社会关系的一种新的视角和新的路径，也为我们研究社会提供了一个基于空间的解释框架。

参考文献

著作类:

[1] "农民工外出务工女性"课题组:《农民流动与性别》,中原农民出版社2000年版。

[2] 王春光:《社会流动或者社会重构——京城"浙江村"研究》,浙江人民出版社1995年版。

[3] 边燕杰:《社会网络与求职过程》,载涂肇庆、林益民主编"改革开放与中国社会:西方社会学文献述评",牛津出版社1999年版。

[4] 李汉林、王琦:《关系强度作为一种社区组织方式:农民工研究的一种视角》,选自柯兰君、李汉林《都市里的村民:中国大城市的流动人口》,中央编译出版社2001年版。

[5] 渠敬东:《生活世界中的关系强度——农村外来人口的生活轨迹》,载柯兰君、李汉林主编《都市里的村民—中国大城市的流动人口》,中央编译出版社2001年版,第44页。

[6] [美] 戴维·波普尔:《社会学》,李强等译,中国人民大学出版社1999年版,第634页。

[7] [美] 罗吉斯:《乡村社会变迁》,浙江人民出版社1988年版。

[8] 金耀基:《关系和网络的建构——一个社会学的诠释》,《金耀基自选集》上海教育出版社2002年版。

[9] Kipnis, A. B., *Producing Guanxi: Sentiment, Self, and Subculture in a North China Village*, Durham: Duke University Press, 1997.

[10] 折晓叶:《村庄的再造》,中国社会科学出版社1997年版。

[11] 刘林平:《关系、关系资本与社会转型——深圳"平江村研究"》,中国社会科学出版社2002年版。

[12] [匈] 阿格妮丝·赫勒:《日常生活》,衣俊卿译,重庆出版社1990年版。

[13] [法] 布迪厄:《实践与反思——反思社会学导引》,中央编译出版社1998年版。

[14] 陈安民、刘晓霞:《农民工——历史与现实的思考》,华龄出版社2006年版。

[15] 周晓虹:《现代社会心理学》,上海人民出版社1998年版。

[16] 周建国:《紧缩圈层结构论:一项中国人际关系的结构与功能分析》,上海三联书店2005年版。

[17] 翟学伟:《中国人行动的逻辑》,社会科学文献出版社2001年版。

[18] 郑杭生:《社会行动的意义效应——社会转型加速期现代性特征研究》,中国人民大学出版社2005年版。

［19］［德］韦伯：《社会学的基本概念》，顾中华译，广西师范大学出版社 2005 年版。

［20］［美］特纳：《社会学理论的结构》，邱泽奇译，华夏出版社 2006 年版。

［21］［美］特纳：《社会科学大辞典》，邱泽奇译，中国国际广播出版社 1989 年版。

［22］费孝通：《乡土社会的生育制度》，北京大学出版社 1998 年版。

［23］林聚任：《社会信任和社会资本重构——当前乡村社会关系研究》，山东人民出版社 2007 年版。

［24］乐国安：《当前中国人际关系研究》，南开大学出版社 2001 年版。

［25］阎云翔：《礼物的流动——一个中国村庄中的互惠原则与社会网络》，上海人民出版社 2000 年版。

［26］许烺光：《祖荫下——中国乡村的亲属，人格与社会流动》，南天数据有限公司 2001 年版。

［27］周沛：《农村社会发展论》，南京大学出版社 1998 年版。

［28］陈吉元：《当代中国村庄经济与村落文化》，山西经济出版社 1997 年版。

［29］孙立平：《转型与断裂——改革以来中国社会结构的变迁》，清华大学出版社 2004 年版。

论文类：

［1］王汉生等：《"浙江村"：中国农民进入城市的一种独特方式》，《社会学研究》1997 年第 1 期。

［2］周大鸣：《外来工与"二元社区"——珠江三角洲的考察》，《中山大学学报》2000 年第 2 期。

［3］朱力：《群体性偏见与歧视：农民工与市民的摩擦性互动》，《江海学刊》2001 年第 6 期。

［4］陈映芳：《农民工：制度安排与身份认同》，《社会学研究》2005 年第 3 期。

［5］杨宜音：《人际关系的建立与保持：农村人情消费分析》，《社会心理研究》1998 年第 4 期。

［6］翟学伟：《社会流动与关系信任——也论关系强度与农民工的求职策略》，《社会学研究》2003 年第 1 期。

［7］郑杭生、杨敏：《社会实践结构性巨变的若干新趋势》，《社会科学》2006 年第 10 期。

［8］周建国、童星：《社会转型与人际关系结构的变化—由情感人际关系结构向理性型人际关系结构的转化》，《江南大学学报》2002 年第 5 期。

［9］国务院发展研究中心农民流动与乡村发展课题组：《农民工回流与乡村发展——对山东桓台县 10 村 737 名同乡农民工调查》，《中国农村经济》1999 年第

10 期。

[10] 张跃进、蒋祖华:《"农民工"的概念及其特点研究初探》,《江南论坛》2007 年第 8 期。

[11] 王晓霞、乐国安:《当代中国人及关系的文化嬗变》,《社会科学研究》2001 年第 2 期。

[12] 徐勇、邓大才:《社会化小农:解释当前农户的一种视角》,《学术月刊》2006 年第 7 期。

[13] 张海东:《转型期的社会关系资本化倾向》,《吉林大学社会科学学报》2000 年第 1 期。

[14] 张文宏:《老年人社会支持网的城乡比较研究——厦门市个案研究》,《社会学研究》2001 年第 4 期。

[15] 杨中芳:《中国人人际信任的概念化:一个人际关系的观点》,《社会学研究》1999 年第 2 期。

[16] 孙立平:《"关系"、社会关系与社会结构》,《社会学研究》1996 年第 5 期。

[17] 杨善华:《血缘、姻缘、亲情与利益——现阶段中国农村社会中"差序格局"的"理性化"趋势》,《宁夏社会科学》1999 年第 6 期。

[18] 郭于华:《农村现代化过程中的传统亲缘关系》,《社会学研究》1994 年第 6 期。

[19] 李培林:《巨变:村落的终结——都市里的村庄研究》,《中国社会科学》2002 年第 1 期。

[20] 童志锋:《信任的差序格局:对乡村社会人际信任的一种解释》,《甘肃理论学刊》2006 年第 3 期。

[21] 徐晓军:《内核—外围:传统乡土社会关系结构的变动》,《社会学研究》2009 年第 1 期。

[22] 宋国凯:《转型期中国农村社会关系探析》,《西南师范大学学报》(人文社会科学版)2002 年第 1 期。

[23] 陈柏峰:《农民价值观的变迁对家庭关系的影响》,《中国农业大学学报》(社会科学版)2007 年第 1 期。

[24] 卜长莉:《"差序格局"的理论诠释及现代内涵》,《社会学研究》2003 年第 1 期。

[25] 洪建设:《从传统—现代两种视角看差序格局的不同特征》,《青海社会科学》2005 年第 3 期。

[26] 杨宜音:《"自己人",信任建构过程中的个案研究》,《社会学研究》1999 年第 2 期。

　　［27］王思斌：《经济体制改革对农村社会关系的影响》，《北京大学学报》1987
年第 3 期。

　　［28］徐晓军：《转型期中国乡村社会叫唤的变迁》，《浙江学刊》2001 年第 4 期。